METRO
POLITAN

Christof Schmitz / Betty Zucker

Wissen gewinnt

Knowledge Flow Management

Metropolitan Verlag
Düsseldorf · München

Die Deutsche Bibliothek – CIP-Einheitsaufnahme

Schmitz, Christof:
Wissen gewinnt : Knowledge-Flow-Management /Christof
Schmitz/Betty Zucker. – Düsseldorf ; München : Metropolitan-
Verl., 1996
ISBN 3-89623-037-9
NE: Zucker, Betty

Umschlaggestaltung: Init GmbH
Büro für Gestaltung, Bielefeld
Satz: Heinrich Fanslau GmbH, Düsseldorf
Druck und Bindearbeiten:
Bercker, Graphischer Betrieb, Kevelaer
Printed in Germany
ISBN 3-89623-037-9

Verlagsverzeichnis schickt gern:
Metropolitan Verlag
Uhlandstraße 50, 40237 Düsseldorf

Inhalt

Alle reden heute von Innovation...

... und alle wissen, wie wichtig Wissen ist. Es ist die ultimative Ressource für Innovation. Aber in welchen Unternehmen werden konsequente Schlüsse daraus gezogen – und praktisch vollzogen?

Unternehmen sind randvoll mit Wissen, das nur darauf wartet, »bewirtschaftet« zu werden. Sie sind Froschkönige, die geküßt werden möchten! Aber da setzen die Schwierigkeiten ein. Wie küßt man Frösche? Wie wird der Frosch zum Prinzen?

Aber: Was ist Wissen überhaupt? Wie nutzt man es, und wie kann man die Schleusen öffnen, damit Wissen fließen und sich multiplizieren kann?

Mit Knowledge Flow Management zeigen wir einen neuen Ansatz für die gewinnbringende Nutzung und Entwicklung von Wissen für Unternehmen. Was ist die spezifische »Natur« dieses Stoffes? Wozu und wie kann dieser seltsam ungreifbare und doch so kraftvolle Produktivfaktor Wissen organisiert und gemanagt werden? Wir diskutieren die Mittel und Wege, wie Wissen gewinnen kann.

Knowledge Flow Management ist kein frei flottierendes Managementkonzept, losgelöst von den konkreten Unternehmensentwicklungen. Es ist keine Revolution, die alles auf den Kopf stellt. Knowledge Flow Management bedeutet konsequente Evolution durch eine zukunftsorientierte Wissensperspektive. Wir erläutern die Folgen, die sich für die Organisation und das Management ergeben.

Warum kommt dieses Buch zu dieser Zeit? Viele Unternehmen erkennen, daß sie mit ihren Reorganisationen zwar effizienter, aber noch nicht einzigartiger im Wettbewerb sind. Deswegen reden sie von Innovationen. Sie zu bewirken und nicht nur darüber zu reden, das ist unser Anliegen. Gerade jetzt ist die Gefahr groß, daß im Zuge der allgemeinen Reorganisationen jahrelang entwickeltes Know-how zerstört wird, diejenige Ressource, die den größten Wert hat. Speziell Europa mit seinen reifen Volkswirtschaften und Industrien verfügt, im Gegensatz zu den aufstrebenden Tigerstaaten, reichlichst über Wissen und kann Standortvorteile halten – vorausgesetzt, dieses Wissen wird richtig genutzt und konsequent weiterentwickelt. Beides passiert heute zuwenig!

Wenn wir Knowledge Flow Management jetzt nicht in die Hand nehmen, wann dann? Viel Zeit bleibt nicht. Zu viele Entwicklungen wurden schon verschlafen. Die Tigerstaaten entwickeln sich in einem Höllentempo, und neue arbeitsplatzschaffende Zukunftsindustrien und »Silicon Valleys« entstehen im Bangalore Indiens und nicht etwa im Bayrischen Wald Deutschlands oder im helvetischen Appenzell.

Für uns selbst bedeutete das Schreiben dieses Buches angewandtes Wissensmanagement. Wir wünschen uns, daß die Neugier, die uns zu diesem »Abenteuer Buch« gebracht hat, und die Freude beim Schreiben für Sie, liebe Leserinnen und Leser, spürbar werden und wir Sie zu einem intensiven und inspirierenden Leseabenteuer verführen können.

Abschließend danken wir Susan Stucky, Patricia Seemann, Scott Cook, Leif Edvinsson, Edna Pasher und Sigrid Viehweg, die uns in besonderer Weise anregend unterstützt haben, für ihre engagierte und konsequente Neugier.

Christof Schmitz und Betty Zucker,
Zürich im November 1995

Wissen gewinnt

Mit Blick auf wirtschaftliche Verhältnisse bedeutet Wissen, etwas anders, etwas einzigartig tun zu können. Das ist das Ende jeder Einfachheit. Jeder weiß, wie schwierig es heute ist, anders zu sein als andere. Mit dem Unterschied »... zu anderen« werden die Verhältnisse rasch kompliziert. Das ist jedem vertraut. Wie eng die Spielräume geworden und wie schnell die Vorsprünge verschwunden sind, ebenso.

Wir werden jetzt nicht in den anschwellenden Bocksgesang der turbulenten Wettbewerbsverhältnisse einstimmen. Statt dessen möchten wir so schnell wie möglich zum Kern unserer Sache kommen. Wozu soll man Wissen managen? Was ist Wissen eigentlich? Wie kann man es organisieren und managen? Das sind die Fragen, die uns in diesem Buch beschäftigen.

Wozu Wissen managen? Den Hintergrund für Knowledge Flow Management bilden drei Faktoren:

1. Wissen ist die ultimative Ressource des Unternehmens.
2. Das Management des Wissens und die erzielte Wissensperformance entscheiden den Wettbewerb.
3. Die zentrale Managementaufgabe ist die Bewirtschaftung des vorhandenen und die Entwicklung neuen Wissens.

Aber der Reihe nach.

Wissen ist die ultimative Ressource

Microsoft, Oracle, Lotus und Motorola allein übertreffen in ihrer gegenwärtigen Kapitalisierung die gesamte amerikanische Autoindustrie. Die Börsenkapitalisierung von SAP ist höher als die von BMW, VW oder der Lufthansa. Das ist ungeheuerlich, wenn man bedenkt, wie das noch vor wenigen Jahren ausgesehen hat und wie wenig materielle Werte diese Unternehmen gegenüber den Unternehmen etwa der Autoindustrie ausweisen können. Ein paar wenige Liegenschaften, ein paar Computer, einige andere Maschinen und im Vergleich lächerlich wenig Mitarbeiter. Das ist alles. Dennoch werden sie höher bewertet. Die Börse schätzt den Wert des Wissens, den diese Unternehmen verkörpern, und die Fähigkeit, damit am Markt hohe Erträge zu erwirtschaften, um ein Mehrfaches höher ein.

Wissen, diese intangible, ungreifbare Ressource, führt zu handfesten Resultaten, welche die der tangiblen (Maschinen, Personal, Boden etc.) bei weitem übertreffen. Das kommt nicht von ungefähr. Wertschöpfung wird heute vor allem durch wissensbasierte Serviceleistungen erzeugt. Dazu zählen Softwareentwicklung ebenso wie Trendforschung, Finanzdienstleistungen oder Transport, Handel oder Unterhaltung. In den USA zeichnet die Serviceindustrie mittlerweile für 74 % des Bruttonationalproduktes und für 77 % der Arbeitsplätze verantwortlich. Und neben den ohnehin unmittelbar im Service tätigen Unternehmen arbeiten mittlerweile auch in den produzierenden Unternehmen bis zu 95 % der Beschäftigten in Serviceaufgaben wie der Forschung und Entwicklung, des Engineerings, Marketings oder Designs.

In der Pharmazeutik etwa sind die direkten Herstellungskosten in Relation zum Verkaufspreis schlicht trivial. Wert wird auch hier durch Serviceanreicherung erzeugt: durch F&E, Patentierung, Registrierung, Marketing etc. Die Investitionen für ein neues Medikament betragen dabei durchschnittlich 300 Millionen Dollar.

James Brian Quinn hat darauf hingewiesen, daß Serviceleistungen oft geringschätzig behandelt werden. Die meisten von uns denken immer noch in den Kategorien des bald abgelaufenen Industriezeitalters und meinen, daß es die Produktion sei, also die Industrie im herkömmlichen Sinne, die tatsächlich Jobs schaffe und realen Wert schöpfe. Sie trennen gedanklich zwischen Produktions- und Dienstleistungsunternehmen, obwohl diese Unterscheidung angesichts der erwähnten vehementen Zunahme und Bedeutung der Serviceleistungen auch innerhalb der produzierenden Betriebe zu einem Großteil obsolet ist. Damit wird man der Bedeutung von Serviceleistungen nicht gerecht. Am Beispiel gezeigt: Bei McDonald's essen jeden Tag 22 Millionen Menschen, und die dabei verbratenen Millionen Kartoffeln bestimmen das Schicksal ganzer Heerscharen von Landwirten, von dem Einfluß auf die Eßgewohnheiten unserer Jugendlichen ganz zu schweigen.

The Economist hat »Service« einmal so definiert: »anything sold in trade that could not be dropped on your foot«. Das gilt auch für Wissen. Wissen ist das Kernelement von Service. Man mag »Hamburger fabrizieren« noch so milde belächeln, die Schaffung einer weltweiten Kette, die von Nebraska bis Moskau die gleiche Qualität kontinuierlich erbringt, und eines Markennamens, der seinesgleichen sucht, ist eine herausragende Leistung; und zwar eine Leistung, die sich in ausgeklügelter Weise des Wissens bedient. Die Frage ist: Welches Wissen benötigt man, um in Moskau einen Hamburger so zu fabrizieren, daß selbst der versierte USA-Kenner anerkennend seine Finger vom Ketchup freischleckt und auch der Einheimische den BigMac derart goutiert, daß er für diesen – für ihn ziemlich teuren – Genuß Schlange steht? Was für Hamburger gilt, lehrt uns das Aufkommen der Serviceindustrien insgesamt: Der Anteil der wissensbasierten Leistungen an Produkten und Dienstleistungen nimmt immer weiter zu.

Benchbreaking statt Benchmarking

Die Bewirtschaftung des verfügbaren und die gezielte Entwicklung neuen Wissens sind die eigentlichen Erfolgsfaktoren geworden. Dasjenige Unternehmen, das seine Wissensressourcen besser nutzt – Devise: »knowledge to market« –, kann innovativer, schneller und effektiver am Markt agieren. Nicht mehr (nur) die Bewirtschaftung von Kosten, Finanzen, Standorten, Personal entscheidet heute über den Erfolg, sondern ebenso die Wissensperformance, die sich in den einzigartigen Angeboten am Markt ausdrückt. *Benchbreaking* heißt die Aufgabe.

Man mag noch so viele Reengineering-Projekte in seinem Unternehmen durchführen, damit ist im Normalfall noch wenig Differenzierung am Markt gewonnen. Reengineering – wie andere Effizienz- und Qualitätssteigungsprogramme auch – ist ohne Zweifel wichtig. Aber diese Projekte führen lediglich dazu, ungefähr gleich gut wie die Konkurrenten zu sein. »Totale Qualität« und Kundenorientierung gehören im internationalen Wettbewerb mittlerweile zu den Basics, um weiterhin dabei zu sein. Das können alle. Signifikante Vorsprünge werden auf diese Weise kaum erlangt. Anders sein ist gefragt und nicht nur den Klassenbesten imitieren – was im Grunde das Resultat von Benchmarking ist. Heute heißt es: Einfach intelligenter sein, für den und mit dem Kunden. Das macht den Unterschied. Das ist die neue Bedeutung von »besser« sein: Über die anderen hinauszugehen, etwas anders zu machen, für den Kunden einzigartige Leistungen, Lösungen oder Erlebnisse anzubieten. Das ist Benchbreaking.

Renault hat mit seinem Espace schon vor Jahren das Referenzmodell der modernen Großraumlimousine geliefert. Die Kunden haben das honoriert. Da mag sich heute VW mit seinem Sharan noch so sehr auf den VW-Bus als »Urahnen« beziehen. Man ist nur mehr Imitator. Warum aber hat es Renault – als einziger europäischer Autobauer – geschafft, die Idee der Großraumlimousine Wirklichkeit werden zu lassen? Und wieso hat

Renault als bislang einziger dieses Konzept mit dem Twingo auf den Kleinwagen angewandt? Hätten das die anderen nicht auch – und zwar seit Jahren – wissen können? Renault war imstande, einer neuen Idee zum Durchbruch zu verhelfen und das Wissen zu entwickeln, das notwendig ist, um ein solches neues Konzept zum Laufen – bzw. in diesem Fall: zum Fahren – zu bringen. Neues Wissen, das macht den Unterschied aus.

PHONAK, ein schweizerischer Hörgeräteerzeuger, hat als erstes Unternehmen Computertechnologie mit Audiologie verknüpft. Auch hier hat man neues Wissen kreiert – mit durchschlagendem Erfolg. Die neue Generation der Hörcomputer, die dem Hörgeschädigten differenzierte Hörfunktionen an die Hand gibt, bietet mehr Wert: dem Kunden und der Firma – und last but not least der Gesellschaft. Die Kunden anerkennen das und sind bereit, höhere Preise zu zahlen. Der Firma geht es glänzend, und aus Wissensgründen kommt nur der sonst schon beinahe als unmöglich geltende Standort Schweiz in Frage. Denn Wissen ist hier reichlich vorhanden, das Entwicklungspotential ist riesig, man muß es »nur« realisieren.

Die zentrale Managementaufgabe: Wissen managen

Wissen ist eine Ressource, die sich durch Gebrauch nicht verzehrt, im Gegenteil: Sie vermehrt sich. Die Handhabung dieser Ressource unterscheidet sich damit naturgemäß von anderen. Nicht mehr die Verteilung von knappen Ressourcen steht im Vordergrund (wie im klassischen Bewirtschaftungsdenken), sondern die kontinuierliche Neuschöpfung von Wissen.

Darüber hinaus ist Wissen eine immaterielle, ungreifbare Ressource. Will man ihr gerecht werden, so muß das bisherige Managementdenken, ein Denken in physischen Ideen, um immaterielle Dimensionen erweitert werden. Was hat da bislang nicht alles gerochen, gelärmt und ist ins Auge gestochen, wenn wir an Produktivität gedacht haben. Noch heute können wir uns kaum vom Bild des rauchenden Fabrikschlots und der wogenden Beschäftigtenmassen lösen, wenn wir eine visuelle Vorstellung von der Wirtschaft vermitteln wollen. Dabei waren bereits 1990 nur noch ein Fünftel aller Arbeitskräfte unmittelbar mit der Herstellung oder der Bewegung von materiellen Dingen beschäftigt – eine Zahl, die nach Peter Drucker im Jahr 2010 auf ein Zehntel abgesunken sein wird. Alle anderen Arbeitskräfte beschäftigen sich mit Daten, Fakten, Informationen, Konzepten und Ideen. Die Bilder jedoch, die unser Denken und Handeln bislang prägen, sind die Bilder der Industriegesellschaft von gestern und nicht der Informations- bzw. Wissensgesellschaft von heute und morgen.

Unternehmensführung erfordert ein Managementdenken, das der Natur der Ressource Wissen gerecht wird. Die Kreation von relevantem Wissen, von marktgerechter, kommerzialisierbarer Intelligenz, und deren Produktivität stehen im Vordergrund. Das richtige Wissen zur richtigen Zeit am richtigen Ort, das ist heute der Engpaß, der gemanagt sein will.

Die Penetranz der Ignoranz...

Geht es einfach darum, daß alle ihre Köpfe etwas mehr anstrengen? Versuchen das nicht ohnehin schon alle? Warum ist es so schwierig, hier einen effektiven Unterschied zu erzielen? Warum antworten so viele Führungskräfte auf die Frage, wieviel Prozent des in ihren Unternehmen verfügbaren Wissens sie nutzen, mit »20 bis maximal 40 Prozent«, von wenigen Ausnahmen abgesehen? Ist man an eine scheinbare »Normalität des Ungenutzten« in Organisationen gewöhnt – hat man resigniert?

Warum begnügen sich so viele Unternehmen mit bloßen »Überlebensaktivitäten« wie Produkt-Markt-Positionierungen, Organisation, Planung etc., anstatt darüber hinaus die wettbewerbsrelevanten Aktivitäten wie Wissensentwicklung und Innovation zu fokussieren? Einem Kernproblem begegnen wir immer wieder: Ignoranz. – Ignoranz angesichts drängender, komplexer, hochgradig vernetzter Probleme. Man kann oft geradezu von einer »Penetranz der Ignoranz« sprechen, die ein bloßes »weiter so wie bisher«, ein Mehr des Selben stabilisiert.

...ist Folge organisierter Irreführungen

Einige Beispiele seien hier genannt.

1. Was nicht zählbar ist, zählt nicht?!

Das heutige Finanz- und Rechnungswesen hat die Relevanz des Wissens(-kapitals) noch nicht genügend erkannt. Es wird generell nicht bewertet, und mit Ausnahmen wie Skandia, einer schwedischen Versicherungsgruppe, sind noch keine differenzierten Kennziffern dafür entwickelt worden. Der notwendigen Aufmerksamkeit von Management und Investoren entgeht es folglich. Aus dem Auge, aus dem Sinn. Die real existierenden Marktverhältnisse sind da schon weiter, wie uns die Börsenwerte vieler wissensintensiver Firmen berichten.

Auch im Banking werden mittlerweile große Gewinne mit dem bilanzindifferenten Geschäft gemacht. Dieses Geschäft beruht größtenteils auf Finanzinnovationen, die nichts anderes als gebündeltes Wissen aus verschiedensten Disziplinen wie der Informatik, der Risiko- oder auch der Chaostheorien sind. De facto ist der Computer selbst ein wichtiger »Mitspieler«. Der technologische Ausstattungsgrad der Banken erscheint aber kaum explizit und differenziert in der Bankbilanz.

Auch bei den Mergers und Akquisitionen im Pharmabereich (Merck/Medco Containment Services) oder Entertaining (Walt Disney/Capital Cities/ABC) oder im Banking (Chase Manhattan/Chemical Banking), die in den letzten Jahren so viel Aufsehen erregten, geht es meist um den Zugang zu und die Verknüpfung mit als relevant erachtetem Wissen.

Solange der Faktor Wissen nicht bewertet und als Navigator in den Reporting- und Controllingsystemen integriert wird, erhält er nicht die angemessene Aufmerksamkeit des Managements. Er wird bei Managemententscheidungen, die sich nach wie vor an den herkömmlichen, vergangenheitsorientierten Navigatoren orientieren (Kapital- und Geldflüsse), praktisch automatisch ausgeblendet – und das, obwohl er für die Zukunft des Unternehmens so wichtig ist. Vermeintlich zukunftsorientierte Entscheidungen orientieren sich an einem irreleitenden Navigationssystem. Die für die Knowledge-Ära relevante Produktivität des Wissens, ein ROK – Return on Knowledge –, gelangt eher zufällig ins Blickfeld. Die Gefahr ist offensichtlich: Der Vergangenheit wird Geld nachgeworfen, und die Zukunft wird ausgehungert.

2. Das Wissen in der Versenkung

Wieviel Wissen liegt in den Köpfen von unzähligen Experten, in den ungeschriebenen Regeln von erfolgreichen Teams oder verbirgt sich in den Datenbergen der Finanz- oder Marketingabteilungen? Wieviel verstaubt in fein säuberlich archivierten Akten oder verbleibt in unausgewerteten Projekterfahrungen? Dieses Wissen wird weder geteilt, noch ist es allgemein zugänglich. Der Wissensaustausch über organisatorische Grenzen hinweg, z. B. zwischen Stab und Linie oder zwischen Abteilungen, ist oft eher zufälliger Natur. Da hilft auch die Beschwörung der »Synergien« kaum. Die vielen Inseln des Wissens im Unternehmen sind nicht miteinander verbunden. Das Wissen bleibt in der Versenkung verschwunden.

Selbst so rudimentäre organisatorische Gefäße wie das Vorschlagswesen funktionieren nur unzulänglich. Bei einer Umfrage der Universität Bern zu diesem Thema haben überhaupt nur 80 von 1500 in der Schweiz angeschriebenen Unternehmen mitgemacht und sich dafür interessiert. Ist das Thema nicht relevant? Für Professor Norbert Thom liegt eine Erklärung für dieses mangelnde Interesse darin, daß »in der ständigen Suche nach Produktivitätssteigerung und Kostensenkung manche Mitarbeiter regelrecht Angst haben, mit ihren Ideen sich selbst oder ihre Kollegen wegzurationalisieren. Die Botschaft, daß kreatives Mitdenken Arbeitsplätze erhalten könnte, wird nicht vermittelt oder dringt nicht durch.«

Die Folge: Organisationen wissen nicht, was sie alles wissen, geschweige denn, was sie wissen könnten. Wissen wird versenkt, schläft oder wird verschmäht, nicht gefördert und verkümmert wie ein Muskel, der nicht gebraucht wird. Es ist nicht zur rechten Zeit am rechten Ort, die Entwicklungen dauern und dauern, das Rad wird doppelt erfunden, das alles kostet Geld und immer häufiger die Existenz.

3. Lernvermeidung: die mentale Programmierung des Managements

Vielerorts ist trotz gegenteiliger Beteuerungen die Fehlertoleranz minimal. Ja, man kann fast sagen, es regiert eine »Null-Fehlertoleranz«. »Bei uns kann man alles machen – nur keine Fehler.« Einladend, nicht? Dabei weiß jeder, daß Entwicklung und Fortschritt – kurz: Lernen – wesentlich durch Abweichungen, Fehler und Irrtümer vorangetrieben werden. »Dann weiß man wenigstens, wie es nicht funktioniert«, wie Andi Rihs von der PHONAK zu sagen pflegt, wenn ein sogenannter Flop produziert wird.

Fehlerfreundlichkeit wäre auch darum so wichtig, weil die persönliche Wahrnehmung dieser »Schranke« als fehlende Erlaubnis für Experimente und Tests interpretiert wird und zur Vermeidung von probierendem Handeln und damit des

Lernens führt. Dies kann in eine allgemeine Ignoranz münden. Warum? Der Organisationsforscher Karl Weick zeigt eindrücklich, daß hier ein Teufelskreis entsteht. Das Wissen um Schranken führt zur automatischen Übernahme ungeprüfter und vermeintlich abgesicherter bisheriger Erfahrungen. Wie kommt es aber zu diesem »Wissen«? Die Fraglosigkeit bedingt, daß eine Überprüfung dieser Erfahrungen vermieden wird. Solange niemand durch die Schranken fährt, glaubt keiner, daß sie offen sind. Der Teufelskreis dreht sich weiter. Nachdem immer dieselben Erfahrungen übernommen werden und niemand davon abweicht, liegt der Schluß nahe, daß Schranken existieren. »Auf der Grundlage vermiedener Tests schließen die Leute, daß in der Umwelt Zwänge und in ihrem Aktionsrepertoire Schranken existieren.«

Untätigkeit ist die Folge, denn die Furcht vor den Schranken wirkt. Sie schränkt die Wahlmöglichkeiten weiter ein. Wer die vorgestellten Zwänge stört, etwa ein »naiver Neuling, der noch nicht weiß, wie es bei uns tatsächlich läuft«, oder ein »respektloser Querdenker« oder »völlig wahnsinniger Entwickler mit perversen Ideen«, der vermeintliches »Wissen« in Frage stellt, kann sich erhebliche Probleme einhandeln. Und dies will man in der Regel vermeiden, denn Probleme sind der Karriere nicht dienlich. Auf Karriere geeicht, »setzt das Denken, wenn überhaupt, erst im Ruhestand wieder ein, nach der Pensionierung oder nach dem Bankrott«, wie es Peter Sloterdijk auf den Punkt bringt. In wie vielen Unternehmen muß man sich dümmer stellen, als man ist, »des lieben Friedens wegen«? Oder: In wie vielen Unternehmen reduziert sich die Intelligenz augenblicklich, wenn man nicht allein oder zu zweit, sondern im Rahmen der ganzen Abteilung oder des Bereichs agieren soll? Wie in Trance verfallen, regredieren intelligente Menschen und geben sich mit einem Bruchteil dessen zufrieden, was »denkbar« wäre. Warum eigentlich?

Es wird gelernt, was nicht gelernt werden darf. In manchen Unternehmen scheinen sich Manager insgeheim zu einigen, bestimmte Tests zu vermeiden, und entwickeln elaborierte Legitimierungen dafür, warum man unter diesen und jenen

Rahmenbedingungen so und nicht anders handeln könne. »Bei uns sieht alles ganz anders aus.« Diese Haltung ist die beste Voraussetzung, um nicht lernen zu müssen und um sich »fremdes«, verstörendes neues Wissen vom Leibe halten zu können. Man läßt sich nicht irritieren und aus der Ruhe bringen. Der Umgang mit den Nichtangepaßten, Andersdenkenden, den »Neunmalschlauen«, die schnell von Querdenkern zu »Querulanten« befördert werden, wird zum Abwehrgefecht. Deren Abgang ist vorprogrammiert und wird erfahrungsgemäß mit einem nachsichtigen »der hat nicht zu uns gepaßt, der war zu ungeschliffen« kommentiert.

Die allgemeine mentale Programmierung, bestimmte Dinge zu testen und andere nicht, führt dazu, daß »man Bescheid weiß« über etwas, das keiner unmittelbar erfahren oder überprüft hat. Aber wenn alle das so sehen, muß es wohl wahr sein ... Die Irreführung nimmt ihren Lauf und mündet in eine kollektive Ignoranz. Die hat sicherlich einige Vorteile, z. B. Stabilität und Ruhe. Man weiß, was man weiß, was richtig und was falsch ist. Genauer betrachtet handelt es sich allerdings um einen Blindflug. Braucht es dazu Führungskräfte, oder reicht dafür auch ein Autopilot?

4. Strukturen normaler Engstirnigkeiten

Wieviel wertvolle Erfahrungen und Informationen werden wegen interner Konkurrenz nicht ausgetauscht? In wievielen Unternehmen meinen Mitarbeiter, daß es sich für sie »nicht lohnt«, Wissen zur Verfügung zu stellen? Und das Management sieht zu und verhält sich genauso. Die Devise »Wissen ist Macht« führt zu individuellen Vorteilen – unter bestimmten Voraussetzungen. Dementsprechend das Verhalten. Das kann sich aber auch umdrehen. Bob Buckman schildert die Situation in seinen Buckman Laboratories, ein erfolgreiches, in 90 Ländern operierendes Chemieunternehmen, so: »The most powerful individuals in our company, today, are those that do the best job of transferring knowledge to others.«

Anreizsysteme (Salär-, Beförderungs-, Qualifikations-, Zielsysteme) fördern individualisierendes Verhalten. Sie fokussieren individuelle Leistungen, sei es von Personen oder Abteilungen, statt übergreifende Zusammenarbeit und den dafür notwendigen Wissensaustausch. Zielvereinbarungen werden meist hinsichtlich quantitativer Ergebnisse getroffen. Für besonders »schräge Ideen«, für die Entwicklung neuen Wissens bzw. die besondere Nutzung von existierendem Knowhow gibt es kaum explizite Performanceziele.

Darüber hinaus definieren organisatorische Strukturen oft Grenzen zwischen Bereichen, Abteilungen oder Unternehmen, die für einen Wissensaustausch äußerst hinderlich sind. Diese ganz »normalen Engstirnigkeiten« können regelrecht in die Borniertheit von Organisationen führen. Sie verhindern die effiziente Nutzung von Wissen, und das hat seinen Preis. Ähnlich wirken die gängigen funktionalen Spezialisierungen – »Spezialisten wissen speziell wenig« – und Kommando/Kontroll-Ketten, welche die Loyalitäten zum Chef wichtiger scheinen lassen als die Loyalität zum Kunden oder auch die ungeschminkte Anerkennung realitätsgerechter Verstörungen. Unternehmen können ihrer Leistungsfähigkeit zum Trotz Meister im Ignorieren dessen sein, was sich um sie herum abspielt. Oft genug verlassen sie sich auf die Intelligenz an der Spitze. Aber bekanntlich haben »die da oben« nicht unbedingt den engsten Boden- oder Kundenkontakt. Sie können oft nur eingeschränkt wissen, was sich im »realen Geschäft« abspielt. Dies ahnend, rufen sie alle möglichen Informationen ab, studieren Statistiken, arbeiten sich durch Datensalate und versuchen, sich in zahlreichen Gesprächen ein Bild von den relevanten Ereignissen zu machen. Aber welche Informationen bekommen sie und welche nicht? Und was machen sie mit den Informationen?

5. Wissensverschwendung

Last but not least verschwenden Unternehmen aktiv Wissen:

- Beim Downsizing oder in Reorganisationen wird allzuoft linear gekürzt, ohne daß relevantes Know-how oder deren spezifische Träger berücksichtigt werden.
- Im Zuge von Umstrukturierungen werden eingespielte Gruppen auseinandergerissen, ohne Rücksicht auf das Wissen, das diese Gruppen miteinander teilen und in ihrer Zusammenarbeit weiterentwickelt haben. Jahrelang aufgebaute Kompetenzen können so mit einem Federstrich zerstört werden.
- Nach dem Abschluß von Projekten werden die gemachten Erfahrungen, wie es zum Erfolg oder Mißerfolg gekommen ist, und das erworbene Wissen selten evaluiert. Unabhängig vom Erfolg will das Management, wollen aber auch beteiligte Projektleiter und Mitarbeiter meist nichts mehr von der Sache hören. Die Karawane zieht weiter. Die Folge: Wissen geht unter und muß das nächste Mal wieder mühsam neu aufgebaut werden.
- Fehlende Codifizierungen belassen Wissen personengebunden und erschweren den Transfer und die weitere Entwicklung. Das Wissen wird nicht verfügbar und bereichert die Kompetenzbasis des Unternehmens nur wenig.

Das allgemeine Wissen über Wissen und Wissensmanagement ist noch relativ beschränkt. Das vermag vielleicht zu erstaunen, wenn man sich vor Augen hält, welche massiven Wissenszuwächse wir zu verzeichnen haben und wie sehr Wissensgewinnung Bestandteil unserer wissenschaftsorientierten Gesellschaft geworden ist. Gerade darum stellt sich die Frage, die der Soziologe Helmut Willke formuliert hat, warum »Organisationen (und in noch weitaus prekärerer Weise Gesellschaften) sich eine so frappierende Ignoranz im Bereich ihres Wissensmanagements leisten. Vielleicht stehen wir doch erst ganz am Anfang der vielbeschworenen Wissensrevolution und pfeifen nur mutig im dunklen Wald unserer Ignoranz.«

Wissen –
des Pudels Kern

„Welche Frage beschäftigt Sie genau?«
»Werden die Dinge besser oder werden sie schlechter?«
»Besser. Die Dinge werden besser.
–Aber so langsam, daß wir es nicht sehen können.«

Laurie Anderson im Gespräch mit John Cage.
Aus: »The Nerve Bible«

»Jeder Mensch ist nur ein Furz
im Weltall«

Für das Management des Wissens braucht es Wissen über das Wissen selbst. Wie will man auch etwas managen, von dem man nicht weiß, was es ist? Formulieren wir nochmals den Ausgangspunkt: Es geht um eine Verbesserung der Performance des Wissens, und die erfordert, wie Peter Drucker sagt, »systematic, organized application of knowledge to knowledge«. Wissen wird auf Wissen angewendet. Seit der Etablierung des Scientific Managements um die Jahrhundertwende wurde Wissen auf Arbeit und Kapital angewendet, nunmehr wird es auf die ultimative Ressource der Gegenwart, auf das Wissen selbst, bezogen.

Was ist Wissen? Seit jeher hat diese Frage die Philosophen beschäftigt. Wie kann man es verstehen? Wie muß man es sich vorstellen? Was ist seine Natur? Was ist seine Funktion? Was sind seine Voraussetzungen, seine Folgen? Unsere Kulturgeschichte ist eine Geschichte des Wissens. Es ist eine Geschichte der Funktion und Handhabung von Wissen (z. B. durch den Klerus, durch die Medien, durch das geschriebene Wort) und letztlich des Triumphzuges der Wissenschaft. Mit der Neuzeit – also seit 1492 – wurde die Orientierung an neuem Wissen dominant, zuvor galt altes Wissen, also die Tradierung des Bestehenden, als primäre Qualität. Die Exegese der alten Schriften stand vor der Beobachtung unbekannter naturwissenschaftlicher Zusammenhänge. Die gesellschaftliche Umorientierung auf neues Wissen war allerdings friktionsreich. Der Wissensfortschritt brachte erhebliche Kränkungen für die Menschheit mit sich.

Mindestens drei Kränkungen können wir bis heute unterscheiden:

1. Die Entdeckung Kopernikus', daß nicht die Erde, sondern die Sonne im Mittelpunkt des Universums steht.
2. Darwins Theorie der Evolution, die mit der Einsicht verbunden war, daß der Mensch (das Maß aller Dinge?!) vom Affen abstammt.
3. Freuds Erkenntnis, daß wir durch das Unbewußte mitgesteuert und nicht vollständig Herr unserer selbst sind.

Diese drei zentralen Wissensgewinne führten zu einem Platzverweis des Menschen aus dem Mittelpunkt der Schöpfung. War er vorher das Zentrum, geriet er nunmehr immer mehr in eine periphere Rolle. Ein unbedeutendes Stäubchen in den Weiten des Universums, eine evolutionäre Zufälligkeit, so wie andere Tiere auch, und noch dazu gesteuert von den dunklen Mächten in den Tiefen der eigenen Psyche. Gegen diese Abkanzelung sträubt sich der eigene Wunschcharakter – viele Menschen lehnen noch heute die Evolutionslehre ab. Und deswegen wird das Subjekt von den Philosophen immer wieder auf die Gipfel der geistigen Höhen gehievt. Es möchte weiter im Zentrum bleiben. »Ich denke, also bin ich«, der berühmte Satz Descartes', verleiht dem bis heute einprägsam Ausdruck.

Die westliche Geistesgeschichte knüpft Wissen an den einzelnen Menschen und geht von der Trennung von Geist und Körper aus. Der Kopf denkt, das Herz lenkt, und der Bauch ist auch irgendwie dabei. Die Ratio verselbständigt sich, sinnliche Erfahrung und Denken klaffen auseinander. Und ausgerechnet Unternehmen bekommen nun damit Probleme.

Wir neigen dazu, Wissen als etwas anzusehen, das in den Köpfen der Menschen existiert. Wissen ist in den Köpfen oder nirgendwo. Bringt man das Gespräch mit Managern auf das Thema Wissen, wird spontan die Nutzung der Intelligenz der Mitarbeiter (und eventuell deren Sträuben dagegen) zum Gegenstand der Überlegungen. Das ist nicht überraschend oder gar einfallslos, sondern entspricht den Leitideen unserer individualistischen Weltsicht. Es ist die Intelligenz Einsteins, die uns fasziniert, es ist das Können des Projektleiters, welches das Produkt doch noch zeitgerecht auf den Markt kommen läßt, es ist die Cleverness des Konzernbosses, die uns blendet (bis er betrunken und grölend auf der Spanischen Treppe in Rom von der italienischen Polizei aufgegriffen wird). Wir tun uns schwer, zu sehen und zu akzeptieren, daß nicht nur Menschen, sondern auch Systeme Wissen besitzen. Was das heißen soll? An einer einfachen Unterscheidung läßt sich das verdeutlichen.

Gibt es dumme Organisationen?

Maschinen werden »zusehends intelligenter
– damit der Benutzer immer dümmer werden kann«.

Marvin Minsky

Nehmen wir Universitäten als Beispiel. An der Intelligenz der Professoren sei nicht gezweifelt. Nehmen wir also an, die Intelligenz des Personals sei ziemlich hoch. Wie aber sieht es mit dem System als Ganzem aus? Fachübergreifende Aktivitäten sind schwierig, Neuerungen in der Lehre einzuführen ebenfalls, man bleibt der eigenen Disziplin treu, kooperiert wenig mit Disziplinfremden, unkonventionelle Berufungen sind fast Dinge der Unmöglichkeit etc. Die Behäbigkeit und Schwerfälligkeit des universitären Systems hat jeder erfahren, der einige Zeit versucht hat, von den vorgezeichneten Bahnen abzuweichen. Die Freiheit, die im Rahmen der Disziplin- und Institutsgrenzen gegeben ist, erlischt rasch im Widerstand der Antragsprozeduren, der Konflikte mit den werten Kollegen und der Mühsal der Massenveranstaltungen.

Das System baut Selbstbeschränkungen ein – darin allerdings unterscheiden sich Universitäten in nichts von Unternehmen –, die ein Verweilen bei den gleichen Fragen begünstigen. Ein Beispiel: Als wir im Februar 1995 unsere erste europäische Tagung zum Wissensmanagement am GDI durchführten, griffen wir eine im Publikum vertretene Unterscheidung auf, nämlich die zwischen Managern, Beratern und Wissenschaftlern/Universitätsangehörigen. Die Tagungsteilnehmer ordneten sich entsprechend ihrer Zugehörigkeit den drei Gruppen zu und bekamen von uns einige Fragen zum Wissensmanagement in ihren eigenen Systemen. Während Manager wie auch Berater angeregt diese Fragen diskutierten, debattierten die Professoren und Assistenten, ob diese Fragen eigentlich legitim seien und nicht völlig anders lauten müßten. Das führte dazu, daß sie bei den anschließenden Rückmeldungen an die beiden anderen Gruppen keine Ergebnisse vorzuweisen hatten.

Wie sieht das bei McDonald's aus? Durch ein ausgeklügeltes System an Prozeduren, Abläufen und Mitarbeiterunterweisungen kann das Unternehmen seinen Hamburger-Standard von Moskau über Peking bis Miami gleich und schnell einführen und durchhalten. Nicht die Intelligenz der mehrheitlich jungen, oft nur angelernten und vielfach rasch wechselnden Mitarbeiter ist dafür verantwortlich, sondern das System, das gleiche Qualität und Quantität liefert und garantiert. Das System ist intelligent, der einzelne Mitarbeiter muß es in geringerem Maße sein.

Toolbox I

Anhand des abgebildeten Achsenkreuzes können Sie überlegen, wie Sie hinsichtlich der beiden aufgeführten Dimensionen die Position ihres Unternehmen einschätzen – vorausgesetzt, Sie halten das für eine legitime Frage.

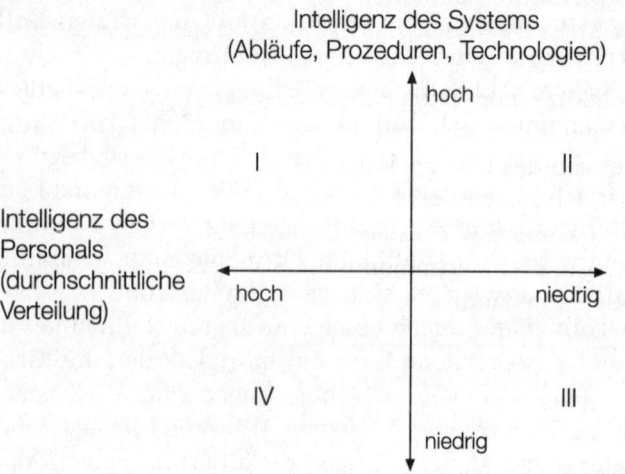

Es kann sehr interessant und aufschlußreich sein, wenn mehrere Mitarbeiter eines Unternehmens diese Einschätzung vornehmen und ihre in der Regel unterschiedlichen Perspektiven und Positionierungen diskutieren. (Wir laden Sie ein, alle Toolboxen diese Buches mit Kollegen zu diskutieren.) Eine Führungskraft der obersten Ebene mag dies anders beurteilen als ein Manager der mittleren Ebene oder jemand, der direkt »an der Front« ist. Und ein Kunde sieht es vielleicht noch mal anders. Welche Schlüsse ziehen Sie aus diesen Diskussionen?

Vielfältiges Wissen

Neben dem Wissen in den Köpfen der Menschen gibt es also auch noch ein Wissen, das in den Regeln und Prozeduren, den Abläufen und Routinen, den Datenbanken, Dokumentationen und Strukturen enthalten ist. Wir nennen es das strukturelle Wissen. Es ist Wissen, das in systematisierter Form vorhanden ist und allgemein zur Verfügung steht. Damit aber noch nicht genug. In einer ersten Annäherung an das Wissen von Unternehmen fällt noch jenes auf, das in den Patenten, Marken und Lizenzen des Unternehmens enthalten ist – Wissen also, das juristisch geschützt ist.

Damit können wir bislang die folgenden Formen unterscheiden; alle drei zusammen meinen wir, wenn wir von Systemwissen sprechen:

1) Das Wissen in den Köpfen der Menschen Bsp: technisches Wissen, »Rechnen können«, Buchhaltung beherrschen, ein Auto reparieren	*personales Wissen*
2) Das Wissen, das systematisiert und codifiziert in Datenbanken, Expertensystemen, Technologien, Systemen und Prozeduren lagert Bsp: McDonald's, MIS, Work Flow Management	*strukturelles Wissen* (verbleibt im Unternehmen, wenn die Mitarbeiter nach Hause gehen)
3) Wissen, das in Patenten, Lizenzen, Geheimnissen und in Marken enthalten ist Bsp: Coca Cola, Nike	*juristisch geschütztes Wissen*

Toolbox II

Hier sind einige Fragen zu Wissensformen. Denken Sie an das Wissen in Ihrem Bereich:

1. Welches Wissen ist für den Erfolg Ihres Bereiches erfolgskritisch? Welches ist besonders wichtig?
2. Welches steckt in den einzelnen Köpfen? Oder anders gefragt: Auf welche Personen möchten Sie im Moment auf keinen Fall verzichten? Welches Wissen tragen diese Personen?
3. Für wen wäre dieses Wissen noch hilfreich?
4. Was ist dokumentiert, was nicht?
5. Was wäre dokumentierbar? Wo wäre es sinnvoll?
6. Welche Standardisierungen sind möglich und sinnvoll? Welche Prozeduren und Routinen?
7. Wie intensiv wird juristisch geschütztes Wissen kommerziell genutzt?

Wissen ist Aktion

»Wer viel glaubt, dem widerfährt viel.«

Märkische Bäurin,
zitiert nach H.-P. Duerr

Wir haben jetzt einige Wissensformen unterschieden und konnten uns dabei eine erste Ahnung von deren Vielfalt vor Augen führen. Das haben wir getan, ohne zu definieren, was Wissen ist. Das ist auch kein einfaches Unterfangen. Heerscharen von Philosophen und Wissenschaftlern haben schon dazu beigetragen, die Sachlage aufhellend zu verkomplizieren. Und fürwahr, die Lage ist verzwickt. Die obigen Unterscheidungen sind erst ein Beginn. Beobachten wir für einen Moment einen Ausschnitt aus dem betrieblichen Alltag:
Hans-Ueli Sturzenegger sitzt morgens kaum an seinem Schreibtisch, da läutet schon das Telefon (». . . der Tag fängt ja

gut an«). Ein Geschäftspartner aus Hongkong meldet sich, um einige Probleme mit der neuen Kunststoffspritzgußmaschine zu besprechen. Sachkundig fragt Sturzenegger nach. Während er seinen technischen Verstand walten läßt, weiß er gleichzeitig, wie er mit der Aufgeregtheit seines Gegenübers respektvoll und beruhigend umgehen kann. Sein Wissen und seine Erfahrungen mit asiatischer Kultur, die aus einem längeren Aufenthalt im Fernen Osten stammen, helfen ihm dabei. Als klarer wird, worin das Problem bestehen könnte, ruft Sturzenegger auf seinem Computer das wissensbasierte Serviceprogramm seines Unternehmens auf und kann dem Partner in Hongkong detaillierte Auskunft geben.

Hans-Ulli Sturzenegger hat eine Fülle von Wissensinhalten verwendet. Neben seinem technischen hat er sein Beratungs-Know-how ebenso eingesetzt wie seine interkulturellen Erfahrungen. Er hat mit Objekten (Telefon, Computer) ebenso gearbeitet wie mit einer Person, er hat sich in unterschiedlichen sozialen Kontexten bewegt, ohne anzustoßen. Sein Wissen, kombiniert mit der betrieblichen Infrastruktur (strukturelles Wissen), hat ihm ermöglicht, etwas zu tun, weiterzukommen oder, abstrakter formuliert, sinnvolle Verknüpfungen herzustellen (der Partner kann seine Maschine besser adaptieren und die Qualität produzieren, die ihm versprochen wurde; Sturzenegger selbst hat einen Beitrag zur Kundenzufriedenheit und damit womöglich zur Verbesserung der Kundenloyalität geleistet).

Sturzeneggers Wissen hat seinem Partner zu neuer Handlungsmöglichkeit verholfen. Er hat etwas in Bewegung gebracht, etwas in Gang gesetzt. Das bringt uns zur Konkretisierung unseres Wissensverständnisses:

- »Wissen« heißt, etwas in Gang setzen zu können, über Handlungsfähigkeit zu verfügen, etwas tun zu können.
- Wissen definiert sich dabei als »verfestigte Beobachtungen« und Interpretationen der Realität.
- Diese Beobachtungen und Interpretationen definieren ihrerseits eine dynamische Beziehung zur Realität.

Wir wollen an dieser Stelle offenlassen, inwieweit die Beobachtung »Wahrheit« widerspiegeln. Statt dessen sprechen wir von »Verfestigungen« und betrachten in Anlehnung an Nonaka und Takeuchi

> *Wissen als einen dynamischen Prozeß, »Glauben« (Beobachtungen, Interpretationen) zu rechtfertigen und zu verfestigen.*

Sehen wir uns die einzelnen Elemente dieses Verständnisses näher an.

a) Wissen resultiert aus Beobachtungen

Wissen hat also mit Handlung und Aktion zu tun. Ich muß etwas tun, um beobachten zu können. Ohne Beobachten kein Wissen. Und Beobachten braucht Aktion. Wissen entsteht im Kontakt und in der Auseinandersetzung mit der Welt ringsum. Man beobachtet, was passiert, und »macht sich so seine Gedanken« zu dem, was sich zu ereignen scheint. Wie Karl Weick zeigte, kommt das Handeln immer vor dem Denken, auch wenn wir meinen wollen, daß es umgekehrt sei. Weick drückt das in dem scheinbar rätselhaften Satz aus: »Wie soll ich wissen, was ich denke, bevor ich sehe, was ich tue«.
Beobachtungen sind aktive Handlungen. Was macht ein Warenhaus, wenn es merkt, daß es nicht mehr weiß, was die Jungen kaufen wollen? Wie kommt es zu neuen Beobachtungen? So ließ ein Warenhaus das Sportartikelsortiment einmal nicht vom Einkäufer zusammenstellen, sondern lud dazu die »Kids« ein. Die konnten ihre Auswahl zusammensuchen. Nicht nur, daß ein anderes Sortiment zustandekam, dieser »event« erbrachte darüber hinaus viele wertvolle Informationen über das Einkaufsverhalten und die noch unerfüllten Wünsche »unserer Jüngsten«, die die Kunden von morgen sind.
Eine Schweizer Privatbank lud Frauen in höheren Manage-

mentpositionen und einer bestimmten Einkommensklasse zu einem Abend ein, um herauszufinden, welchen Service diese Frauen sich besonders wünschten. Die vielen Stimmen in der Bank, die vorher sagten: »Macht nur, es kommt sowieso niemand«, oder auch: »Wenn wir sie fragen, wie stehen wir denn vor unseren Kundinnen da – wir müßten das doch selbst wissen?«, wurden gründlich enttäuscht. Die Bank konnte eine Fülle wertvoller Beobachtungen sammeln. Nicht nur die verschiedenen Voten der Eingeladenen während des Anlasses, sondern auch die professionellen Beobachtungen des Verhaltens vor (Reaktionen und Nachfragen zur Einladung und spezielle Wünsche für den Abend), während und nach dem Anlaß brachten wichtige Informationen. Das Wissen in der Bank über diese Zielgruppe konnte erneuert werden, nachdem diese Informationen und die direkten Erfahrungen ausgewertet und interpretiert wurden.

b) Der Beobachter prägt die Beobachtungen

Seine Selektionen, seine Perspektiven, seine Unterschiede, die der Beobachter anbringt, das sind die Bedingungen der Beobachtungen.
So ist zum Beispiel der Reichtum der Unterscheidungen bekannt, den die Eskimos anscheinend haben, um Schnee zu beschreiben. Ihnen stehen über 20 Begriffe zu Verfügung. Ein erfahrener hiesiger Skifahrer bringt es vielleicht auf vier (Pulver, Firn, Harsch, Sulz . . .?). Begriffe aber sind versprachlichtes Wissen. Ein Wissen, das seinerseits die Beobachtungen gestaltet, feiner werden läßt. Wissen und Beobachtung bedingen sich wechselseitig.

c) Wissen ist kontextspezifisch

Wissen steht nicht für sich allein, sondern bedeutet eine spezifische Qualität, sich mit der Welt in Beziehung zu setzen. Man kann leicht verstehen, warum gerade die Eskimos Schnee so differenziert beschreiben können. Schließlich ist er ein wichtiger Bestandteil ihrer Lebenswelt. Wissen gewinnt seine Funktion nicht zuletzt aus den Neugier- und Nützlichkeitsrichtungen, die eine Lebenswelt vorgibt. Der Ethnologe Claude Levi-Strauss beschreibt in *Das wilde Denken,* wie differenziert und weitreichend das biologische Wissen primitiver Stämme sein kann – ein Wissen, das selbst unsere Biologie auf eine harte Probe stellt. Selbstverständlich, wird man sagen, diese Stämme leben doch in einer engen Beziehung mit ihrer Umwelt. Genau das ist mit »kontextspezifisch« gemeint. Welches Wissen taucht für ein Unternehmen der Musikbranche als relevant auf, welches für einen Werkzeugmaschinenbauer? So galt z. B. im Maschinenbau technisches Wissen jahrelang als das wichtigste, und Marketingwissen fristete ein Mauerblümchendasein. Erst mit dem Engerwerden der Märkte erschienen neue Kontexte auf den Bildschirmen der Techniker. Technische Brillanz genügte nicht mehr, nun mußte man sich auch noch stärker auf den Kunden beziehen...

d) Wissen bewirkt Rechtfertigung

Wissen hat immer mit Glauben zu tun, bestehend aus Beobachtungen und ihren Interpretationen, und den Versuchen, »geglaubte Annahmen« über die Realität zu rechtfertigen oder zu verfestigen.

Lange genug war man der Annahme, daß die Erde der Mittelpunkt des Universums sei, und es gab unzählige wissenschaftliche Rechtfertigungen, die diese These stützten. Die Theorie der Körperwärme war für die alten Griechen Basis ihrer sozialen Unterscheidungen (z. B. zwischen Mann und Frau, Herr und Sklave). Vieles hat die Theorie der unterschiedlichen Körperwärme bestätigt. Warum also hätte man nicht davon wissen sollen? Die Wissenschaftsgeschichte ist voll von Beispielen, wie sich Theorien halten können, auch wenn ihre Widerlegung offensichtlich sein könnte. Wissen –

als verfestigte Beobachtung – hat nicht unbedingt mit Wahrheit zu tun.

Jahrelang hat der Glaube an die strategische Planung ermöglicht, daß sich Heerscharen von Stabsleuten in Unternehmen mit langfristigen Plänen für die Linie abmühten. Die Marktentwicklungen nahmen, von diesen Planungen unbeeinflußt, ihren Weg. Es brauchte Manager wie Percy Barnevik, die mit aller Kraft dieses Glaubenssystem zerschlugen und die Konzernzentralen rigoros abspeckten.

In vielen Pionierunternehmen herrscht der Glaube, der Gründer habe eine so einzigartige Persönlichkeit, daß er unersetzlich sein müsse. Die Konsequenz: Nachfolgeprobleme. Dieser Glaube an die Einzigartigkeit des Leiters ist gesellschaftlich unterfüttert. »Persönlichkeiten« gelten prinzipiell als einmalig. Wir alle kennen »große« Dichter, Künstler oder Professoren. Daß diese Großen Nachfolger haben, die ebenso gescheit sein und ebenso eine ausgeprägte Persönlichkeit haben könnten, wird intuitiv ausgeschlossen. Daß Johann Sebastian Bach Söhne gehabt hat, die fast so begabt waren wie er, das kann doch nur die Ausnahme von der Regel sein. Aus diesem Denken heraus ist es naheliegend und verständlich, daß der erfolgreiche Unternehmer sich selbst ebenfalls als einmalig empfindet. Ihm setzt man nachher ein Denkmal oder widmet ihm zumindest eine Festschrift. Sein Werk, für das er sich ganz hingegeben hat, ist wie »sein Kind«. Einen realen Nachfolger kann es also emotional gar nicht geben, auch wenn nach außen etwas anderes beteuert wird. Die Übergabesituation bedeutet nämlich, sich selbst zu relativieren, die eigene Einmaligkeit zu widerlegen. Das ergibt ein Paradox. Die Einmaligkeit der eigenen Gründungsleistung verlangt einerseits die Weiterführung des Werks, andererseits legt sie aber auch nahe, daß es niemand weiterführen kann – zumindest nicht so gut. Auf diese Weise wurden schon viele Kronprinzen »verbraten«, und prompt rechtfertigt man sich immer: »Bei denen langt es einfach nicht«.

Glaubens- und Rechtfertigungssysteme haben große Kraft. Sie definieren die Wirklichkeit und sind nicht einfach zu wi-

derlegen. So hat manches Großunternehmen lange gebraucht, bis es einsah, daß Größe nicht vor Niedergang
schützt. Auch Glaubensgemeinschaften, die vorausgesagt
haben, daß am Tage X die Welt untergehen werde, und dieses
ominöse Datum zum Zentrum ihrer Sektenexistenz machten,
lösten sich keineswegs auf, wenn dieser Tag ohne Apokalyp-
se zu Ende ging. Eine neue Erklärung findet sich immer. Als
Beobachter kann man da nur staunen oder sich in Erinnerung rufen:

e) Wissen benötigt Entscheidungen

Entscheidungen sind die Basis der Wissensentstehung. Seit
Kant hat sich die Aufmerksamkeit auf das Wie der Wissensproduktion gerichtet. Das bedeutet z. B.: Wie logisch muß die
Aussage formuliert sein? Wie widerspruchsfrei ist sie? Woran
ist sie getestet worden? Was alles braucht es, um entscheiden
zu können? Sir Karl Popper hat die Falsifikation, die Wider-
legbarkeit von Hypothesen, zum Grundgedanken seiner Wis-
senschaftstheorie gemacht. Solange etwas nicht logisch
widerlegt ist, besitzt es Gültigkeit. Paul Feyerabend hat ihm
entgegengehalten, wie wenig diese rationalen Konstruktionen
der Wissenschaftsrealität entsprechen, und sein »anything
goes« formuliert. Rationalität allein ist selten die Basis von
Ideen und Wissensentwicklung.
Dies gilt auch für Wissen in Unternehmen und entspricht
den Beobachtungen Henry Mintzbergs über den Managerall-
tag. Der rational handelnde und entscheidende Manager ist
eher Mythos als Realität. Das gilt für Personal- wie für Strate-
gieentscheidungen im großen Stil. Herr Reuter hat definiert,
daß Daimler-Benz ein »Technologiekonzern« sei. Das war
eine Entscheidung (die bekanntlich einiges in Gang setzte),
und dann hat man das gewußt – bis Herr Schrempp kam.
Jetzt weiß man, daß Daimler Benz ein »Verkehrskonzern« ist.
Was werden wir in fünf Jahren wissen? Oder: Von vielen
innovativen Entwicklungen verlangen das Management und

gegebenenfalls auch die Geldgeber frühzeitig ROI-Berechnungen. Die sind aber oftmals in diesem Stadium kaum möglich. Die Folge: Viele Entwicklungen werden per Dekret abgeklemmt.

Wir wollen zusammenfassend festhalten: Wissen bedeutet, etwas tun können, z. B. aufgrund unzähliger Beobachtungen über Mechanik, Elektronik, Hydraulik und Materialien; eine Werkzeugmaschine konstruieren zu können und sie in den zukünftigen, gedanklich vorweggenommenen Lösungskontext des Kunden einzupassen (die Bedeutung der Maschine für das Geschäft des Kunden und dessen Kunden sowie für das eigene Geschäft vorwegnehmen zu können); Wissen beinhaltet aber auch, z. B. im Rahmen eines unternehmenstypischen Glaubens- und Rechtfertigungssystems Hunderte von Gründen für die Erklärung parat zu haben, warum man Ladenhüter produziert und trotzdem »weiß«, was Kunden wünschen.

Toolbox III

1. Was tun Sie regelmäßig, um das Wissen Ihres Unternehmens bzw. Bereiches zu erneuern? Um neu zu entwickeln?
2. Welches Wissen gilt für Sie als erfolgskritisch für das Unternehmen und hat für Sie Priorität?
   Was sind Ihre Annahmen dazu? Was sind Ihre Kriterien?
   Welche davon beziehen Sie aus den bisherigen Entwicklungen und Erfahrungen? Welche beziehen sich auf zukünftige Entwicklungen (hinsichtlich Märkten, Kunden, Technologien, Mitarbeitern . . .)?
   Welche haben sich in der letzten Zeit verändert, sind obsolet geworden?
   Welche sind neu dazu gekommen?
   Welches vorhandene Wissen hat momentan keine Priorität?
   Was passiert damit? Kann es sich voll entwickeln? Wird es kommerzialisiert? Bräuchte es ein spezielles Gefäß dafür (spin off, eigener Bereich . . .)?

3. Welche wichtigen Erfolge und Mißerfolge im Unternehmen werden wie begründet?

   Welche »Glaubenssysteme« stehen dahinter?

   Wozu sind sie gut? Was bewirken sie?

   Welche haben sich im letzten Jahr aufgelöst? Welche Beispiele fallen Ihnen ein?

4. Wie entscheiden Sie, ob Neuentwicklungen für das Unternehmen sinnvoll sind?

   Wer redet mit, wer entscheidet mit? Welche Glaubenszugehörigkeiten sind vertreten? Welche nicht?

   Welche Neuentwicklungen liegen scheinbar quer in der Landschaft?

   Welche eigenen Erfolge und Mißerfolge waren überraschend? Welche Glaubenssysteme sind dadurch in Frage gestellt?

   Welche Erfolge und Mißerfolge der Konkurrenz sind für Sie überraschend?

   Welche Annahmen über Konkurrenz und Marktverhalten sind dadurch in Frage gestellt?

Wissen, Brotbacken und Managen

Wir sagten, daß Wissen Handlungsvermögen ist. Das bedeutet, »etwas in Gang setzen können«. Dieser Wissensbegriff mag dann irritieren, wenn man, wie vielfach in unserer Alltagskultur üblich, Wissen mit Theorie und folglich mit Praxisferne gleichsetzt. Die Differenz von Wissenden/Theoretikern und Unwissenden/Praktikern hat jedenfalls schon viele Auseinandersetzungen bestimmt.

Nicht nur die Konflikte zwischen den angeblich wissenden Experten in den Stäben und den angeblich unwissenden Führungskräften in den Linien sind davon gefärbt. Es gibt eine viel ältere – und viel berühmtere – Geschichte dazu, nämlich die von Thales von Milet.

So erzählt man sich von Thales, er sei, während er sich mit dem Himmelsgewölbe beschäftigte und nach oben blickte, in einen Brunnen gefallen. Darüber habe ihn eine witzige und hübsche thrakische Dienstmagd ausgelacht und gesagt, er wolle da mit aller Leidenschaft die Dinge am Himmel zu wissen bekommen, während ihm doch schon das, was ihm vor der Nase und den Füßen läge, verborgen bleibe. (Plato)

Der Philosoph, der die Nase zum Himmel reckt, um irgendeinen fernen Zusammenhang zu entdecken, ist nicht fähig, auf seine eigenen Füße zu achten. Das Lachen der Praktikerin ist ihm gewiß. Es wird noch schärfer dadurch, daß es von einer witzigen und hübschen Person kommt. Kann der Philosoph nicht sehen, daß die attraktiven, die genußvollen, die freudigpraktischen Dinge ganz erdnah sind? Warum in die Ferne schweifen, wenn das Gute so nahe liegt? Doch bei allen Brunnenstürzen ist den Menschen die Neugier nicht vergangen. Der Wunsch, neues Wissen zu entdecken, half alle Unfälle und Behinderungen zu überbrücken. Weder die Kirche noch überaus irdische Verlockungen konnten der Neugierde endgültig Einhalt gebieten.

Manchen Unternehmen, die als Systeme organisierter Ignoranz beschrieben werden könnten, scheint das hingegen zu gelingen. Was soll man sich auch denken, wenn z. B. kreative Leute, statt in ihrem Wissensdurst und ihren Ideen bestärkt zu werden, Disziplinarverweise wegen unaufgeräumter Schreibtische bekommen?

Explizites und implizites Wissen

Wissen hat mit Handeln, mit Praxis zu tun. Nehmen wir das Handwerk als Beispiel. Das Erlernen von Meisterschaft war nie mit Theorie, immer aber mit Wissen verknüpft. Der Lehrling geht beim Meister in die Lehre, sieht ihm zu, bekommt erklärt (aber nicht zuviel), probiert, beobachtet, übt und lernt allmählich die Perfektionierung seiner Praxis und durch das Sammeln und Auswerten seiner Erfahrungen sein Handwerk. Wissen heißt hier, »ein Handwerk (möglichst perfekt) tun«. Wissen heißt Praxis. Wissen wird erworben durch Beobachten und Verfestigen erfolgreicher Handlungen.

Als 1985 die Produktentwickler der Matsushita Electric Company erfolglos über einer Brotbackmaschine für private Haushalte brüteten, so berichtet Ikujiro Nonaka »kam der Softwareentwicklerin Ikuko Tanaka eine zündende Idee. Sonnte sich das Osaka International Hotel nicht im Ruf, das beste Brot in ganz Osaka zu backen? Warum davon nicht profitieren? Also ging Tanaka zum Chefbäcker des Hotels, um ihm seine Knettechnik abzuschauen. Und dabei sah sie, wie der Bäcker den Teig auf bestimmte Weise in die Länge zog. Nach einem Jahr des Experimentierens hatte Tanaka in enger Zusammenarbeit mit den Projektingenieuren schließlich die Konstruktionsmerkmale der Maschine entwickelt. Diese konnte die Strecktechnik des Bäckers wirkungsvoll imitieren und das Brot in einer Qualität backen, wie Tanaka das im Hotel gelernt hatte. Das Ergebnis war also Matsushitas einzigartiges ›Drehteig‹-Verfahren und ein Erzeugnis, das bereits im ersten Jahr alle Verkaufsrekorde für neue Küchengeräte überbot.«

Das Wissens des Chefbäckers ist »impliziter«, man könnte auch sagen: stiller oder verdeckter Natur. Fragen nach seiner Kunst hat er wahrscheinlich nur sehr ungenau beantworten können. Wie übt er sie im Detail aus? Worauf kommt es speziell an? Manches mag ihm so selbstverständlich erschienen sein, daß er es gar nicht erwähnt hat, anderes ist ihm vielleicht selbst noch nicht bewußt aufgefallen. Jedenfalls kann er mehr, als er zu beschreiben vermag, auch wenn er sich viel Mühe gibt. Sein Wissen ist still. Das Ergebnis von Tanakas Vorgehen ist explizites Wissen: Beschriebenes Wissen, in diesem Falle verkörpert in der Maschine.

Was hat Managen mit Brotbacken gemeinsam?

Fragen wir uns, wie man ein guter Manager wird. Es gibt Tausende von Büchern, Forschungsberichten und Schulungsprogrammen für Management. So sinnvoll und wichtig diese auch sind, so wenig können sie Management tatsächlich qualifizieren. Management ist Praxis. Nur durch aktives Tun kann diese Kompetenz erlernt werden, wenn auch unterstützt und gefördert durch die Konzepte und Instrumente der Managementschulungen. Da hilft auch mehrfaches Lesen von Manager-Biografien nicht weiter. Kein Weg führt an der Praxis vorbei. Nicht umsonst hat der Managementforscher Henry Mintzberg noch Anfang der neunziger Jahre gemeint: »Wir wissen wenig über den eigentlichen Beruf des Managers.«

Management ist übrigens auch ein schönes Beispiel dafür, daß unzureichende Theorien und Konzepte kein Hindernis für real praktizierten Erfolg darstellen.

Nicht nur das Management, auch viele unserer Wissensdomänen sind in einer spezifischen Praxis enthalten und nicht explizit in Büchern, Anleitungen, Schulungsprogrammen o.ä. ausformuliert. Oftmals wird diese Praxis dann »Kunst« genannt; im Management neigt man dazu, sie »Charisma« zu nennen. Dieses Wissen, das in der Praxis enthalten ist, entspricht weniger den westlichen, kulturellen Vorstellungen von Wissen. Das Lachen der Praxis – der Thrakerin – ist nur noch leise im Hintergrund zu hören.

Unser kultureller Schwerpunkt liegt auf »explizitem« Wissen. Damit ist beschreibbares, standardisierbares Wissen gemeint, das methodisch und systematisch in Systemen, Strukturen, Prozessen, in Dokumentationen, Bibliotheken, Datenbanken usw. lagert. Explizites Wissen ist jedoch nicht alles, implizites ist genauso relevant.

Fassen wir zusammen:

explizites Wissen	standardisiert, methodisch und systematisch in Systemen, Strukturen, Prozessen, Technologien, in Dokumentationen, Bibliotheken und Datenbanken, Marken, Patenten angelegt	prinzipiell allgemein verfügbar; zeitlich stabil
	– in formaler Sprache artikulierbar und beschreibbar, z. B. in grammatikalischen oder mathematischen Ausdrücken	
implizites Wissen	jenes subjektive Können, jene Fähigkeiten und Kompetenzen, die jemand oder ein System in der Handhabung seiner Aufgaben ausübt, ohne daß sie	begrenzt verfügbar, da an den/die »Besitzer« zeitlich wie sozial gebunden;

vollständig beschrieben sind, und jene mentalen Modelle und Glaubens-/Rechtfertigungs-systeme, die unser Bild der Realität bestimmen wie auch unser Potential an Vorstellungen von der Zukunft – schwerlich in formaler Sprache ausdrückbar	Besitzer können sein: Personen, Gruppen, Bereiche, Firmen

Die Ergänzung um implizites Wissen verleiht uns die Möglichkeit, Organisationen nicht nur als informationsverarbeitende Maschinen zu begreifen, sondern als lebende Systeme. Wie es Ikujiro Nonaka und Hirotaka Takeuchi formulieren:

»Within this context, sharing an understanding of what the company stands for, where it is going, what kind of a world it wants to live in, and how to make that world a reality becomes much more crucial than processing objective information. Highly subjective insights, intuitions, and hunches are an integral part of knowledge. Knowledge also embraces ideals, values, and emotion as well as images and symbols. These soft and qualitative elements are crucial.«

Die zweite wichtige Ergänzung durch implizites Wissen betrifft unser Verständnis von Innovation. Innovation handelt nicht bloß vom synthetischen Zusammenfügen von »Bits and Bytes«, sondern von einem höchst individuellen Prozeß der Selbsterneuerung von Mensch und System, in dem die Wissensbasis ergänzt, erweitert und verändert wird. Innovation heißt, neues explizites und implizites Wissen zu entwickeln. Neues Wissen ersetzt altes (was bekanntlich nicht von allen gleichermaßen geliebt wird), darum bedeutet Innovation immer auch Selbst-Erneuerung. Man halte sich vor Augen, was die Lancierung der Swatch-Uhr bedeutet hat. Hier ging es nicht nur um ein »going plastic«, sondern eine völlig neue Idee hat Einzug gehalten. Und nur ein Teil dieser neuen Idee ist vollständig beschreibbar. Die Vorstellung darüber, was heute Uhren verkaufen heißt, mußte ebenso wechseln wie die Identität der Uhrenbauer selbst. Dies ist ein Wandel des impliziten Wissens. Dazu kommt das neue explizite Know-how, das erforderlich war, um sowohl die benötigte Produktionstechnologie zu erreichen als auch das Marketing zu adaptieren. Die Swatch, die explizite Verkörperung der neuen Uhr und des damit assoziierten Lifestyles, der immer wieder neu erfunden werden, die »Stimmung« des anvisierten Marktes treffen muß und der seinerseits prägen und deshalb nicht im vornherein vollständig definiert werden kann (implizites Wissen), dieses Artefakt bedeutete einen Philosophiebruch. Das ist Innovation im Kern.

Von implizit zu explizit und wieder zurück

Implizites Wissen ist also eine wichtige Ressource des Unternehmens. Die Transformation impliziten Wissens in explizites Wissen ist ein wichtiger Teil jedes Innovationsprozesses. Sie ist allerdings kein »one way ticket«. Übersetzungen gibt es in jede Richtung, von implizit zu explizit, aber auch wieder zurück. Überlegen wir uns das an einem Beispiel. Ein Entwickler, der über längere Zeit hinweg eng mit einem Kunden zusammenarbeitet, wird auf ein Problem aufmerksam, das immer wieder auftaucht. Er weiß noch nicht, was das ist, aber es macht ihn neugierig, und er möchte es besser verstehen. Er diskutiert mit einigen Kollegen und läßt sich von ihnen befragen. Die Kollegen wiederum lassen sich von seinen Schilderungen anregen und tragen ihre Ideen bei. Sie teilen ihre Erfahrungen und mentalen Modelle. Der Dialog und das gemeinsame Nachdenken helfen, stilles Wissen hervorzuholen und an die Oberfläche zu bringen. Der eine erinnert sich an eine ähnliche Geschichte vor einigen Jahren, der andere erzählt eine Anekdote, wie in seinem früheren Unternehmen mit Problemen umgegangen wurde; beim Dritten beginnen einige Verbindungen zu »leuchten«, und er fängt an »eine Spur aufzunehmen«. Implizites Wissen wird externalisiert. Die Mittel dazu sind vielfältig: Dialog, Geschichten, Scherze, Analogien, Metaphern usw. Oft sind es absichtslose Bemerkungen am Rande oder am Ende einer Besprechung, die scheinbar nichts mit dem Gegenstand zu tun haben, oft eingeleitet werden mit »unter uns gesagt ...« und einen Schlüssel für die anderen liefern. Das Ganze läuft wenig systematisch, mehr wie ein kreativer, anregender Suchprozeß.

Konkretisieren sich einige Ideen, wird beschlossen, sie zu prüfen und sich dazu an die jeweiligen Expertenstellen im Unternehmen zu wenden. Das im Dialog entstandene explizite Wissen – die formulierten Ideen, worin das Problem besteht und wie es gelöst werden könnte – wird nun mit anderem expliziten Wissen im Unternehmen kombiniert, geprüft, ergänzt. Die gefundenen Erklärungen werden schließlich in den Gesprächskreis zurückgebracht, dort ausgetauscht und nochmals zusammengetragen. Eine Lösung wird gefunden, und das darin enthaltene Wissen geht in den Wissenbestand der Gesprächspartner ein. Sie internalisieren es.

In eine Grafik gebracht, kann man mit Nonaka und Takeuchi daher die folgende Spirale in der Wissensentwicklung unterscheiden:

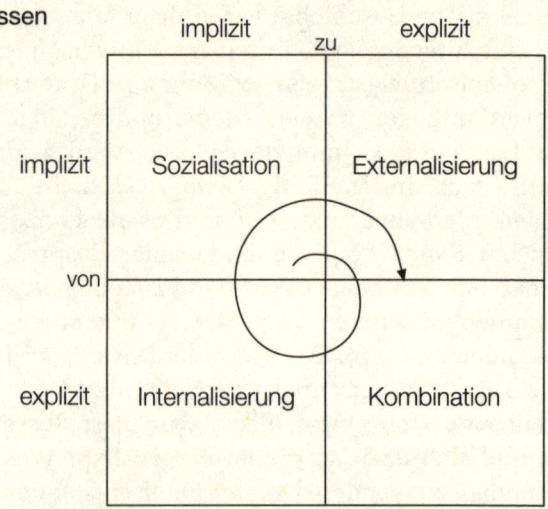

Wissen

	implizit zu	explizit
implizit von	Sozialisation	Externalisierung
explizit	Internalisierung	Kombination

Abb.: Spirale der Wissensentwicklung

Von klugen Mitarbeitern über ausgeklügelte Gruppen zu intelligenten Unternehmen

Die Bevorzugung expliziten Wissens vor implizitem ist nicht das einzige Ungleichgewicht, das angesichts des derzeitigen Umgangs mit Wissen in den Unternehmen auftaucht. Uns fällt es leichter, individuelle, personale Wissensformen in den Blick zu nehmen, wie wir es formuliert haben. Das Wissen von Gruppen bleibt dabei unterbelichtet oder gerät fortlaufend in Vergessenheit. Ist es eine weitere Kränkung, wenn man davon spricht, daß nicht nur einzelne Menschen, sondern auch soziale Systeme Wissen haben? Exemplarisch dafür sind die jahrzehntelangen Bemühungen (und fortlaufenden Neuentdeckungen) der Team- und Gruppenarbeit. Für das Unternehmen wichtiges explizites wie implizites Wissen findet sich sowohl bei den einzelnen Mitarbeitern als auch in den gemeinsamen Praktiken von Gruppen und Teams.

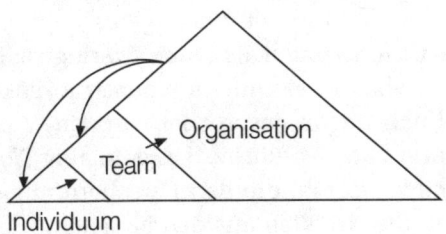

Gruppen entwickeln in ihrer gemeinsamen Alltagsarbeit Kompetenzen, welche die Fähigkeiten der einzelnen erst voll zum Tragen bringen. Normalerweise heißt es, die Gruppe ist mehr als die Summe der einzelnen. Das ist sattsam bekannt. Übersehen wird dabei aber ein weiterer wichtiger Punkt: Auch der einzelne ist in der Gruppe mehr, als er allein für sich wäre. Jeder Forscher weiß, was die Diskussionen, Arbeiten, Beiträge, Kritiken der anderen für seine eigene Leistung bedeuten. Das geht um so besser, je vertrauensvoller und »eingespielter« man ist. Was meint dieses »Eingespieltsein«? Beispielsweise gemeinsames Arbeitsverständnis, ähnliche Zukunftsideen, eine ähnliche Sichtweise im Herangehen an Probleme, die dann Differenzen ermöglicht. Es braucht eine gemeinsame Basis, um Unterschiede effektiv nutzen zu können. Diese Basis liegt nicht nur im Gespräch, sondern bezieht ihre Kraft aus der gemeinsamen Arbeit. Diese Qualität, die sich im Zusammenspiel einer Gruppe ergeben kann, ist der beste Nährboden für die Nutzung und Entwicklung expliziten wie impliziten Wissens auf individueller wie auf Gruppen- und auf Organisationsebene.

Um das eben beschriebene Phänomen zu nutzen, haben Unternehmen das Team wiederentdeckt. Das Teamfieber grassiert, überall sind heute »Hochleistungsteams« zu finden. Das trägt dem Wissenspotential Rechnung, das in Teams enthalten sein kann. Jeder kennt Gruppierungen – egal, ob sie sich Team oder anders nennen –, die in ausgezeichneter Weise Leistungen erbringen und wo man beobachten und spüren kann, wie hier Wissen in der Praxis verkörpert liegt. Die Hoffnung nicht weniger Unternehmen ruht auf diesen Teams.

Das Wissen, das in Gruppen oder Teams liegt, ist aber noch nicht für das Unternehmen als Ganzes verfügbar. Erst wenn es mit der Wissensbasis des Unternehmens rückgekoppelt wird, kann tatsächlich davon gesprochen werden, daß das Unternehmen gelernt hat. 3M führt z. B. regelmäßig Workshops mit seinen Forschern durch, die den Forschern aus dem ganzen Unternehmen die Arbeiten aus den einzelnen Bereichen vorstellen. Das ist ein Mittel, um zur Verbreiterung der kollektiven Wissensbasis beizutragen. Ein anderes ist die Implementierung elektronischer unternehmensweiter Dialogsysteme. Doch Technik kann nur Infrastruktur zur Verfügung stellen. Sie muß mit kulturellen und psychologischen Elementen gekoppelt werden. Diesen Weg ist Buckman Laboratories erfolgreich gegangen. Man installierte Dialogsysteme, an die jeder Mitarbeiter nicht nur angeschlossen war, sondern die es für ihn auch »attraktiv« machten, am Dialog zu partizipieren.

Ein anderes Beipiel bieten die Flötenbauer von Boston. Scott Cook, ein Forscher aus dem PARC Xerox, beschreibt, wie drei der weltbesten Flötenbauer, die rund um Boston angesiedelt sind, über Generationen hinweg Flöten von unverwechselbarer Qualität produzieren. Jeder Flötenkenner erkennt beim Spielen das spezifische Flötenfeeling seines Herstellers. Wie gelingt es, über so lange Zeit dieses unverwechselbare Feeling und die hohe Qualität konstant zu halten? Man könnte meinen, daß es Resultat eines maschinellen Prozesses wäre. Weit gefehlt. Flöten dieser Qualität werden per Hand gebaut. Das »Geheimnis« des spezifischen Charakters der Flöte liegt im Zusammenfügen der verschiedenen Teile und in den kleinsten Toleranzen und Passungen dieser Teile. Viele der Toleranzen sind nicht explizit bekannt! Jeder Mitarbeiter, als Mitglied einer Arbeitsgruppe, baut seinen Part und schätzt mit Auge und Gefühl, nur teilweise von Meßinstrumenten unterstützt, die Passung. Dann wird dieses Stück weitergereicht. Sollte es sich für den nächsten Flötenmacher »nicht gut anfühlen«, wird es zurückgewiesen, so lange, bis es sich für beide richtig anfühlt. So geht es mit den unterschiedlichen Teilen, bis die Flöte fertig ist.

Ein einzelner kann eine Flöte von so konstant unverwechselbarer und hoher Qualität nicht bauen. Die Flötenmacher bedienen sich sowohl expliziten Wissens über die Fabrikation der Teile als auch des impliziten Wissens, das im Zusammenspiel und im »richtigen Gefühl« der Passung der Teile liegt. Die Konstanz im Flötencharakter zeigt, daß es sich hier nicht um gefühlsmäßige Zufälligkeiten handelt, sondern unbeschreibbares, implizites Wissen wirkt, und zwar über Generationen hinweg. Es braucht sowohl das Wissen der einzelnen Meister des Flötenbaus in der ausgeklügelten Gruppe als auch das Zusammenspiel der Gruppe, die eingebettet ist in ein Unternehmen, das dafür sorgt, daß die kulturellen und praktischen Werte kontinuierlich weitergegeben werden.

| | | Träger | | |
		Individuum	Gruppe	Organisation
Wissen	explizit	z. B. über Werkstoffe und Verarbeitungsschritte	Koordination der Arbeitsschritte, Erfahrungsaustausch etc.	Leitbild, Ziele, Qualitätskriterien
	implizit	persönliche Beurteilung der Teile mit »Auge und Gefühl«	gemeinsam geteiltes Gespür, für den unverwechselbaren Charakter der Flöten	Vision, gemeinsame Werte, ungeschriebene Spielregeln

Abb.: Wissensformen und -träger am Beispiel der Flötenbauer

Toolbox IV

Wenn Sie Ihren Bereich betrachten, welche Hauptaufgaben bzw. Leistungen erbringt dieser Bereich? In welchen Prozessen?

Welches »Können« ermöglicht diese Leistungen/diesen Prozeß?

Was davon ist beschrieben?
Was ist unbeschreibbar, aber wirksam, sei es als »feeling« oder Regel oder...?

Welche Personen besitzen Schlüssel-Know-how?
Welche Gruppierungen in Ihrem Unternehmen/Bereich verkörpern eine wichtige Kompetenz?
Sind sie in dieser Rolle allgemein bekannt und zugänglich? (Ist dieses Wissen sicht- und nutzbar oder versenkt?)
Was macht es für diese Personen attraktiv, ihr Wissen mit anderen zu teilen? Wer belohnt dies? Inwieweit lohnt es sich für den einzelnen Wissensträger, sein Wissen für sich zu behalten?

Was fördert den Wissenstransfer?
Was behindert den Wissenstransfer?
Welche Gefäße, Institutionen, unterstützende Informationstechnologie gibt es für den Transfer?
Wie wird der Transfer für die Beteiligten attraktiv gemacht?
Welche Transfermöglichkeiten werden genutzt, welche nicht?

Nochmals: Wissen ist Aktion

Das Verhältnis von Wissen und Praxis wird uns nun weiter beschäftigen. Wir können viele Dinge tun, wie wir mit dem Begriff des impliziten Wissens gezeigt haben, z.B. Management betreiben, wohlgeformte Sätze sprechen, eine Maschine konstruieren, eine Idee haben, ein Tennismatch gegen einen schwachen Gegner verlieren, ohne genau beschreiben zu können, wie wir es »en détail« machen. Auch wenn externe Beobachter die Regeln identifizieren, nach welchen ein guter Manager agiert, ist damit noch nicht gesagt, daß irgendein anderer es ebenso gut machen kann. Es gibt ein Wissen, das nur im konkreten Tun verkörpert ist. Abstrakte Konzepte, Theorien, Begriffe, intellektuelle Instrumente sind Mittel, um dieses aktive, wissende Tun zu disziplinieren und zu lenken. Sie ersetzen das Tun aber nicht.

Nehmen wir Skifahren als Beispiel. Ein guter Skifahrer tut sich nicht leicht zu beschreiben, wie er es macht, daß er gut fährt. Auch wenn Skischulen und Skilehrer versuchen, objektivierbare Erkenntnisse zu formulieren – wie »immer die Talschulter zurück«, »in die Knie gehen« etc. –, versetzt das den Lernenden noch lange nicht in die Lage, Skifahren zu können. Einzig die Praxis ist Skifahren, nichts anderes. Skifahren kann man nicht auf Papier, genausowenig wie Managen.

Neurolinguistisches Programmieren (NLP) bietet ein weiteres Beispiel. NLP resultiert aus Studien von Bandler und Grinder über die Praxis berühmter Psychotherapeuten wie Virginia Satir, Fritz Perls, Milton Erikson und anderen. Diese therapeutischen Meister, die so erfolgreich und bahnbrechend in der Art und Weise ihres therapeutischen Schaffens waren, hatten zwar Erklärungen und auch einige Konzepte zur Beschreibung ihres Tuns. Aber diese Erklärungen befriedigten nur zum Teil. Bandler und Grinder wollten die »Struktur der Magie« der großen Meister knacken. In intensiven Beobachtungen haben sie die Techniken herausgefiltert, die »eigentlich« zum Einsatz kamen – vielfach, ohne daß es dem Meister selbst bewußt war. Aus Magie wurde Technik (Know-how). Technik ist besser vermittelbar als Magie, und schon setzte schwungvoll die Nachfrage ein und damit wiederum Magie, diesmal allerdings die des Erfolgs. Heute ist jeder zweite Verkäufer NLP-gestählt, aber damit allein noch immer nicht erfolgreich, geschweige denn Therapeut. Warum eigentlich nicht, obwohl man doch die Technik gelernt hat?

Wer kann, der weiß?

Wissen ist in den Köpfen. Das ist aber noch nicht alles, wie wir bereits sahen. Wissen erfordert, daß gehandelt wird. Wissen wird in der konkreten Praxis, durch aktives Tun (oder Unterlassen) erarbeitet. Die Welt erschließt sich durch Aktion, durch Probieren und Irren, durch Fehlgehen und Erfolghaben, aus dem daraus resultierenden Reichtum an Beobachtungen und den Schlußfolgerungen, die man daraus zieht. Dann besitzt man Wissen und kann darüber verfügen. Der Ingenieur weiß, wie die Maschine zu konstruieren ist; die Marketingexpertin weiß, wie gesättigte Märkte bedient werden können; der Logistiker weiß, wie das Hochlager organisiert werden sollte, um flexibel und schnell genug auf die Nachfrage reagieren zu können usw. Dieses Wissen steht in einem klaren Bezug zur Realität. Wer weiß, der kann.

Wir wollen darum nochmals festhalten: Es gibt ein Wissen, das ausschließlich in Handlungen verkörpert ist. Für diese Form des Wissens, also die Verkörperung von Wissen in der Praxis, kennt das Englische das Wort »knowing«, im Unterschied zu »knowledge«, worauf John Seely Brown und Scott Cook vom PARC hingewiesen haben. Ein Unterschied, der nicht einfach ins Deutsche zu übertragen ist. »Knowing Physics« würde man am ehesten mit »Physik verstehen«, oder »Physik beherrschen« übersetzen, beides Begriffe, die statischer und passiver sind als das englische »knowing«.

„Knowing« bezeichnet eine eigene Dimension des Wissens, die nicht auf »Knowledge« zu reduzieren ist. »We are talking about something embodied in our actions not something assumed to underlie or enable our actions – nor are we talking about something necessarily ›in our heads‹«, führen Brown und Cook aus. Im Deutschen gibt es hierfür keine adäquate Formulierung. Der Unterschied zwischen Knowledge und Knowing bezeichnet jenen Moment, dem sich der Tennisspieler gegenüber sieht, wenn der Ball beim Service hochgeworfen wird und diesen einen unsäglichen Moment in der Luft hängt, in dem er optimal geschlagen werden kann. Nur das konkrete Schlagen zeigt das Können des Spielers. Der praktische Schlag ist nicht auf das Wissen im Kopf (und im Körper) des Spielers reduzierbar. Auch wenn Marc Rosset weiß, was er zu tun hat, um seinen Serviceball mit mehr als 200 km/h übers Netz zu befördern, ersetzt ihm das noch nicht den tatsächlichen Schlag. Michael Stich geht es nicht anders. Die Praxis entscheidet. Sie ist, wenn auch angeleitet, orientiert und diszipliniert durch das Wissen im Kopf, mehr als die Anwendung dieses Wissens; ihr kommt eine eigenständige Qualität zu.

Sprache bringt Wissen zur Welt

Wir bringen Wissen zur Welt, indem wir sprechen und uns austauschen. Für Wissen sind wir auf Sprache angewiesen. Die Kraft der Sprache ist magisch. Was, meinen Sie, würde sich verändern, wenn Therapeuten von ihren »Klienten« nur als »Kunden« reden würden? Oder welches unterschiedliche Verhalten würde entstehen, wenn Ämter von »Bürgern« oder »Bittstellern« oder »Nachfragern« reden würden, oder wenn bei Veränderungsprozessen statt von »Schnittstellen« von »Nahtstellen« gesprochen würde?
Sprache transportiert Wissen und eröffnet oder versperrt Anschlüsse im Sinne von Möglichkeiten. Begriffe können wie Codes wirken, die den Zugang zu unterschiedlichen Erfahrungsbereichen eröffnen und regeln. Dem Kunden biete ich anderes an als dem Klienten. Bittstellern begegne ich anders als dem mündigen Bürger, Konfliktgespräche beschwören anderes herauf als kollegialer Meinungsaustausch. Nicht ohne Grund werden »Qualifikations«-Gespräche als »Förderungs«-Gespräche bezeichnet, und »Assessment-Centers« werden zur »Potentialförderung«, »Kontrolle« wird zur »Unterstützung«, der Mitarbeiter (Untergebene?) sieht sich dem »Coach« und nicht mehr dem »Chef« gegenüber. Mit diesen Umbenennungen verbindet sich die Hoffnung, einen

Bedeutungs- und damit einen Verhaltenswandel bewirken zu können, der neues Wissen entstehen läßt. Da wird die Kraft der Sprache spürbar.

Wissen wird zu wesentlichen Teilen durch Sprache »zur Welt gebracht«. Sprache ist auch ein zentrales Medium, um der eigenen Persönlichkeit Ausdruck zu verleihen. Unternehmen sind auf Vielfalt des Wissens wie auch der Personen angewiesen, garantiert diese Vielfalt doch erst die Qualität komplexer Verarbeitung. Auf der anderen Seite tendieren Unternehmen dazu, Vielfalt, die ja auch bedrohlich wirken kann, zu minimieren und zu unterdrücken. Das Studium der Sprache, die im Management verwendet wird, macht das deutlich. Eine Untersuchung der Hochschule St. Gallen beschäftigte sich unter anderem mit der Sprache von Mercedes-Managern, und zwar unter dem Gesichtspunkt des radikalen Wandels, dem sich Mercedes seit einiger Zeit unterzieht. Die Autoren fragen, inwieweit radikale Veränderungen nicht auch konturenreiche Persönlichkeiten brauchen, die den Prozessen Profil zu geben vermögen. Doch

»die Konturlosigkeit der Erscheinungen erschreckend vieler Führungskräfte erschließt sich einer Analyse ihrer Sprache in überraschendem, beinahe erschreckendem Ausmaß. Als Germanist müßte man ihnen auf breiter Front einen weitgehend restringierten Sprachcode attestieren, der aber nichts anderes ist als das Pendant einer spezifischen Berufsanforderung: Ihr beruflicher Erfolg scheint zur Voraussetzung zu haben, nur moderat Gefühle zu zeigen, wenig Aufgeregtheit für sich zuzulassen, Herr der Lage zu bleiben, positiv zu denken, die Wirkung ihrer Worte und damit ihrer selbst noch vor ihrer Vernunft zu bedenken, um mit all dem eine beständige »Drohung« auf das wirkliche Mindestmaß zu schrauben: nämlich, daß andere den Eindruck gewinnen könnten, ihre Persönlichkeit sei nicht zu hundert Prozent deckungsgleich mit dem nackten Erfordernis ihrer Aufgabe.

Solche Führungskräfte beschreiben dann Situationen dramatischen Nachfragerückgangs mit den Worten, daß »die derzeitige Situation ein wenig problematisch« sei, schlechtestenfalls »Anlaß zur Sorge« gebe. Wenn sich Vorstände um Millionen oder gar Milliardenbeträge erdrückend und – sagen wir es ruhig: bis aufs Messer – streiten (mit beliebig teuren Folgen fürs Gesamtunternehmen), so hören wir, »da wäre möglicherweise noch Diskussionsbedarf«; wenn mit enormem Zeit- und Kostenaufwand, aber ohne Erfolg, an Neuerungen herumexperimentiert wird, so wird verlautet, »der Prozeß bräuchte noch etwas Zeit«.

Wie kann da Wissen um die Dringlichkeit der Veränderungen entstehen? Während einerseits bekannt ist, was die Stunde geschlagen hat, wird andererseits sprachlich eine Entdramatisierung kreiert. Das Gute daran könnte sein, daß die Wahrscheinlichkeit der völligen Eskalation von anklingenden Machtkämpfen verringert wird. Das implizite Wissen um diese positive Funktion der Entdramatisierung könnte in dieser Sprache verkörpert sein. Zugleich aber bleibt fraglich, inwieweit das bisherige implizite Wissen auch für die zukünftigen Herausforderungen geeignet ist. Ein Spannungsfeld, das in vielen Unternehmen besteht.
Fassen wir zusammen:

Der Kopf denkt, die Hand lenkt?

Wissen lenkt Beobachtungen und Handlungen. Das ist klar. Wenn ich weiß, was passiert, wenn Leute Schlangestehen müssen, kann ich meine Warteschlangen so managen, daß weniger Unzufriedenheit entsteht und die Kunden ihre Zeit besser nutzen können. Die nachfolgende Abbildung stellt diesen Zusammenhang abstrakt dar. Er ist uns vertraut und beschreibt unsere kulturell etablierte Auffassung von Lernen, wie es auch in Schulen und Universitäten betrieben wird. Der Kopf denkt und lenkt, er kommt zuerst, die Praxis folgt.

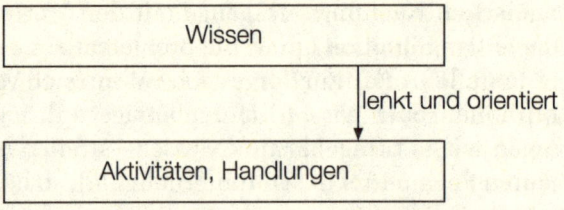

Abb.: **Die traditionelle Auffassung des Lernprozesses**

Es geht aber noch weiter. Halten wir uns folgendes vor Augen: Wir können die Regeln und Prinzipien, nach denen Unternehmen sich organisieren, formulieren. Aber können wir darum schon organisieren? Können wir die Regeln umsetzen, können wir sie anwenden? Explizites Wissen für sich allein nützt soviel wie der Hammer, der den Heimwerker noch nicht mit der Fähigkeit ausrüstet, den Nagel auch richtig in die Wand einzuschlagen. Das Verhältnis zwischen Wissen und Praxis ist damit zunächst unbestimmt. Die oben noch so klare Abfolge haben wir so wieder in Frage gestellt.

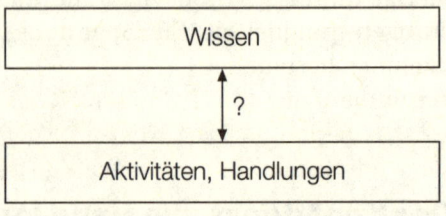

Abb.: **Wissen und Handeln**

Sowenig wie der Hammer die Fähigkeit zum zielsicheren Schlagen mit sich bringt, sowenig garantieren Managementkonzepte, daß man erfolgreich managen kann. Es sind zwei verschiedene Dimensionen des Wissens. Wir haben Wissen, wir besitzen Knowledge. Und wir handeln, und dieses Handeln verkörpert sein eigenes Wissen. Das Team, das in exzellenter Weise ein Produkt neu lanciert, die Softwaregruppe, die in kürzester Zeit ein neues Progamm entwickelt hat, zeichnen sich nicht nur durch das Wissen in den Köpfen der Beteiligten aus, sondern auch durch die Qualität der praktischen Arbeit, d. h. der konkreten und praktischen Aktionen und Interaktionen. Gruppen oder Einzelne verkörpern in ihrer konkreten Praxis Wissen; ein Wissen, das sich qualitativ vom Wissen in den Köpfen der Menschen unterscheidet, aber gleichwertig ist und gleichzeitig wirkt.

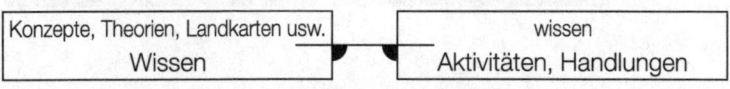

Konzepte, Theorien, Landkarten usw.	wissen
Wissen	Aktivitäten, Handlungen

Abb.: Knowledge und Knowing

Die Unterscheidung von Knowledge und Knowing ist eine äußerst handfeste – wie nicht zuletzt das Hammerbeispiel zeigt –, und sie hilft uns, manch ungeheuerliche Wissensverschleuderung in Unternehmen besser zu verstehen. Nehmen wir eine Reorganisation als Beispiel. Die Ist-Situation wird erhoben (Knowledge), die Soll-Situation wird erarbeitet (Knowledge), ein Maßnahmenplan wird entwickelt (Knowledge), doch kein Gedanke wird an die konkreten Aktivitäten verschwendet, die dieses jeweilige Wissen mit der unternehmerischen Praxis verbinden. Nur Wenige denken an die konkreten Praktiken der verschiedenen Gruppierungen im Unternehmen, geschweige denn, daß man bewußt wüßte, welche Gruppierungen es überhaupt gibt. Das Resultat: Das viele Wissen, das in den unterschiedlichen Konzepten steckt, bleibt ungenutzt, da mit der Praxis unverbunden. Wie würden Change-Management-Programme aussehen, wenn die Fähigkeiten, die in den konkreten Aktivitäten von Gruppen enthalten sind, identifiziert und einbezogen würden? Allgemeiner: Wie würde sich unser Verständnis organisatorischen Lernens verändern, wenn wir Gruppenpraktiken genauso einbezögen wie individuelles Lernen?

Wissen ist Dynamik

Die Wissensbombe

Heute sind wir es gewöhnt, von der Wissensexplosion zu sprechen. Alle sieben Jahre verdoppelt sich das Wissen, heißt es; gleichzeitig verringert sich die Halbwertzeit des Wissens immer mehr. Das Wissen nimmt explosionsartig zu, und nichts bleibt davon unberührt. Als hätte man nicht schon genug damit zu tun, diese Explosion zu bewältigen, kommt noch ein weiteres Problem hinzu. Nicht nur in Atomkraftwerken, sondern auch in Unternehmen schlägt man sich mit scheinbaren Entsorgungsproblemen herum. Altes, überholtes Wissen scheint zu dominieren und dem neuen den Weg zu verstellen. Eigentlich unbrauchbar, eigentlich unnötig, aber schwierig aus dem Weg zu räumen. Viele Führungskräfte wollen aus den verschiedensten Gründen immer noch glauben, daß sich »im Grunde nichts ändert«; Forscher glauben an das, was sie einmal entwickelt haben; Marketingexperten wissen ohnehin schon, was die Kunden wollen, und alle zusammen tendieren zu häufig dazu, die neuen Entwicklungen zu spät zu sehen. Wie lange hat man bei Mercedes nicht wissen wollen, daß sich die Autokäufer (selbst die Mercedes-Käufer!) auch ökologisch verhalten möchten? Wie lange hat IBM gebraucht, bis akzeptiert wurde, daß Mainframes nicht das Ende der Erkenntnis bedeuten und jede Marktmacht vergänglich ist?
Neues Wissen kommt ständig hinzu, altes ist immer rascher überholt. In den Naturwissenschaften sind bahnbrechende

Forschungserkenntnisse oft nur noch kurze Zeit aktuell. Mit den nächsten veröffentlichten Experimentergebnissen sind sie schon wieder Vergangenheit. Die Molekularbiologie hat innerhalb weniger Jahre ganze Bereiche der Medizin umgewälzt, die Bio- und Gentechnologie hat in ähnlicher Weise die Pharmaindustrie revolutioniert. Quer durch die Disziplinen finden sich in den letzten Jahren gewaltige Wissensleistungen.

Vehement wird also die Frage nach der Entsorgung des Wissens gestellt als offenbar naheliegender Umgang mit der Wissensexplosion. »Entlernen«, das sei die neue Notwendigkeit für Unternehmen, heißt es. Am liebsten würden manche mit einem »Delete« altes, scheinbar unbrauchbares Wissen vergessen. Muß aber, abgesehen von der ganz praktischen Schwierigkeit eines kollektiven »Löschens« von überholtem Wissen, die Frage nicht vielmehr lauten: Wann und wie kann »altes« Wissen sinnvoll mit »neuem« verknüpft und dadurch die Grenze zwischen neuem und altem Wissen konstruktiv verschoben werden?

Die extreme Dynamik unserer Wissensgesellschaft verschiebt permanent diese Grenze zwischen Wissen und Nichtwissen. Und diese Grenzverschiebung ist anforderungsreich, das darf nicht unterschätzt werden. So finden sich immer Kräfte, die auf die Bewahrung der alten Grenzen ausgerichtet sind und das Neue aus den verschiedensten Gründen weniger berücksichtigen wollen. Das hat die schweizerische chemische Industrie erst kürzlich bei der Diskussion um die Baubewilligung eines Biotechnologie-Forschungszentrums erfahren. Nach vielen Diskussionen mit politischen und gesellschaftlichen Gruppierungen und antizipierend, welche weiteren Kämpfe bevorstehen würden, entschied man sich schließlich, das Zentrum nicht in der Schweiz zu bauen. So etwas passiert öfter, als man denkt. Ganze Laboratorien emigrieren, schaffen etwa in Frankreich oder in Kalifornien mit hohen Investitionen nicht nur neue Arbeitsplätze, sondern entwickeln dort auch neues produktives Wissen. Nicht nur in der Schweiz gehen attraktive Optionen verloren.

In den meisten Disziplinen sind die Grenzen zwischen Wissen und Nichtwissen sehr dynamischen Bewegungen unterworfen. Neues Wissen stellt altes ständig in Frage. Diese Dynamik ist eine ganz und gar junge Erscheinung. Zu früheren Zeiten war die Grenze zwischen Wissen und Nichtwissen viel stärker geschützt. Das Wissen wurde als geheimes, sakrales Wissen etikettiert, und diese Etikettierung verstellte den Zugang und verbot neugieriges Forschen. Wer seine Curiositas nicht zähmen konnte, bekam Ärger. Kopernikus hat seine Erkenntnisse erst kurz vor seinem Tod zu publizieren gewagt. Galileo Galilei mußte widerrufen. Gestorben ist er 1642; immerhin wurde er 1979 vom Papst rehabilitiert. Anderen ist es weniger gut ergangen.

Die relativ junge Dynamik mag ein Grund dafür sein, daß sich der Umgang mit der Grenzverschiebung als so schwierig erweist. Wir haben darin schlichtweg wenig Übung. In Unternehmen braucht es deshalb zuweilen, jedenfalls momentan noch, regelrechte Wissensbomben, um diese Grenze zu verschieben. Ein typisches Beispiel bot bis vor einigen Jahren die schweizerische und deutsche Chemie. So ein Unglück wie in Bopal oder auch in Seveso konnte nach Meinung der hiesigen Chemieingenieure bei uns nicht passieren. Man habe die Sache viel zu sehr im Griff, das Risiko eines Unfalls in einem Chemiewerk könne kontrolliert werden. Meinte man. Dann brannte in der Nähe von Basel ein Werk der Sandoz ab. Die Katastrophe fand also direkt vor der Haustür statt. Das hat das Selbstbewußtsein der Chemiker – endlich, wie viele fanden – massiv erschüttert. Man mußte sich eingestehen, daß man keineswegs alles im Griff hatte, sondern daß da etwas passiert war, das man so nicht vorausgesehen hatte.

An diesem Punkt begann ein schmerzhafter Lernprozeß. Das Risiko chemischer Produktion mußte neu beurteilt werden, und neue Gesprächspartner tauchten auf, die ihrerseits Wissen einbrachten und vor allem unangenehme Fragen stellten: Bürgerinitiativen. Das Management eines Weltkonzerns mußte lernen, sich nicht nur mit Bankern, sondern auch mit lokalen Umweltschutzgruppen an den Tisch zu setzen – ein elementares Erlebnis für beide Seiten. Es war kein geringes Problem, überhaupt einen Ort zu finden, wo der Dialog möglich war. Im Headquarter? Unmöglich! Im Büro der Initiative? Ebenfalls unmöglich! An einem neutralen Ort also. Aber wenn das jemand sieht? Wenn das jemand fotografiert? Das Management ist blamiert, die Sprecher der Bürgerbewegung könnten als Verräter diffamiert werden usw. Das Resultat dieses Prozesses: Erneuerte Risikobeurteilungen, Sicherheitssysteme, neue Berichterstattung über Risikofaktoren, neue Planungsverfahren für die Erstellung chemischer Anlagen, eine neue Dialogfähigkeit und die Einleitung einer neuen Unternehmensvision z. B. bei der ciba, die neben die ökonomische nunmehr auch die ökologische und die soziale Verantwortung stellt. Die Grenze zwischen altem und neuem Wissen konnte verschoben werden.

Toolbox V

Neues Wissen

Welche internen Aktivitäten finden statt, um neues Wissen zu kreieren? Welche Prozesse? Welche Anlässe?
Welche Gespräche/Dialoge finden statt? Wer ist wann dabei, wer nicht?
Geht es dabei eher um Verbesserungen und Adaptionen oder um tatsächlich neue Ideen und Innovationen?
Wie werden diese Aktivitäten miteinander verknüpft?

Welche neuen Ideen, Techniken, Technologien, Ansätze haben Sie im letzten Jahr/Monat/in der letzten Woche ausprobiert? Und zwar persönlich! Nicht nur darüber gelesen oder an andere delegiert.

Wieviel Zeit verwenden Sie (persönlich und im Kollegenkreis) auf die Beschäftigung mit Zukunftsfragen, z. B.:
Welche Kunden werden wir in Zukunft haben?
Wie werden wir sie erreichen können?
Welche Lösungen werden sie wollen?

Welche Entwicklungen in anderen Branchen, welche Technologien, welche gesellschaftlichen Entwicklungen können wir
erkennen und werden uns beeinflussen?

Darauf basierend:
Welches Wissen im Unternehmen werden Sie zukünftig entwik-
keln müssen? Worauf wollen Sie sich konzentrieren?
Wie lange werden Sie dafür brauchen?
Worauf können Sie bereits aufbauen? Welche Entwicklungen
müssen beschleunigt werden?

Ein Seitensprung:
Management by Zapping

Ein anderes Beispiel für die Unsicherheit im Umgang mit neuem Wissen ist das »Management by Zapping«, der Umgang
von Managern mit neuen Managementkonzepten. So wie
einst Niki Lauda wußte, daß er »nicht fürs Parken bezahlt
wird«, so wissen Manager, daß sie nicht fürs Händeschütteln
bezahlt werden. Man möchte Leistungen sehen. Mehr
Umsatz, geringere Kosten, mehr Dividenden. Und zwar bis
Mittwoch morgen. Na bitte.
Die Lösung scheint »Zapping« zu heißen. Manche Manager
gleichen immer mehr jenen Fernsehzuschauern, die per
Knopfdruck die Programme wechseln, von Sport über Krimis
und Pornos zur Science fiction ... um schließlich, vom Flim-
mern vor ihren Augen erschöpft, in Schlaf zu sinken.
Visionen, fraktale Fabriken, Empowerment, Qualitäts- und
andere mehr oder weniger revolutionäre Programme kommen
fast täglich auf den Markt und sind abrufbar. Oft scheint es zu
reichen, darüber zu reden, im Gespräch zu sein. Und überhaupt: Ein Manager muß doch im Diskurs von morgen mitreden. Wie hieß bloß der Sekten-Guru? Wer liegt in der Formel 1
vorn? Welches Managerbuch sollte im Aktenkoffer obenauf

liegen? Sie wissen schon ... gestern war es noch ... Da die Bestseller alle paar Wochen wechseln und allesamt außerordentlich revolutionär sind, droht dem Unternehmen ein Schleuderkurs. Niki Lauda weiß da Bescheid: Steuern, Gegensteuern, Gegengegensteuern, hin und her, so geht das, doch da – o je, ein Ölfleck im Eingang zur Kurve, und das Unternehmen sieht alt aus.

Dann schon lieber Zapping, von einer virtuellen Wirklichkeit zur nächsten. Die Programme werden »abgerufen«, ein Guru wird zum Vortrag mit anschließender Diskussion eingeladen. Es gilt, den Urheber der Idee höchstpersönlich zu bewerten bzw. irgendwie von seinen Ideen durchdrungen zu werden. Anschließend pickt man sich das Passendste heraus, erweitert seinen Sprachschatz um die aktuellen Vokabeln und springt weiter zum nächsten Programm, zum nächsten »flavour of the month«.

Durch die ständig wachsende Anzahl von Management by ... kommt der einzelne gar nicht mehr dazu, alles anzusehen, da hilft dann das Zappen auch nicht mehr. Die Folge: Man stellt entweder den Konsum ein oder schafft sich selbst Kriterien und Eckpunkte für das eigene Handeln. Es ist wie bei einem üppigen Büfett. Wenn man wahllos drauflos ißt, kommt man zu den guten Sachen meist gar nicht mehr. Zum Schluß ist man übersättigt und unzufrieden. Der geübte Partygänger wählt darum gezielt Weniges, aber Feines, eben das Beste. Dazu muß er aber erstens wissen, was ihm schmeckt und bekommt, und zweitens, was er will!

Mit anderen Worten: im alltäglich geschehenden Unsinn Konzentration und Besinnung auf die eigenen Fähigkeiten und auf das Wesentliche. Schwierig? Im Grunde weiß man, was klappt, was es braucht und was nicht. Diejenigen, die wissen, was sie wollen und was ihnen bekommt, können neue Konzepte und Impulse nutzen, ohne »Immunreaktionen« zu produzieren. Sie wissen, wie auszuwählen, wie neues Wissen zu integrieren und die Grenze zu verschieben ist. Das Management will dann gezielt neues Wissen und ist professionell neugierig.

Letztlich ist Marktwirtschaft ein »Mittel zur Durchführung von Experimenten im Bereich des wirtschaftlichen und unternehmerischen Verhaltens«. Auch wenn die mentale Programmierung des Managements damit nicht immer kompatibel zu sein scheint. In der heutigen Unübersichtlichkeit ist jede Strategie riskant, und es gibt keinen Königsweg zum Erfolg. Nur zielgerichtete Aktionen und schnelles Lernen aus den damit gemachten Erfahrungen führen zu neuem Wissen und so zu einer Verschiebung der Grenze zwischen Wissen und Nichtwissen. Doch nun zurück zur Dynamik des Wissens.

Lernbereites Wissen

Geschichtlich gesehen konnten mit der zunehmenden Ausdifferenzierung des Wissenschaftssystems politische und kirchliche Einmischungen immer mehr zurückgebunden werden. Die Freiheit der Lehre und Forschung wurde zum verbindlichen Wert. Natürlich ist die Wissenschaft nicht gänzlich frei von Beeinflussungen, geschweige denn von gesellschaftlichen Selektionen. Allein schon die Finanzierungen sind ein wichtiges Steuerungsinstrument für Forschungsleistungen, Wissenschaftspolitik tut das Ihre, die Zunahme der industriellen Forschung trägt ebenfalls zur Gestaltung der Rahmenbedingungen von Forschung bei. Gleichwohl gilt: Wissen hält dazu an, Fragen zu stellen — zuweilen auch unangenehme.

Damit ist Wissen auch von Besserwissen zu unterscheiden. Letzteres verhindert Neugier und läßt keine Fragen mehr formulieren. Das ist das Dilemma der sogenannten Experten; es fallen ihnen, zumindest vermeintlichen Laien gegenüber, keine Fragen ein. Wissen zeichnet sich dadurch aus, daß es lernbereit ist. Wissen sucht Anschlüsse, möchte sich beweisen, kann verstört, revidiert, zumindest ergänzt oder gänzlich verworfen werden. Alle Schwäne sind weiß, bis der erste schwarze auftaucht. Alle Kunden sind grau, bis sich der erste weigert, den ungenügenden Service zu akzeptieren. Wissen hat in diesem Sinn etwas Expansives.

Es gibt aber auch Wissen, das nicht lernbereit ist, nämlich jenes Wissen, das sich auf normativen Sinn bezieht, z. B. auf Werte, Gesetze, Normen, gesellschaftliche Konventionen, Religion. Um ein etwas vereinfachtes Beispiel zu wählen: Banker wissen, daß in den USA ohne dunkle Socken wenig Geschäft zu machen ist. Denn weiße Socken signalisieren Werte, die in Bankerkreisen nicht willkommen sind. Dieses Wissen ist nicht lernbereit, und das hat seine guten Gründe. An den dunklen Socken kommt keiner vorbei, auch nicht mit dem Aufdruck »Why not?« auf seinen weißen. Das gilt nicht nur für Strumpffarben, sondern auch für eine Reihe weiterer ungeschriebener Regeln. Insofern bedeutete der Bart von Herrn Pieschetsrieder von BMW eine echte Innovation in den obersten Führungsetagen Deutschlands. Man sollte das nicht geringschätzen. Nun, wir wissen, was wir dürfen und was nicht. Da ist es schwierig, neues Wissen aufzusuchen. Wenn man es dennoch macht, hat man gegebenenfalls mit massiven Schwierigkeiten zu rechnen. Manch abgebrochener Karriereweg erzählt davon. Auf gesellschaftlicher Ebene gibt die Fatwa über Salman Rushdie davon tragisch Zeugnis.

Lernbereitschaft und forcierte Entwicklung des Wissensbestandes sind es, die die Unternehmen und das Management unserer Zeit so sehr herausfordern. Blockierende Sprüche wie »bei uns ist alles anders« oder »die Praxisorientierung fehlt« helfen da nicht weiter. Denkstops lassen sich nur noch selten diktieren. Es genügt eben nicht mehr, einmal Wissen erworben zu haben und den Rest seiner Zeit daraus zu schöpfen. »Lebenslanges Lernen«, das ist der einfachste Slogan, auf den die komplexe Dynamik der Wissensgesellschaft heruntergebogen werden kann.

Das Problem der Vierfaltigkeit

Management heute bedeutet darum vor allem das Management dieser Lernbereitschaft und der effizienten Wissensentwicklung. Management wie Mitarbeiter sehen sich einer hohen Wissensvielfalt gegenüber und suchen Wege, diese zu handhaben. Will man besser, also andersartiger sein als andere, sieht man sich einem vierfachen Problem gegenüber:

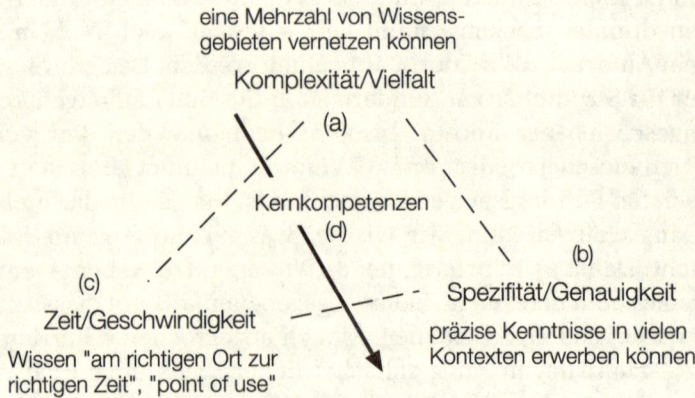

Abb.: Das Problem der Vierfaltigkeit

a) Bündelung der »Exzellenzen«

Eine Mehrzahl von Wissengebieten ist zu vernetzen. Was braucht es, um einen neuen Mikrochip auf den Markt zu bringen? Was muß dazu gekonnt, was beherrscht werden? Welche Wissensgebiete sind zu kombinieren? Wo muß man erstklassig sein? Mit dem Strategiekonzept der Kernkompetenzen wurde zu Recht darauf hingewiesen, daß es heute nicht ausreicht, auf einem, zwei oder drei Gebieten exzellent zu sein, sondern daß der strategische Unterschied in der Bündelung dieser Exzellenzen liegt. Canon ist darum so erfolgreich, weil es sein Wissen über Feinoptik, -mechanik und Mikroelektronik ausgezeichnet kombinieren kann. Das macht Fotoapparate ebenso möglich wie Kopierer und Laserdrucker. Das macht Erfolg möglich.

b) Mehrfaches Spezialistentum

Klarerweise bedeutet »Vielfalt« nicht, daß breites Wissen genug wäre. Man muß gleichzeitig in den einzelnen Wissensgebieten selbst präzise Kenntnisse haben, man muß exzellent sein. Auch wenn man nicht überall Weltklasse sein braucht, ist doch mehrfaches Spezialistentum gefragt. Aber in welchen Domänen? In welchen nicht?

Polaroid hat über Jahre Filmmaterial bei Kodak, seine Elektronik bei Texas Instruments und seine Kameras bei Timex und anderen bezogen, während es sich auf die Produktion seiner selbstentwickelbaren Fotos und die Entwicklung der nächsten Produktgeneration konzentrierte. Hier liegen klare Konzentrationsentscheidungen vor.

c) Der Wettbewerbsfaktor »Zeit«

Die Vernetzung/Konzentration von Wissensgebieten gewinnt besondere Würze mit der Notwendigkeit, schneller werden zu müssen. Zeit ist bekanntlich ein Wettbewerbsfaktor erster Güte geworden, das gilt gerade auch im Wissenszeitalter.

Das Geschwindigkeitsproblem stellt sich auf mehreren Ebenen. Einerseits veraltet Wissen so schnell wie noch nie zuvor. Die Zeit, sich neues Wissen anzueignen, verkürzt sich immer mehr. Damit einher geht der Zwang, Produktentwicklungen nochmals zu beschleunigen. In der Computerindustrie hat sich beispielsweise die Produktentwicklungszeit von mehreren Jahren auf wenige Monate verkürzt. Jeder weiß heute, wie wertvoll es ist, als erster am Markt zu sein.

d) Kernkompetenzen auf Dauer

Es sind Generalisten- und Spezialistentum zu verbinden – und das unter Zeitdruck. Zudem müssen Entscheidungen über die Vertiefung von Wissengebieten getroffen werden. Was braucht es zur Erhaltung der eigenen Kernkompetenz? Was kann zugekauft werden? Was sollte abgestoßen werden?

Nike etwa konzentriert sich ganz auf seine Design-, Marketing- und Vertriebskompetenzen. Die Herstellung der Schuhe, die man früher noch als das Kerngeschäft einer »Schuhfirma« verstanden hätte, erfolgt ausschließlich durch Zulieferer.

Kernkompetenzen sind bei allem Temporeichtum langfristige Qualitäten. Das bedeutet, daß das Management von a) bis c) keine punktuelle Erscheinung sein kann, sondern eine permanente Aufgabe ist. Erst die Kontinuität auf der Zeitachse sorgt für die Wissensperformance.

Das Managen dieser Vierfaltigkeit entscheidet über die Qualität der unternehmerischen Ressource Wissen. Dabei sieht man sich einer Situation gegenüber, die zunächst seltsam anmuten mag, nämlich der Knappheit an Wissen im Wissenszeitalter. In einer Situation, in der es überlebenswichtig ist, das richtige Wissen zur richtigen Zeit am richtigen Ort zu haben, wird jedoch Wissen notwendigerweise zum entscheidenden Engpaß.

Lehrende (nicht nur lernende) Organisationen sind erfolgreich

Die »lernende Organisation« ist seit einigen Jahren in aller Munde. Das Konzept des lernenden Unternehmens hat die Notwendigkeit, daß permanente Wissensentwicklungsprozesse am Laufen gehalten werden müssen, gut zum Ausdruck gebracht. Aber lernen allein reicht nicht für eine in der Wissensära erfolgreiche Organisation. Auch nicht lebenslanges Lernen.

»Lernende Unternehmen« ähneln ewigen Studenten, wurde einmal gesagt. Was nützt das ganze Wissen im Unternehmen, wenn der Kunde es nicht wahrnehmen kann? Es ist hilfreich zu überlegen, daß Unternehmen sowohl lernende als auch lehrende Systeme sind. Erst die Kommunikation und der Transfer von relevantem Wissen an die Lieferanten, Partner und Kunden ermöglichen, daß das Wissen, das in den Produkten und Dienstleistungen enthalten ist, wertgeschätzt werden kann. So ist etwa die Verbreitung der Personalcomputer mit einer enormen Wissensentwicklung bei den Käufern und Anwendern Hand in Hand gegangen. Um die Möglichkeiten der PCs auszuschöpfen, mußten die Anwender geschult und professionalisiert werden. Wenn man sich vor Augen hält, wie es mit dem digitalen Wissen nicht nur in Unternehmen und Universitäten, sondern auch im durchschnittlichen Haushalt heute im Vergleich zu vor fünf Jahren bestellt ist, kann man staunen.

Der vielgefürchtete Automanager Lopez, »der Schlächter von Wolfsburg«, hat einen nicht ganz unbeträchtlichen Teil seiner Effizienzgewinne in enger Zusammenarbeit mit den Lieferanten erreicht. Er forderte von ihnen nicht nur Produktivitätssprünge für preisgünstigere Lieferungen, sondern ging auch vor Ort und zeigte, wie das zu machen ist. Er »kapitalisierte« sein Know-how im Umgang mit den Lieferanten und brachte Millionen an Einkaufsersparnissen erst für Opel und dann für VW. Vielleicht ist dies auch ein Grund dafür, daß er so »beliebt« wurde. Er kennt sich aus, und er ist konsequent, für manche zu sehr.

Im Dienstleistungsbereich läßt sich derzeit auf dem Beratungsmarkt ein Beispiel beobachten. Nicht zufälligerweise erscheinen in Manager- und Fachzeitschriften wie *manager magazin, Bilanz, Blick durch die Wirtschaft* oder auch im *HARVARDmanager* Artikel über die Qualifikation und Professionalisierung von Beratern sowie über Auswahlkriterien und Checklisten für die Beraterwahl. Geschrieben sind sie oft von Beratern. Den Hintergrund dafür bilden die schlechten Erfahrungen, die viele Unternehmen mit dem Preis-/Leistungs-Verhältnis und den Qualitäten von Beratern gemacht haben. Die Unternehmen wissen offensichtlich zuwenig, nach welchen Kriterien sie aus der Fülle der Anbieter auswählen sollen. Für welche Fragestellungen ist es sinnvoll, McKinsey zu holen? Für welches Projekt ist eine kleine Firma, eine lose Gruppierung oder ein Einzelberater geeignet? Welche Erfahrungen sollen vorausgesetzt werden? Welche Qualifikationen wären jeweils wichtig? Die Folge dieser Ungewißheit war und ist name lending, der Name gibt den Ausschlag. Gurus, Professoren, Boston Consulting Group und wie sie alle heißen, aber auch wohlklingende Konzepte à la Reengineering oder »High-Performance-Teams« können für Nachfrage sorgen und für gewisse Zeit die Illusionen nähren, daß nunmehr alles anders wird – bis »der Zauber weg ist«. Dies zum Nachteil der Berater und der Firmen.

Weiß jedoch das Unternehmen, wen es für welche Lösungen hinzuziehen kann, wie auszuwählen ist und welche Rolle es selbst im Beratungsprozeß spielen kann, damit aufwendige Analysen auch mit nachhaltigem Erfolg implementiert werden, so nützt dies sowohl dem Kunden als auch dem Berater. Die Professionalisierung der Kunden hilft also allen Beteiligten.

Die Evolution
zur Engstirnigkeit

Von der Erleuchtung
zum Instrument

Kehren wir für einen Moment in die Vergangenheit zurück. Die erwähnte gesellschaftliche Umprogrammierung von Vergangenheit auf Zukunft führte zur Bevorzugung von neuem gegenüber altem, traditionellen Wissen. Die kollektive Funktion von Wissen orientierte sich nicht mehr an der Tradierung der bestehenden sozialen Ordnung, sondern richtete sich zunehmend auf die gezielte Veränderung gesellschaftlicher und geschichtlicher Zusammenhänge. Gesellschaftliche Verhältnisse erwiesen sich als nicht mehr nur durch Macht, sondern auch durch Wissen »machbar«. Diesem Funktionswandel entsprechend, erfuhr das Wissen einen Bedeutungszuwachs. Verhieß es früher wesentlich Selbsterkenntnis im Wachstum der spirituellen und moralischen Kräfte des Menschen sowie Erkenntnis über das richtige Verhalten in der Gesellschaft, wurde Wissen nunmehr zu einem Instrument, um etwas tun zu können. Etwas flott formuliert könnte man sagen: Wissen verwandelt sich von einem Moment der Erleuchtung zu einem nützlichen Werkzeug.

Bereits Machiavelli hat die Bedeutung des Wissens als Ergänzung der Macht gesehen. Geschichte ist nicht nur Schicksal oder göttlicher Wille, das wußte er sehr wohl, sondern kann gesteuert werden, und dafür braucht es Macht und Wissen. Wenn aber die geschichtliche Welt vom Menschen (und nicht von den Göttern, der Natur usw.) gemacht ist, dann wird es naturgemäß fraglich, wem diese Aufgabe zufällt. Wer hat die Gesellschaft zu reorganisieren? Sind es die Monarchen, die Priester, die Juristen oder wer sonst? Die dramatischen Erfahrungen der französischen Revolution bewogen bereits Saint-Simon Ende des 18. Jahrhunderts zu folgern, daß diese Aufgabe weder den Juristen noch den Metaphysikern zu überlassen sei, sondern den Industriellen und den Wissenschaftlern. Das Zeitalter des Industrialismus brach an.

Mit der Industrialisierung verbanden sich die sozialen Hoffnungen, daß die Menschen von elementarer Not befreit würden und sich die allgemeine Wohlfahrt ausbreiten werde. Dazu war Wissen notwendig. Die Verwissenschaftlichung der Gesellschaft schritt zügig voran. Seitdem sind Industrialisierung und Verwissenschaftlichung, bei allen Schattenseiten, beide mit beeindruckenden Ergebnissen weit fortgeschritten. Heutzutage treten Wissen und Ökonomie in einen noch engeren Bezug. Basierten die industriellen Leistungen bislang wesentlich auf den Produktionsfaktoren Arbeit und Kapital, werden sie nunmehr vom kritischen Faktor Wissen getragen. Wissen wird zum Schalthebel der materiellen Wohlfahrt der Nationen. Die gesellschaftlichen Strukturen passen sich dem an. Die wissensbezogenen Infrastrukturen (Datenautobahn, ISDN) werden ebenso wie die diesbezüglichen Steuerungskonzepte (Wissensmanagement) zur gestaltenden Kraft eines weitgehenden Umbaus unserer Gesellschaft.

Wissen, Wirtschaft und Gesellschaft

Die folgende Tabelle gibt einen kurzen Überblick über die historische Entwicklung gesellschaftlicher Probleme und der jeweils damit in Zusammenhang stehenden (knappen) Ressourcen und Infrastruktur. Jede gesellschaftliche Entwicklungsstufe brachte zusätzliche spezifische Anforderungen an die Wirtschafts- und Ordnungspolitik hervor. Helmut Willke faßt sie in drei klaren Modellen zusammen.

Zeit	gesellschaftliches Problem	zentrale Ressource (Knappheit)	Infrastrukur	beispielhafte Träger
vor der Industrialisierung	Gewalt	Macht	machtbasiert	Polizei, Gerichte, Militär
mit der Industrialisierung	Armut	Geld	geldbasiert	Finanz- & Sozialämter
Informations- und Wissensgesellschaft, ca. ab 1970	Ignoranz	Wissen	wissensbasiert	Forschungsinstitute, Beratungsinstitutionen

Tabelle 1 (adaptiert nach Helmut Willke)

1. Das »Marktmodell« der Wirtschaft

Dieses Modell, das sich mit dem Heraufkommen der Industrialisierung etablierte, setzt eine machtbasierte Infrastruktur voraus, die der Gewalt Herr werden konnte und Rechtssicherheit sowie die Eigentumsrechte zur Durchsetzung und Sicherung der Tausch- und Vertragsbeziehungen garantierte. (Die Schwierigkeiten, die sich aus dem Fehlen dieser basalen Bedingungen ergeben, werden beim Aufbau einer Marktwirtschaft in Ländern ohne rechtsstaatliche und demokratische Tradition wie z. B. in Rußland deutlich.)

2. Das »Unternehmens-Markt-Modell« der Wirtschaft

Dieses Modell setzte sich in der zweiten industriellen Revolution – Stichworte: Taylorismus, Massenproduktion – durch.

Es benötigt eine macht- und geldbasierte Infrastruktur, die z. B. mit der Etablierung allgemeiner Sozialversicherungen die Chaotik des Marktes und die Unbarmherzigkeit des Kapitals abfedern soll. Das Elend der Armut kann durch das soziale Netz aufgefangen werden.

3. Das »Hochtechnologie-Modell« der Wirtschaft

Dieses Modell schließlich, das sich in der derzeit laufenden dritten industriellen Revolution herausbildet, bedingt eine wissensbasierte Infrastruktur, z. B. »die unterschiedlichen geplanten oder bereits in Pilotprojekten etablierten Daten-Superhighways; Personen- und Güter-Superhighways mit elektronischen Verkehrsleitsystemen; Forschungsverbunde; Technologietransfereinrichtungen; Technologiedisseminationssysteme; regionale und globale Datenbanken zu Opportunitäten und Risiken; Verhandlungssysteme für Standardisierung und Sicherheitsstandards« (Willke).

Die Gegenüberstellung dieser drei Modelle zeigt, wie wichtig gesellschaftliche Voraussetzungen für wirtschaftliche Entwicklung sind. Das Hochtechnologie-Modell berührt nicht nur die Unternehmen und die Konsumenten, sondern vernetzt die Gesellschaft buchstäblich neu. Soziale Ungleichheit und Strukturen konfigurieren sich neu. In diesem Sinn leben wir tatsächlich in einem Schlüsselzeitalter.

Das Hochtechnologie-Modell setzt voraus, daß eine wissenbasierte Infrastruktur aufgebaut wird. Hier stellt sich die Frage, wer für diese Infrastruktur zuständig ist. Sind es Unternehmen? Ist es der Staat, die Politik? Zur Zeit sind mehrfache Anstrengungen zu beobachten. Während Regierungen über Superhighways nachdenken und Investitionen unterstützen (Gore, Clinton), kündigen Unternehmen eigenständige Initiativen an (Microsoft, Motorola). Welche Lösungen auch Platz greifen werden, die Wissensgesellschaft zeigt ihre sensiblen und differenzierten Verflechtungen von politischem und wirtschaftlichem System.

Die Differenzierungsdynamik der Gesellschaft

Wie kann man sich diese gesellschaftlichen Verflechtungen eigentlich vorstellen? Die Systemtheorie hat die Prinzipien herausgearbeitet. Sie nachzuvollziehen hilft uns im weiteren auch, die »normale Engstirnigkeit« (Willke) sozialer Systeme zu verstehen. Wir unternehmen im folgenden also einen kleinen Ausflug in die Soziologie.

Die Leistungsfähigkeit, die Entwicklung von spezialisiertem Wissen und die Komplexität unserer Gesellschaft hängen wesentlich mit dem Prinzip der »funktionalen Differenzierung« zusammen. Was bedeutet das? Mit der Ablösung der alten agrarischen Ordnung und ihrer strengen hierarchischen Vertikalisierung durch die moderne Gesellschaft sind spezifische Problembearbeitungen, die zuvor an gesellschaftliche Orte und Herkünfte gebunden waren, zusehends unabhängiger geworden. Bankgeschäfte kann heute jeder betreiben, der eine Konzession hat, Arzt darf sein, wer studiert hat, und Politiker ist, wer gewählt wird. Die soziale Herkunft verliert ihre ordnungstiftende Funktion. Die Folge dieser Abkopplung von Problembearbeitung und sozialem Ort: Moderne Gesellschaften bilden eigene »Subsysteme« zur Bearbeitung ihrer Probleme aus – die Wirtschaft kümmert sich um die wirtschaftlichen, das Recht um die rechtlichen, die Politik um die politischen, die Schulen kümmern sich um die pädagogischen Probleme usw. Der ganzheitliche Zusammenhang des menschlichen Lebens wird in seine Bestandteile zerlegt, und die Subsysteme übernehmen ausschnittweise die Betreuung.

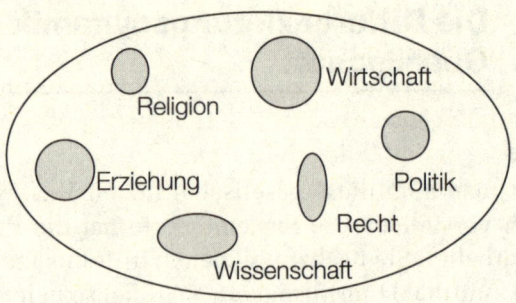

Abb.: Gesellschaftliche Subsysteme

Das Besondere dieser Subsysteme ist nun, daß sie sich ausschließlich an ihren eigenen Kriterien orientieren und ihr eigenes Wissen zur Problemlösung innerhalb ihres Systems entwickeln. Jeder, der Geld hat, kann kaufen – „Geld stinkt nicht«, wie es heißt; die Wirtschaft interessieren Zahlungen und nicht monetäre Herkünfte; jeder, der ein Gesetz übertritt, hat mit Verfolgung zu rechnen, usw. Politik, Wirtschaft, Recht, Wissenschaft etc. bilden je ihre eigenen Sprachen (und wie wir wissen, bringen Sprachen Wissen zur Welt) und Eigensinnigkeiten, kurz: ihre eigenen Logiken – und orientieren sich sodann an dieser Logik. Indem sich die Subsysteme an sich selbst orientieren, reagieren sie immer erst dann, wenn Umweltereignisse in »ihre Sprache« übersetzt werden. Für das Wirtschaftssystem bedeutet das z. B., daß es nur dann ökologisch agieren wird, wenn sich Umweltmomente in den Preisen ausdrücken. Für das Rechtssystem werden ökologische Fragestellungen erst relevant, wenn Ursache-Wirkungs-Zusammenhänge im Sinne einer Verschuldensfrage verfolgt werden können usw.

Diese entwickelten Eigenlogiken erschweren eine Kommunikation zwischen den Subsystemen, manchmal verhindern sie bereits ein Gespräch. Inwieweit sprechen heute ein Lehrer, ein Politiker, ein Manager und ein Wissenschaftler noch dieselbe Sprache? Jeder repräsentiert einen Ausschnitt der Wirklichkeit, aber jeder behauptet, er habe »recht«. Das gilt auf gesellschaftlicher Ebene ebenso wie im Unternehmen: Wie oft kommen sich etwa die Vertreter unterschiedlicher Funktionen ins Gehege? Das Resultat: Spezialisiertes Wissen mit eigener Sprache und Logik führt zu unbefriedigender Kommunikation und damit zu ungenügenden Lösungen angesichts oftmals vernetzter und drängender Probleme, welche die Gesellschaft als Ganzes betreffen.

Das Erziehungssystem entfernt sich von den Wünschen der Wirtschaft, die wiederum produziert andere Ergebnisse als von der Politik als wünschenswert erachtet. Das Wissenschaftssystem folgt der eigenen Erkenntnisproduktion, so daß z. B. die Wirtschaft in Deutschland ihre eigenen Privatuniversitäten wie Witten-Herdecke gegründet hat. Das Problem liegt darin, daß die Subsysteme ihre eigenen Welten ausbilden und sich im Kontakt mit anderen Welten entsprechend engstirnig verhalten. Die hochgradige Spezialisierung durch diese funktionale Differenzierung führt aber gleichzeitig zu einer ungeheuren Leistungsfähigkeit der Gesellschaft. Der Reichtum der Industrienationen zeugt davon.

Von Fröschen, keinen Fliegen und anderen blinden Flecken

Einiges über die Leistungsfähigkeit und die Engstirnigkeit von Systemen kann man noch von ganz anderer Seite lernen, nämlich von der Neurobiologie und der Kognitionswissenschaft. Die Frage, die uns dabei interessiert, lautet, wie sich die Beziehung eines Systems zu seiner Umwelt organisiert. Anhand der Wahrnehmung kann das studiert werden. Gemeinhin gehen wir davon aus, daß das, was rings um uns ist, dem entspricht, was wir auch wahrnehmen, wir also eine Art 1:1-Abbildung der Wirklichkeit vornehmen. Diese Vorstellung der repräsentativen Wahrnehmung der Wirklichkeit hat allerdings mehrfach Schiffbruch erlitten. Einen Angelpunkt für das Kippen dieser Vorstellung bildeten irritierende Phänomene der visuellen Wahrnehmung. Das eine ist allseits bekannt, nämlich das Phänomen des blinden Flecks im Auge.

Aus der Schule kennen die meisten von uns jenes kleine Experiment, bei dem man auf einem Blatt Papier ein Kreuz und einen schwarzen Punkt malt (s. Abb). Hält man sich nun das linke Auge zu, fixiert das Kreuz und bewegt das Blatt in einem Abstand von ca. 40 Zentimetern hin und her, dann macht man die erstaunliche Entdeckung, daß der Fleck verschwindet. Die physiologische Erklärung für dieses Verschwinden ist, daß der Punkt auf jenen Bereich des Auges fällt, der lichtunempfindlich ist, den Austritt des Sehnervs. Das erklärt aber noch nicht, warum wir ein kontinuierliches Bild sehen – ohne ein Loch darin. Niemandem von uns fällt es auf, daß er einen blinden Fleck hat. Wir sehen nicht, daß wir etwas nicht sehen!

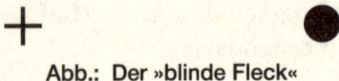

Abb.: Der »blinde Fleck«

Der Kern der Erkenntnis, den diese kleinen Experimente erlebbar machen, besteht darin, daß die »Dinge da draußen«, die wir wahrnehmen, nicht einfach (so) sind, sondern daß alle Erfahrungen, die wir machen, durch unsere eigene menschliche Struktur konfiguriert sind. Was immer der Fall ist, ist durch einen Beobachter gesehen, der das, was er sieht, abhängig von seiner ihm eigenen inneren Struktur sieht. Der Beobachter prägt die Beobachtungen – und nicht umgekehrt.

Ein Ausflug in die Neurobiologie macht diese spezifische Engstirnigkeit sozialer und lebender Systeme noch besser verständlich. Humberto Maturana und Francisco Varela zeigen mit einem Experiment, wie Verhalten von der inneren Struktur und nicht von den Bedingungen der Außenwelt abhängig ist.

Frösche ernähren sich, indem sie sich auf ihre Beute orientieren, dann die lange, klebrige Zunge herausschnellen lassen, sie mit der daran klebenden Fliege zurückziehen und diese fressen. Die Forscher verdrehten chirurgisch die Lage eines Auges um 180 Grad und machten folgendes Experiment mit dem Frosch:

»Wir decken das verdrehte Auge ab und zeigen dem Frosch eine Fliege; er schleudert seine Zunge, und wir sehen, daß er perfekt zielt. Wiederholen wir das Experiment, diesmal nach Abdecken des normalen Auges, so sehen wir, daß das Tier seine Zunge mit einer Abweichung von genau 180 Grad schleudert. Das heißt, wenn sich die Beute vor und unter dem Tier befindet, schleudert es die Zunge nach hinten und oben. Jedesmal, wenn wir diesen Test wiederholen, begeht der Frosch immer denselben Fehler; er zielt um 180 Grad daneben, und weitere Versuche sind nutzlos, da er dabei bleibt.

Der Frosch lernt nicht. Dieses Experiment zeigt auf dramatische Weise, daß es für das Tier kein Oben und Unten, Vorn und Hinten in bezug auf die Außenwelt gibt, wie sie für den Beobachter existiert. Vielmehr liegt eine interne Korrelation vor zwischen der Stelle, an der die Netzhaut einer bestimmten Perturbation (Irritation) ausgesetzt ist, und den Muskelkontraktionen, die Zunge, Mund, Hals und schließlich den ganzen Körper des Frosches bewegen. Bei einem Tier mit einem verdrehten Auge lassen wir beim Hinstellen der Beute vorn/unten eine visuelle Perturbation hinten/oben auf dem Bereich der Netzhaut entstehen, der gewöhnlich vorn/unten liegt. Beim Nervensystem des Frosches löst dies eine sensomotorische Korrelation zwischen der Lage der Netzhaut und der Bewegung der Zunge aus und eben keine Berechnung in bezug auf eine Landkarte der Welt, wie dies einem Beobachter sinnvoll erscheinen mag.
Dieses Experiment kann wie viele andere, die seit den fünfziger Jahren durchgeführt worden sind, als unmittelbarer Beleg dafür betrachtet werden, daß die Arbeitsweise des Nervensystems Ausdruck seiner Konnektivität, das heißt, seiner inne-

ren Vernetzungsstruktur ist, und dafür, daß Verhalten entsprechend den internen Aktivitätsrelationen im Nervensystem entsteht.«

Welche analogen Beispiele zum Fehlgehen des Frosches fallen Ihnen aus Ihrem Unternehmen ein?

Wem Frösche zu weit weg sind, der sei auf den Bericht des Neurologen Oliver Sacks hingewiesen. Sacks berichtet von einem Mann, der eines Tages in seine Praxis kam und einen schiefen Gang hatte. Der Patient ging infolge einer neurologischen Erkrankung, als ob er gegen einen schweren Sturm ankämpfen müßte. Interessant dabei war, daß er selbst nicht glauben wollte, daß er schief ging – er empfand sich selbst als gerade gehend. Nachdem er sich auf Video gehen gesehen hatte, fiel er aus allen Wolken.

Wem Frösche und Menschen zu weit von Unternehmen entfernt sind, der kann sich direkt mit den Schlußfolgerungen für soziale Systeme, die hier angelegt sind, befassen. Die heutige Erklärung für die eben beschriebenen Phänomene basiert auf den Erkenntnissen über die Funktionsweise lebender Systeme. Lebende Systeme, also auch psychische und soziale, organisieren sich aus ihrer inneren Struktur heraus, sie organisieren sich selbst. Selbstorganisation ist rekursiv, das heißt, die Operationen des Systems beziehen sich immer auf sich selbst. Das ist der Grund dafür, daß Kunden und Märkte vergessen, Signale für Veränderungen ignoriert werden, und ebenso dafür, daß man bei Verhaltensmustern bleibt, die längst obsolet sind. Noch nie hat sich ein Unternehmen verändert, einfach weil es Kunden so wollten, sondern immer nur, weil man sich im Unternehmen selbst entschieden hat, sich zu verändern. Kunden können Anlaß, Argument und Rechtfertigung sein, aber nicht mehr.

So wie der Frosch sein eigenes Oben und Unten hat, entgegengesetzt dem, was die Außenwelt empfehlen würde, so setzt erst unser Hirn die visuellen Reize so zusammen, daß wir nicht ein flimmerndes Chaos, sondern einen Baum erkennen. So wie das Unternehmen erkennt und gegebenfalls entscheidet, daß ein Mensch ein potentieller Kunde ist, und ihm einen Vertreter ins Haus schickt, so erkennt das Rechtssystem, daß die Vergiftung des Apfelbaums in Nachbars Garten ein Rechtsvergehen ist, das geahndet werden kann, auch wenn der besagte Ast seit Jahren penetrant über den Zaun hinauswucherte und den Blumen des Nachbarn die Sonne nahm. Jedes Beobachten, jedes Erkennen, jede Aktivität, jede Entscheidung ist von der eigenen Struktur bestimmt – und von nichts anderem.

Die Leistung
der Engstirnigkeit

Leistungsfähig und engstirnig zugleich

Die Strukturen lebender Systeme sind immer auch Träger von Wissen. BMW besitzt reichhaltiges Wissen über das Design, die Konstruktion und Fertigung von Autos, aber auch über das Verhalten von Autokäufern, von Vertriebsnetzen, über die Ansprechbarkeit von Kunden, die Funktionsweise einer Marke usw. Das Sozialamt Zürich hat sein Wissen naturgemäß in ganz anderen Bereichen gesucht, der Betreuung Minderjähriger etwa, der gesellschaftlichen Integration ehemaliger Drogenabhängiger, der Einflußnahme auf den politischen Diskurs usw. Der begrenzte Wissensbestand einer Organisation macht sie in ihrem Bereich handlungs- und leistungsfähig und läßt sie effizient weiteres Wissen kreieren. BMW wird um die neuesten Entwicklungen seiner Käufer wissen wollen, das Sozialamt um die Auswirkungen der Schließung der offenen Drogenszene. Mit neuem, zur bisherigen Wissensbasis passenden Wissen bleiben beide auf der Höhe der Zeit und leistungsfähig. BMW kann die Montagezeit seiner Autos reduzieren und damit wettbewerbsfähig bleiben, das Sozialamt kann die Betreuung Drogenabhängiger verbessern und damit wirksamere Hilfe leisten.

Relevant für die Entwicklung beider sind zwei Fragen: Erstens, was wissen wir, und zweitens, was möchten wir tun? Der jeweilige Wissensbestand, den beide Systeme pflegen, leitet sie zu einer selektiven Bandbreite von Fragestellungen: BMW wird sich weiter fragen, wie es seine Produktion optimieren und seine Fertigungstiefe definieren kann, wie es mit der Mischung von Komfort und Sportlichkeit bei den zukünftigen Modellen bestellt sein soll etc. Das Wissen eines Systems definiert auch die Fragen, die als Auslöser für Wissensentwicklung dienen. Wissen macht handlungs- und leistungsfähig auf der einen, schränkt auf der anderen Seite aber auch die Bandbreite der Möglichkeiten ein. Helmut Willke hat mit dem Verweis auf die ganz »normale Engstirnigkeit« von Systemen die selektive Wirkung von Strukturen und Wissensbeständen auf den Begriff gebracht.

Die Grenze, die eine Wissensbasis darstellt, begrenzt auch die Fähigkeit eines Unternehmens, ausreichend auf neue Ideen von außen und innen zu reagieren. Andreas Rihs und Beda Diethelm von der PHONAK meinen darum, daß neue Technologien oder Wissensfelder, die im Unternehmen entwickelt werden und erfolgreich zu sein versprechen, aber aus dem engeren Kompetenzfeld des Unternehmens herausfallen, ausgegliedert werden sollten. »Nur das garantiert ausreichende Aufmerksamkeit für das neue Wissen. Nur dann erhält es eine hohe Priorität des Managements, und das ist die Basis des Erfolgs.« Einige Großunternehmen (ICI, ITT, Kodak), die sich erfolgreich in unabhängige Gesellschaften zergliedern, scheinen ihnen recht zu geben.

Unzählige Anekdoten erzählen von den Fehlschlägen wichtiger und zukunftsträchtiger Ideen, die das Pech hatten, nicht im Mainstream der Kernkompetenz zu liegen. Kodak hat zum Beispiel vor vielen Jahren den Vorschlag Chester Carlssons abgelehnt, eine neuartige Kopiermaschine zu produzieren, weil man der Meinung war, daß damit zu wenig Geld zu machen sei. Außerdem war Kodak im Fotografie- und nicht im Kopierergeschäft. Die Ablehnung seines Vorschlags führte Carlsson dazu, eine eigene Firma zu gründen, um Kopierer zu produzieren: Xerox!

Es entbehrt nicht einer gewissen Ironie, daß Jahre später ein Steve Jobs in den Laboratorien von PARC, dem Forschungszentrum von Xerox, die Idee des Personalcomputers entdeckte und vorschlug, PCs zu produzieren und zu vermarkten. Xerox betrachtete sich selbst aber als im Kopierer- und nicht im Computergeschäft befindlich und dachte außerdem, daß sich PCs ohnehin nicht verkaufen lassen würden. Nachdem noch 17 (!) andere Firmen Jobs Vorschlag ablehnten, entschloß er sich, ein eigenes Unternehmen aufzumachen: Apple Computer!

Unternehmen tun sich schwer damit, jenseits ihrer eigenen Wissensbasis Ideen aufzugreifen und Wirklichkeit werden zu lassen. Der große Markterfolg, den Sandoz mit seinen Immunpräparaten in den letzten Jahren hatte, verdankt sich dem Umstand, daß entgegen der Entscheidung des Managements ein Forscher seine Arbeit im geheimen weiterführte. Erst als seine – offiziell untersagte – Arbeit erkennen ließ, daß hier ein Durchbruch erzielt worden war, schwenkte die Führung um. Das Produkt wurde ein Milliardenerfolg, dem Forscher wird die Anerkennung bis heute verwehrt. Wir kommen später noch eingehender auf diese Art von Innovationsphänomenen zu sprechen.

IBM, mit den bekannten Schwierigkeiten der Restrukturierung, ist in seinem technologischen Kernfeld immer der technologische Führer gewesen und hat z.B. 1992 mehr Patente angemeldet als irgendein anderes Unternehmen. Seine Schwierigkeit liegt also nicht darin, Wissen zu entwikkeln, sondern darin, über die Grenzen seiner Wissensbasis hinauszugehen und sich mit diesen Innovationen neue Bereiche zu erschließen. Warum ist das so schwierig? Die Antwort liegt darin, daß das neue Wissen nicht in die vorhandenen Bestände integriert werden kann, weil es zu wenig anschlußfähig ist. Es kommt gegen die existierenden Glaubens- und Rechtfertigungssysteme – »there is no market for small computers« – nicht an. Es verstört zuwenig und vermag darum den augenblicklichen Wissensbestand nicht ausreichend zu irritieren.

Blicken wir für einen Moment in die Wissenschaft. Dort sind es die Disziplingrenzen, die neuen Ideen Einhalt gebieten.

Aus der Wissenssoziologie ist seit langem bekannt, daß immer wieder Erkenntnisse gewonnen werden, die niemand aufgreift und die umgehend in Vergessenheit geraten, um Jahre später »neu entdeckt« zu werden. Wie ist das möglich, kann man sich fragen, daß ein System – noch dazu eines, daß sich um Wahrheit und Erkenntnis bemüht – derart vergeßlich ist? In der Psychologie ist bereits unzählige Male »entdeckt« worden, daß die menschliche Entwicklung durch soziale Faktoren beeinflußt wird – und doch gerät dieses Wissen immer wieder in Vergessenheit (bei der Wahl der Forschungsmethoden, bei der Veränderung von Forschungszielen usw.). Die Wissenschaftsgeschichte ist voll von Beispielen, wie bestimmte Erkenntnisse so lange keinen Platz haben dürfen, bis sie, z. B. infolge eines Paradigmenwechsels, »neu entdeckt« werden können.

Zu Blech gewordene Größe

Ähnliches gilt für Unternehmen. Die Entwicklung der Mercedes-S-Klasse ist ein ausgezeichnetes Beispiel dafür, wie eine unternehmensinterne Logik über Marktveränderungen zu triumphieren versucht.

Konzeption und Design eines Autos sind nicht zufällig, sondern entsprechen im Normalfall den Glaubenssystemen des Unternehmens. Der Glaube an die Größe machte in diesem Fall blind für die Grenzen des Autos. Edzard Reuter baute zu jener Zeit gerade sein Technologie-Imperium auf. Haben die imperialen Größen- und Allmachtphantasien schlichtweg Gestalt in Blech angenommen? Zudem ist die S-Klasse ausgestattet mit einem Innenraum, der perfekte Rückzugsmöglichkeiten in »splendid isolation« hinter doppelt verglasten Seitenfenstern bietet und so die Möglichkeit eröffnet, sich gegen als feindlich erlebte sogenannte Belästigungen durch die Außenwelt abzuschirmen, damit die durch beheizbare Sitze, elegante Ausstattung und luxuriöse Klimaanlage vermittelte

Sicherheit und Geborgenheit ja nicht gestört werden. Ein Stern-Zeichen der Zeit vor dem Fall.

Die S-Klasse ist sicherlich ein Exempel dafür, wie eine spezifische, ausgezeichnete Art und Weise, Autos zu bauen, geradeaus verlängert und verfeinert wird, ohne daß die Stimmen berücksichtigt werden, die für einen Konzeptwechsel plädierten. Es gab hausintern genug davon. Mercedes hat sich getreu dem Hegelschen Motto verhalten: »...um so schlimmer für die Wirklichkeit«.

Informationen und Impulse, die nicht in den Eigensinn des Unternehmens passen, fallen durch, erreichen nichts. Das heißt: Das Unternehmen kann daraus nichts lernen und kann seine Wissensbasis nicht weiterentwickeln. Nicht anschlußfähiges Wissen verkümmert und macht das Unternehmen nicht intelligenter.

Das Wissen innerhalb von Mercedes über die Notwendigkeit einer Revision der Modellpolitik war noch nicht anschlußfähig. Es konnte sich nicht ausreichend Gehör verschaffen. Vorerst halten wir fest: Nicht jedes Wissen ist anschlußfähig. Auch besseres Wissen kommt manchmal nicht weiter.

Nehmen wir Software als Beispiel. Klemens Polatschek hat in der Wochenzeitung *Die Zeit* vom 11. August 1995 die Markteinführung von Windows 95 – »der Bluff des Jahrhunderts« – mit einer verfremdenden und gerade dadurch aufschlußreichen Geschichte kommentiert. Er erzählt die Geschichte, als ob sie sich in der Automobilindustrie abspielte:

In jahrzehntelangem Ringen hat sich die Computerbranche von der Produktion überschwerer Lastwagen (der Großrechner) zu den heutigen massentauglichen PKW (den Personalcomputern) emporgearbeitet. Der mächtigste unter den Lastwagenherstellern hieß stets IBM. Die Entwicklung zu den flinkeren Lieferwagen hatte dieser Riese noch verschlafen. Spät, als die ersten Personenwagen vom Band rollten, erwachte er und wurde aktiv. 1981 schaffte es der Konzern gerade noch, sich an die Spitze der Revolution zu setzen. In der Eile heuerte er für die einzelnen Bauteile

Zulieferer an. Auch für den Motor. Und den lieferte Microsoft.

Bleiben wir im Bild: Bei dem Motor handelte es sich um eine eher primitive Zweizylindermaschine namens DOS, Disk Operating System, gerade noch Stand der Technik. Sie lief rauh, stellte immer wieder den Betrieb ein und war von Laien kaum zu reparieren. Doch egal, was danach geschah: Der Motor kam immer von Microsoft.

Viele Firmen bauten die IBM-Autos nach, schließlich sogar bessere: Der Motor kam von Microsoft. Andere Unternehmen produzierten bessere Motoren, die genauso in die nach IBM-Vorlage gebauten Wagen paßten wie Microsofts Antrieb: Weiterhin kamen die meisten Motoren von Microsoft. Wieder andere Firmen – Apple, Commodore, Atari vorneweg – bauten Autos, die nicht dem IBM-Modell folgten, sondern schöner und flotter waren, angetrieben von Vier- und Sechszylindern, über deren Eleganz man heute noch staunen kann: egal. Microsoft verkaufte immer noch mehr und noch mehr von seinen Motoren.

1990 pries das Gates-Unternehmen die Möglichkeit an, daß man zu dem DOS-Motor auch ein Gaspedal kaufen konnte. Faszinierend. IBM war immer der Ansicht gewesen, die Leute kämen mit dem Leerlauf allein auch gut voran. Das Gaspedal hieß Windows 3.0. Es wurde ein enormer Erfolg. Der Wagen soff zwar fortan Sprit zum Steinerweichen – das Doppelte, Vierfache, Zehnfache. Aber viele Leute hatten plötzlich das Gefühl, daß sie erstmals richtig Auto fuhren. Und obwohl die Konkurrenten mit den vier und sechs Zylindern das immer schon geboten hatten: Just mit diesem zweizylindrigem Säufer setzte der PC sich durch. Fast alle Konkurrenten gingen in der Marktschlacht unter.

Natürlich darf Microsoft die Hände nicht in den Schoß legen. Statt jedoch einen starken, genügsamen Achtzylinder zu entwerfen – wozu ihr weder Mittel noch Können fehlen –, stopft die Firma jetzt in das alte Modell noch zwei Zylinder hinein, schweißt das hübsch verchromte Gaspedal untrennbar daran und veredelt das Meisterwerk mit komplexen Roboterarmen, die bei der täglichen Wartung helfen: Das ist eine gewaltige technische Leistung. Man muß sie bewundern, noch mehr aber den Irrwitz, diese komplizierte Konstruktion einer Neuentwicklung vorzuziehen.

Soviel zum Thema »Qualität setzt sich durch«.

Kunden, Könige und andere Ignoranzen

Der Kunde ist König, lautet der uralte unternehmerische Standardspruch. Mit lautem Getöse durchziehen denn auch seit geraumer Zeit Kundenorientierungsprogramme die Unternehmen. In Europa sind es besonders Dienstleistungsunternehmen, die an die Qualität exzellenter, vor allem amerikanischer Vorbilder anknüpfen möchten (sollten). Manche dieser Projekte lassen allerdings den schalen Geschmack müßiger Bemühungen zurück. Man fragt sich bei genauerer Kenntnis, ob nicht lediglich mit viel Sprache Ignoranz zugedeckt wird. Geht es um Verbesserungen, welche die Kunden tatsächlich bemerken? Die Diskussionen um das Abnehmen des Telefonhörers spätestens beim zweiten Klingeln sind Legion. Ebenso die scheinbar unüberwindlichen Schwierigkeiten, die jahrelang gleichbleibenden Fragen von Kunden endlich ernst zu nehmen. Oder: Liest man sich durch internationale Gebrauchsanweisungen, drängt sich immer noch die Vermutung auf, daß Übersetzungen eines der großen ungelösten Probleme dieser Welt sind. Und warum werden Werkzeugmaschinen immer noch mit technischen Details ausgerüstet, die niemanden außer den Entwicklern interessieren?

Vor einigen Jahren ist der Terminus »marktorientierte Unternehmensführung« aufgekommen. Irgendwie verwunderlich, denn woran sonst soll sich eine Unternehmensleitung orientieren, fragten sich manche leichtfertig. Der Begriff ist doch blanke Tautologie. Das reale Unternehmensgeschehen läßt einen die Begriffsbildung allerdings verstehen, denn es werden, erstaunlich oder auch nicht, Kunden und Märkte tatsächlich oft vergessen. Wieviel Managementaktivität behandelt tatsächlich Marktfragen? Im Verwaltungsrat eines schweizerischen Versicherungsunternehmens wurde beispielsweise lange Jahre über Liegenschaftskäufe und Ähnliches debattiert, ohne daß man der bevorstehenden Deregulierung besondere Aufmerksamkeit schenkte: »Die machen das schon«, man hatte »Vertrauen« in die Geschäftsleitung. Die im Schweizer Markt stattfindende Veränderung, mit all ihren einschneidenden Folgen für das Versicherungsgeschäft, wurde in den Diskussionen des Verwaltungsrats erst sehr spät zur Kenntnis genommen.

Wenn Sie an die letzte Woche denken, wieviel Zeit wurde in der Unternehmensleitung tatsächlich für Marktentwicklungen und wieviel für andere Fragen aufgewendet?

Naturgemäß kann sich nicht alles um die Kunden und den Markt drehen. Würde man sich nicht erst organisieren – und dabei mit sich selbst beschäftigen –, gäbe es nichts, was man den Kunden anbieten könnte. Doch die Sache ist eben verzwickter. Märkte verändern sich, egal, ob die Unternehmen, aus uns mittlerweile verständlichen Gründen, Frosch spielen oder nicht.

Wer Augen hat zu sehen...

»Die Wirklichkeit
die Wirklichkeit
trägt wirklich
ein Forellenkleid
und dreht sich stumm
nach andern Wirklichkeiten um.«

Kurt Marti

Im Alltag gehen wir, wie erwähnt, selbstverständlich davon aus, daß das, was wir wahrnehmen, mit dem übereinstimmt, was »ist«. Wir gehen davon aus, daß wir wirklich die Wirklichkeit wahrnehmen. Und wir nehmen an, daß wir die Dinge, die rings um uns vorkommen – die Bahn, die vorbeifährt, der Raver, der sich zum Technosound schüttelt, die Nachtigall, die am Morgenhimmel singt, der Kunde, der die Bisquits kauft –, so beobachten, wie sie »real vorkommen«. Was wir wahrnehmen – denken wir –, sei eine direkte Repräsentation der Wirklichkeit in unserer Hirnaktivität. Diese Annahme wurde bereits erschüttert. Aber wie kommt man jetzt weiter? Karl Weick zitiert folgende aufschlußreiche Geschichte – eine Geschichte, die wir schon vielfach mit Managern diskutiert haben. »Man erzählt, daß drei Baseball-Schiedsrichter über die Frage des Pfeifens von unvorschriftsmäßig ausgeführten Schlägen uneins waren. Der erste sagte: ›Ich pfeife sie, wie sie sind.‹ Der zweite sagte: ›Ich pfeife sie, wie ich sie sehe.‹ Der dritte und cleverste Schiedsrichter sagte: ›Es gibt sie überhaupt erst, wenn ich sie pfeife.‹«
Diese kleine Geschichte wirft eine Fülle von Fragen auf. Nicht die unwichtigste ist, wie sich die drei Schiedsrichter wohl in ihrem Verhalten auf dem Spielfeld unterscheiden. In den Diskussionen mit Managern formulieren sich meist folgende Meinungen. Der erste Schiedsrichter sei zu engsichtig, er gestehe sich mögliche Fehlentscheidungen nicht ein. Dem zweiten wird meist eine »gewissermaßen realistische« Sicht-

weise zugeschrieben, während der dritte, so lautet die überwiegende Zahl der Meinungen, sich autoritär verhalten werde. Er maße sich an, tatsächlich entscheiden zu können, was passiere, und tendiere wohl dazu, sich über das reale Spielgeschehen auf dem Platz hinwegzusetzen. Einige wenige Stimmen meinen jeweils, daß möglicherweise der dritte Schiedsrichter weniger autoritär sei, denn er sei sich seiner Entscheidungen und damit seiner Verantwortung und seines Beitrags zum Spielablauf bewußt. Er vertrete vielleicht sogar die angemessenste Sichtweise.

Überlegen wir, wie sich die Situation darstellt. Auf dem Baseball- wie auf dem Fußballplatz gilt ein Foul als Foul, wenn der Schiedsrichter pfeift (so wie erst die Entscheidung Wissen zu Wissen macht). 20 000 Zuschauer mögen sehen, daß Müller Sanchez ein Bein stellt; wenn der Mann mit der Pfeife nicht reagiert, wird das Beinstellen nicht geahndet und ist damit als regelwidrige Spielhandlung (= Foul) nicht existent. Soviel man als externer Beobachter auch sehen (wissen) mag, es gilt, was innerhalb des Regelsettings auf dem Feld Gültigkeit gewinnt. Erst der Pfiff macht das Foul zum Foul. Insofern kann man sagen, daß der dritte Schiedsrichter die angemessenste Sichtweise formuliert. Es ist seine Aufgabe und seine Verantwortung, mittels Pfeifen als Geburtshelfer des offiziellen Fouls tätig zu sein. Wenn er diesen seinen Beitrag anerkennt und zum Ausdruck bringt, läßt das auf ein autoritäres Verhalten schließen? Nicht notwendigerweise; er könnte sich im Gegenteil sogar besonders verantwortungsbewußt benehmen. Der dritte Referee anerkennt, daß er einen Beitrag zum Foul (als Sachverhalt im Spielablauf) leistet. Er weiß, daß er mithilft, das Foul zu konstruieren, auch wenn dies in den Ohren des eingefleischten Fußballfans seltsam klingen mag.

Was bislang im akademischen Feld wenig berücksichtigt wurde, ist somit ins Blickfeld gerückt: Auch auf Fußballplätzen wird Philosophie betrieben (unvergessen z. B. der existentialistische Satz Sepp Herbergers: »Der Ball ist rund, und das Spiel dauert 90 Minuten.« Unübertroffen.). Jedenfalls pfeifen die drei Schiedsrichter mit unterschiedlichem erkenntnistheoretischen Gepäck (nur der dritte aus unserem Beispiel ist auf der Höhe der heutigen Neurobiologie), und das hat praktische Auswirkungen.

Die Kraft der Beobachtungen

»Wer Augen hat zu sehen, der kann die Hexen sehen.«

Ein Magar, Mitglied einer
zentralnepalesischen Ethnie

Die oben zitierte Geschichte hilft, den Zusammenhang von Wissen und Beobachtung vertiefter zu verstehen. Transferiert man sie auf Unternehmensverhältnisse, z. B. angewandt auf Probleme und Entscheidungen, könnte man sich eine Unterhaltung dreier Manager etwa in der folgenden Form vorstellen. Der erste Manager sagt: »Wenn es ein Problem gibt, entscheide ich.« Der zweite sagt: »Wenn ich ein Problem sehe, entscheide ich.« Der dritte, cleverste hingegen meint: »Es gibt erst ein Problem, wenn ich entscheide.« Was läßt sich aus dieser Unterhaltung lernen?

Managemententscheidungen werden permanent beobachtet. So wie die Zuschauer im Stadion dem Mann im schwarzen Trikot auf die Pfeife schauen, so beobachten ringsum Mitarbeiter, Kollegen, Kapitaleigner usw. das Verhalten und die Entscheidungen des Managers. Wird Herr Schrempp die AEG abstoßen? Wird er den von Herrn Reuter vorgegebenen Kurs zum integrierten Technologiekonzern von Daimler Benz beibehalten, oder wird er zum »Verkehrskonzern« zurückkehren? Wie auch immer er (?) sich entscheidet, viele andere werden wissen, ob es richtig war (nicht zuletzt: im nachhinein). Die Beobachtung von Verhalten und Entscheidungen durch andere und die daraus folgenden Einschätzungen und Erwartungen („Der Mann kann sich durchsetzen«, »da ist nichts zu holen« etc.) tragen wesentlich zur Dynamik des Unternehmensgeschehens bei.

Oder: Kollegen und Mitarbeiter sehen, was die Konzernleitung nicht sieht, daß nämlich die beiden Bereichsleiter, die zusammen das wichtige Projekt vorantreiben sollen, sich nicht riechen können, und ziehen daraufhin ihr eigenes Engagement zurück. Unternehmen sind, wie alle komplexen Systeme, durch eine Vielfalt von Beobachtungen geprägt. Jeder Beobachter sieht seinen Teil der »Wahrheit«, und die Folgen, die aus der Kombination oder Abgrenzung der vielfältigen Sichtweisen und Perspektiven resultieren, prägen wesentlich Dynamik und Möglichkeiten des Systems. Unternehmen funktionieren wie Fußballstadien, nur mit dem Unterschied, daß alle mitspielen. Das Management pfeift oder auch nicht, Kunden laufen davon oder bleiben, Mitarbeiter wenden sich ab oder stürmen begeistert das Spielfeld, um selbst aktiv zu werden.

Vom blinden Fleck zur Ignoranz

Wissen schützt vor Unsinn nicht (immer). So wie sich der Vietnamveteran bei der Hochzeitsfeier anläßlich einer Autofehlzündung in vollem Staat und in Anwesenheit aller Hochzeitsgäste in den schlammigen Straßengraben wirft (*Neue Zürcher Zeitung* vom 14. 08. 1995), weil ihn die schockartigen Erfahrungen aus den vergangenen Kriegszeiten immer noch dazu zwingen, auch wenn ihm klar ist, daß jetzt Frieden herrscht, so verfällt manches Management in heftige Bereichskriege, wenn es um Ressourcenverteilung geht, auch wenn man eigentlich schon wissen könnte, daß es auch anders und effektiver ginge.

Wir fassen zusammen: Unternehmen bilden eine »innere Struktur«, die alle ihre Aktivitäten, Entscheidungen und Beobachtungen konfiguriert. Macht die Abgrenzung von der Umwelt durch die innere Struktur (durch Kultur, Organisation, Prozesse, Abläufe, Unternehmensidentität etc.) das System auf der einen Seite erst leistungsfähig – erst die Exklusion von Möglichkeiten, die Bereitschaft, nicht alles zu tun, erlaubt es, etwas gründlich und besser zu tun –, so produziert sie auf der anderen Seite Engstirnigkeit. Probleme werden ignoriert, Bedürfnisse mißachtet, Entwicklungen verschlafen und was der Beispiele mehr sind. Kein System sieht, was es nicht sieht – und kein System liebt es, sich von externen Beobachtern darüber belehren zu lassen.

Was haben diese blinden Flecken mit Wissen zu tun? Wir sagten, daß Beobachten und Erkennen durch die innere Systemstruktur bedingt sind. Das hat weitreichende Folgen für das Wissen. Die vorhandene Wissensbasis definiert, welche Fragen gestellt, welche Beobachtungen gemacht werden – und auch, welche nicht. Die Aneignung und die Entwicklung neuen Wissens steht immer im Verhältnis zum gegenwärtigen Stand. Was ist anschlußfähig? Das ist die entscheidende Frage.

Ist die Selektionskraft, die Engstirnigkeit der Wissensbasis gleichbedeutend mit Ignoranz? Ignoranz ist im Verhalten aller Systeme zu finden, sie ist der Preis jeder Konzentration. Es fällt uns leicht, die negative Seite der Ignoranz zu sehen. Wissen kann auftauchen – und wieder in Vergessenheit geraten (man mag das dann Abwehr, Verdrängung oder wie auch immer nennen).

Leicht übersehen wir dabei die positive Funktion der Ignoranz. Kein Pionier wäre erfolgreich geworden, wenn er nicht zugleich »ignorant« die Stimmen überhört hätte, die gegen die Gründung seines Unternehmens, gegen die Verwirklichung seiner Ideen gesprochen haben. Hätten Hayek und Thomke auf jene hören sollen, die meinten, die Idee einer Swatch sei ein unverkäufliches Hirngespinst? Hätte sich Roger Schawinski mit der Tatsache zufriedengeben sollen, daß das Schweizer öffentlich-rechtliche Radio- und Fernmeldegesetz keine Privatsender erlaubt? Hätte Einstein weniger auf seine Ideen und mehr auf die anerkannten Theorien horchen sollen?

Die Schleusen öffnen –
Wissen organisieren

Knowledge Flow Management bedeutet nicht zuletzt die Fähigkeit, das für Markt- und Kundenlösungen geeignete Wissen zur richtigen Zeit am richtigen Ort aktivieren zu können. Daher ist nicht nur das Wissen selbst zu berücksichtigen, sondern auch seine Zeitlichkeit und »Geographie«. Die »Wissenslogistik« muß stimmen. Damit kommen neue Dimensionen ins Spiel. Denn die wechselnden Kombinationen von Wissen, Zeit und Ort setzen eine erhebliche Flexibilität und Mobilität voraus, für die das Organisieren die Voraussetzungen schaffen muß. Die Organisierung gibt also einen wesentlichen Rahmen für das Wissensmanagement vor und bietet sich selbst als wichtiges Gestaltungselement dar. Wissen ist zu organisieren. Darum geht es im folgenden.

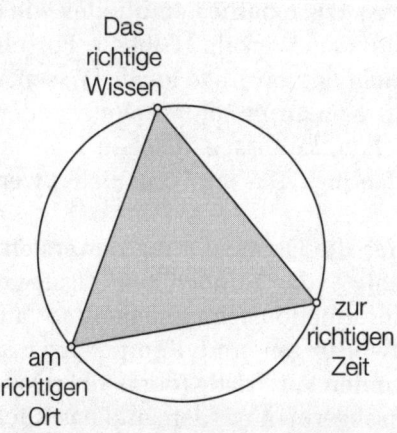

Abb.: Das Rad der Wissenslogistik

Wir haben es dabei mit zwei uns schon bekannten Ebenen zu tun:

1. Die Ausnutzung von bereits vorhandenem Wissen

Wissen fließt unmittelbar in Projekte und Prozesse ein, sei es explizites oder implizites Wissen, sei es vor Ort bei dem und mit dem Kunden oder im Unternehmen selbst. Das Beratungsteam, das bei einem Kunden die Produktionsprozesse optimiert, das Projektteam, das ein Kraftwerk in Afrika baut, oder die Marketinggruppe, die eine Kampagne für Jugendliche entwickelt, sind Beispiele für externe Projekte. Ein internes Logistikprojekt oder Qualitätszirkel sind Beispiele für interne Wissensnutzungen. Die Organisierung muß so ausgerichtet sein, daß das entsprechende Wissen in den Leistungsprozessen tatsächlich genutzt werden kann und zeitgerecht zugänglich und inhaltlich verfügbar ist.

2. Die Entwicklung neuen Wissens

Man denkt automatisch an die F&E, wenn es um neues Wissen geht. Die Wissenserzeugung ist aber nicht allein der Abteilung für Forschung und Entwicklung aufzubürden. Wissenserzeugung betrifft das ganze Unternehmen, in den verschiedensten Prozessen von der Strategieentwicklung bis zur Datenverarbeitung. Internes wie externes, implizites wie explizites Wissen sind weiterzuentwickeln. Globale Forschung und Entwicklung braucht das jeweilige lokale Wissen, sei es von Universitäten und Konkurrenzunternehmen oder von regional unterschiedlichen, kulturspezifischen Lebensformen – »get the swiss life feeling«. Das muß organisiert werden.

Ein Beispiel für die Organisierung der ersten Ebene ist das »Empowerment« von Kundenberatungsteams. Mit Hilfe modernster Informationstechnologie und ausgestattet mit neuen Verantwortungen und Kompetenzen, können diese Teams dem Kunden kurzfristig (denn alle relevanten Informationen können abgerufen werden, und das Rückfragen auf die nächsthöhere Ebene entfällt) verbindliche Lösungen offerieren und abschließen.

Zwischen den beiden Ebenen besteht natürlich ein enger Zusammenhang. Erfahrungen und Fragestellungen aus Kundenprojekten etwa in China sollen z. B. mit dem Wissen der F&E, aber auch mit dem Wissen aus Projekten in Südafrika rückgekoppelt werden. Und umgekehrt. Beide Ebenen sind zu organisieren.

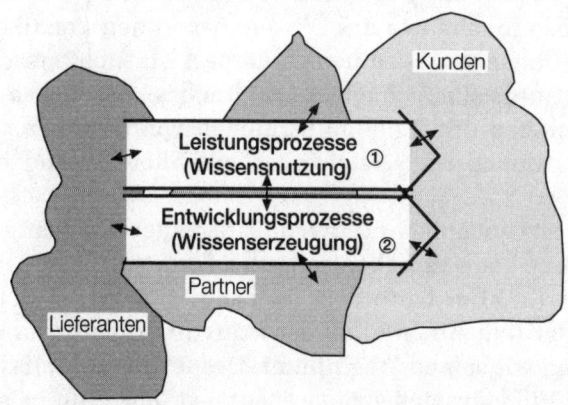

Abb.: Wissensnutzung und -erzeugung

Die Entwicklungen des Organisierens (heute vor allem des Reorganisierens?) sind Alltag jeden Managements. Gleichwohl gehen in der Vielfalt der Organisationsbewegungen und ihrer Ansprüche – Stabilität, Flexibilität, Effizienz, Innovation ... – die Grundlinien leicht verloren. Wir wollen in den nächsten Abschnitten einige zentrale Gesichtspunkte und deren Bedeutung für das Wissensmanagement diskutieren. Die Leitfrage lautet: Was fördert die Bewirtschaftung und die Neuentwicklung des Wissens? Es geht uns nicht um neue Modelle, davon sind genug vorhanden, sondern um eine dienliche Kombinationen vorhandener Spielarten.

Alles fließt?

Wissensmanagement, das wurde schon mehrfach formuliert, meint nicht den Besitz einer Bibliothek, einer Datenbank oder die Anstellung zweier Nobelpreisträger, die in den firmeneigenen Laboratorien forschen. Der prozeßhafte Charakter des Wissen und seiner Entwicklung geht über Besitzstände ebenso hinaus wie das Wissen, das in den Praktiken von Unternehmen und Gruppen verkörpert ist. Nicht nur die einzelnen Gurus sind gefragt, es geht um das Wissen, das in den Interaktionen und Kommunikationen von Personen, Teams, Organisationen und Netzwerken enthalten ist und bewegt wird.

Wissen ist Dynamik, und Dynamik bedeutet Bewegung. Diese Bewegung kann in unkontrollierter Form zur Wissensbombe werden, die alle überfordert, oder aber sie wird – konstruktiv gemanagt – zu einem Fluß, der kraftvoll, fruchtbar und energiespendend seinen Weg nimmt. Das ist das Bild, das gelingendes Wissensmanagement ausdrückt: ein Fluß in seinem Bett, der in seinem zügigen Fließen und ruhigen Strömen die produktive Kraft repräsentiert, die Wissen haben kann. Es ist die Kraft des Wassers in Bewegung, das harte Brocken wegspült. Eine optimale Nutzung des Wissenspotentials erfolgt dann, wenn der Fluß eine Richtung hat, tatsächlich fließt und nicht in einer Vielzahl von Verästelungen versandet wie das Rinnsal in der Wüste.

Welches Managementverständnis erfordert dies? Axel Exner, Vorstand von Palfinger, einer international operierenden und expansiven österreichischen Unternehmensgruppe, zeichnet das Bild, das seine Vorstandstätigkeit am ehesten kennzeichnet, folgendermaßen: »Ich sitze in einem Paddelboot auf einem reißenden Fluß. Einerseits werde ich durch diesen Fluß getrieben, andererseits kann man in so einem Boot ganz witzige Sachen machen – gegen die Strömung oder aus der Strömung –, also man hat da schon auch irgendwie ein Eigenleben. Und dann sehe ich mich nicht nur in dem Paddelboot drinnen, sondern gleichzeitig auch den Flußlauf etwas gestalten, mit kleinen Dämmen etc.«

Dieses Bild drückt aus, worum es uns beim Knowledge Flow Management geht. Wissen und sein Management handeln von Bewegung, von Fließen. Woher kommt diese Bewegung? Sie resultiert aus der Lernbereitschaft des Wissens, aus den Fragen, die es stellen läßt, aus seiner Irritierbarkeit und der Neugierde, die daraus schöpfen kann.

Wir haben allerdings beschrieben, daß die expansive Funktion des Wissens von der selektiven Kraft seiner Engstirnigkeit unterlaufen werden kann. Vertieftes Wissen und seine Konzentration können auch Ignoranz bedeuten, also das Übersehen verstörender, aber wichtiger Signale und das Überhören unstimmiger Geräusche. Die Verarbeitung dieses Spannungsfeldes zwischen der Expansivität des Wissens einerseits und den Grenzziehungen seiner Engstirnigkeit andererseits bestimmt wesentlich die Qualität der Wissensperformance.

Die Arbeitsesel des Wissens

Solche Beschreibungen messen dem Wissen eine aktive Rolle zu. Sie mögen erstaunen, schließlich sind es doch der Mensch und seine Organisation, die Wissen hervorbringen, expansiv in neue Bereiche vorstoßen oder Neuentdeckungen abwehren, oder? Natürlich ist es so, daß ohne sie kein Wissen entstünde. Gleichzeitig aber definiert das Wissen seinen Trägern gegenüber die Anschlußmöglichkeiten, die sie an neues Wissen haben. Wie es uns gegenüber ein Topmanager pointiert formulierte: »Wir sind doch die Arbeitsesel.«

Wissen hat seine eigene Dynamik, und die Frage ist, inwieweit eine spezifische Organisierungsform der Natur des Wissens gerecht wird. Wie kann das Organisieren einen dynamischen und synergetischen Fluß des Wissens und des Know-hows unterstützen? Wie können die Aktivitäten optimal vernetzt und verkoppelt werden, die es braucht, um Kundennutzen und damit längerfristige Wettbewerbskraft zu erreichen? Das sind die entscheidenden Fragen an diesem Punkt.

Betrachten wir einige Eckpfeiler näher:

a) Kundennutzen

Die Erzeugung von Wissen ist kein l'art-pour-l'art-Spiel. Sie gewinnt ihren Sinn und ihre Attraktion erst aus den unternehmerischen Anwendungen, also den Kundenlösungen und Differenzierungsbewegungen mit Blick auf die Konkurrenz etc. In diesem Sinn ist Wissensentwicklung immer zielbezogen, und den Unternehmen stellt sich die Aufgabe, zielbezogene Kontexte zu definieren.

Auf welcher Grundlage definieren sich z. B. die Ziele von Forschungsabteilungen? Wie kann man die marktgerechte Zielbezogenheit der F & E organisieren? Eine Möglichkeit ist die, Forscher und Entwickler mit den Kunden zusammenzuspannen. Erst direkte Erfahrungen mit der Kundenseite machen den Forschern verständlich, mit welchen Problemen sie es zu tun haben sollten. Bei der PHONAK etwa sind die F & E'ler bis zu 40 % ihrer Zeit direkt mit Kunden zusammen. Sie halten Vorträge, Seminare und leiten Erfa-Gruppen, sie lehren und lernen gleichzeitig. Nicht, daß sie dies von sich aus gerne getan hätten. Sehr schnell allerdings haben sie angesichts der Impulse, die sie bekamen, diesen organisierten Direktkontakt zu schätzen gelernt.

Unternehmen tendieren – besonders, wenn sie erfolgreich sind – zu der Annahme, daß sie wüßten, was die Kunden wollen und daß sie die Problemkontexte ihrer Kunden ausreichend verstünden. Gerade technisch hochstehende, ingenieurgetriebene Unternehmen wissen oft »zu gut« über ihre Kunden Bescheid. »Zu gut«, um noch Fragen zu stellen und mehr wissen zu wollen.

Volvo, dessen USA-Verkaufszahlen in den Keller gefallen waren, unternahm mit dem 850er Anfang der neunziger Jahre einen Neustart. Das Management organisierte einen Anlaß, bei dem acht wichtige und erfahrene amerikanische Händler gebeten wurden, das Auto so auszustatten, wie es sich der amerikanische Käufer wünscht. Ein Ergebnis war, daß besonders die Installation von »Cup-Holdern« verlangt wurde – ein Standard in amerikanischen Fahrzeugen, Element des american way of life im Auto. Die schwedischen Ingenieure, die sich ganz dem Sicherheitsdenken verschrieben haben – eines der wesentlichen Werbeargumente Volvos seit vielen Jahren ist Sicherheit –, lehnten das zuerst rundweg ab. Ein Cup-Holder komme nicht in Frage, würde er doch das Trinken während der Fahrt begünstigen und damit die Konzentration des Fahrers und die Fahrsicherheit beeinträchtigen. Man wolle nicht zu einer unsicheren Fahrweise beitragen, auf keinen Fall. Die Amerikaner, wissend um die Wünsche ihrer Kunden, insistierten jedoch auf diesem Fetisch des US-Autolebens – zu Recht, wie sich zeigte. Als ersten Kompromiß bot Volvo einen Becherhalter als Option an, der bald darauf in die Serienausrüstung aufgenommen wurde. Dann konnte der 850er zur Speerspitze der neuen Volvo-Erfolgswelle im nordamerikanischen Automarkt werden. Die Volvo-Ingenieure mußten sich, angestoßen durch die Wünsche der Käufer, zugunsten des eigenen Erfolgs entscheiden, ihr Glaubenssystem – »Sicherheit geht vor alles« – zu relativieren. Konsumenten lieben es nun einmal nicht immer, wenn man für sie denkt.

b) Aktivitäten

Man muß etwas tun, um Kundennutzen erzielen zu können, das ist klar. Aber Aktivität allein ist noch nicht intelligent. Auf Aufgaben und Ziele – Kundennutzen, Wissensentwicklung – bezogene Handlungen sind die eigentliche Substanz des intelligenten Unternehmens. Auf sie kommt es an – und nicht auf das Reden darüber. Das Montieren passender Badezimmerapparaturen durch den Installateur, die kompetente Beratung durch den Rechtsanwalt, die Lieferung einer für den Benutzer auf Anhieb verständlichen Dokumentation zum neuen Softwareprogramm, die Berechnung einer optimalen Versicherungsleistung, das Entwerfen einer neuen Verpackungsserie usw. – das ist es, worum es geht. Man mag über Kundenorientierung reden, was man will, entscheidend ist letztlich, was für den Kunden konkret getan wird und welche Intelligenz in diesen Aktivitäten steckt. Nicht zahlreiche Meetings und Diskussionen machen einen Unterschied für den Kunden, sondern das rasche Erscheinen desjenigen Servicetechnikers, der tatsächlich die Maschine reparieren kann und der seine Erfahrungen mit der Reparatur wieder ins Unternehmen hineinträgt.

Studien gehen davon aus, daß in produzierenden Betrieben lediglich 5–10 % der Aktivitäten unmittelbar kundennutzenbezogen sind. Der Rest sind Vorleistungen – oder auch Vergeudung. Aufgerüttelt durch Lean Production, haben die Schlankheitsprogramme der letzten Jahre für eine aufmerksamere Beachtung des »Mehrwerts« der verschiedenen Aktivitäten gesorgt. Was bringen die Tätigkeiten der Engineeringabteilung? Welchen Wert erzeugen die verschiedenen Leistungen der Arbeitsvorbereitung? Was kostet der Transport, der sich aus den Wegen der Materialanlieferung an die Maschinenplätze ergibt? Und: Was macht eigentlich das Management? Welche seiner Handlungen bieten einen Mehrwert, welche sind wissensentwickelnd, welche nicht?

In einem unserer Projekte, das sich zu einer Zeit großer Absatzprobleme und offensichtlich anstehender Abbaubestrebungen mit der Optimierung der Leistungsprozesse in einem großen Werk der Computerindustrie beschäftigte, war einer der Projektengpässe durch den ungeheuren Arbeitsaufwand gegeben, mit dem sich das Vor-Ort-Management herumschlug. Die Manager waren vollständig überlastet. Das wäre an sich in engen Zeiten nichts Ungewöhnliches. Gleichzeitig klagten jedoch die Mitarbeiter der produzierenden Abteilungen über ständige Einmischung und unzureichende Unterstützung seitens eben dieser Manager. Es zeigte sich, daß die Manager »wußten«, daß eine optimale Leistungsprozeßgestaltung den Mitarbeitern effizientere Möglichkeiten an die Hand geben würde, ihre Probleme selbst zu lösen. Die Vorgesetzten wären damit aber weniger nötig, teilweise sogar überflüssig geworden. Vor dieser Erkenntnis kann man sich tatsächlich nur durch Mehrarbeit schützen?! Viele der Aktivitäten des Managements führten also zur Wissensverhinderung.

Wissensmanagement geht dagegen von einem Primat der wissensorientierten Aktivität aus. Was getan wird und welches Wissen dabei genutzt und entwickelt wird, das zählt. So wurden im Rahmen der Neuorganisation der Vertriebsabteilung eines Maschinenbauunternehmens sogenannte Kundenteams eingeführt, die Budgetkompetenz besitzen, selbständig Offerten kalkulieren und Verträge abschließen sollten. Es wurde veranlaßt, daß das eigene Mittelmanagement diese Teams in Budgetierung, Kalkulation und juristischen Grundlagen schulte. Sie hätten dies auch an die Ausbildungsabteilung oder externe Trainer delegieren können. Diese Entscheidung ermöglichte, daß im Laufe der Schulung viele, bislang nicht hinterfragte, Annahmen diskutiert und auch revidiert werden konnten. Gleichzeitg kam es zu einem intensiven Austausch über die Probleme der Umstellung, über Kunden und Gebräuche. Dies war relevantes Wissen, das bislang nur implizit in den einzelnen Köpfen des Managements vorhanden war. Die Schulung aber wurde nicht nur zum Vehikel, um implizites Wissen zu explizieren, sondern ermöglichte gleichzeitig eine Weiterentwicklung relevanten Wissens, sowohl bei den Teams als auch beim Management selbst. Denn auch dieses lernte dazu: Durch die Notwendigkeit, die Schulung vorzubereiten, sowie in den Diskussionen wurde manches deutlich, was sonst im Alltagsgeschäft unterging.

Aus- und Weiterbildungen werden oft an die jeweiligen »Spezialisten«, sei es extern oder intern, delegiert. Das sei effizienter, heißt es. Gilt dies auch aus der Wissensperspektive? Nichts ist für die eigene Bewußtseins- oder Weiterbildung geeigneter, als andere schulen, sich um Vermittlung bemühen zu müssen. Natürlich bedeutet es Aufwand, aber die Reflexion der eigenen Tätigkeit führt zu mehr Klarheit. Machen bestimmte Abläufe oder Regelungen überhaupt noch Sinn?

Stören oder unterstützen bestimmte Strukturen das Angestrebte? Stimmen die Ziele überhaupt noch? Ist mein Fachwissen up to date? Was gibt es diesbezüglich Neues, ich will mich ja nicht blamieren? Zusammenhänge und Vernetzungen werden möglicherweise neu gesehen. Viele Manager begreifen sich schlichtweg nicht als Lernende, allen Lippenbekenntnissen vom lebenslangen Lernen zum Trotz. Über das Lehren, als Führungsaufgabe, findet Lernen automatisch statt.

c) Verknüpfung/Vernetzung

Eine Forschungsabteilung mag aus brillanten Köpfen bestehen, doch wenn nicht miteinander ausgetauscht wird, bleibt das Wissen singulär. Nicht anschlußfähiges Wissen verkümmert, macht das Unternehmen nicht intelligenter. Die Köpfe bleiben hell, die Organisation bleibt dumm. An vielen Orten im Unternehmen können innovative Ideen ausprobiert und entwickelt werden, die, wenn sie miteinander kombiniert werden, einen durchschlagenden Erfolg bedeuten. Aber wer weiß schon, was an den verschiedenen Orten eines großen Unternehmens alles ausprobiert wird?
Ein gutes Beispiel dafür ist die Entstehung des Walkman bei Sony. Ein Sony-Team hatte einen kleinen portablen Tape Recorder namens Pressman entwickelt, der zum Standardgerät für Journalisten wurde. Dieses Gerät nahm allerdings nur mono auf, und Radiojournalisten fragten bald nach einer Stereoversion. Das Entwicklungsteam machte sich 1978 an die Arbeit, aber es gelang ihnen nicht, den Tonaufnahmemechanismus in das Gerät zu integrieren. Die Tonqualität bei der Wiedergabe war aber erstaunlich gut. Da es jedoch um ein portables Aufnahmegerät für Journalisten ging, galt das Projekt als Mißerfolg. Das Gerät lag herum, die Arbeiter nutzten es zum Abspielen eigener Musikbänder. Eines Tages lief Masura Ibuka vorbei, ehrenamtlicher Vorsitzender, der viel Zeit damit verbrachte, durch die Hallen Sonys zu wandern. Ibuka sah das

Gerät, registrierte die bemerkenswerte Klangqualität und erinnerte sich plötzlich an ein anderes Projekt, ein Set von leichten, portablen Kopfhörern, welche auf der anderen Seite des Gebäudes entwickelt wurden. Ihm kam sofort die Idee, diese Teile zu kombinieren. Das Resultat ist allgemein bekannt: 1979 war der Walkmann entstanden, und mit ihm wurde ein neuer Markt kreiert.

Entscheidend sind die Verknüpfungen und die daraus folgenden Flüsse an Wissen – das Kriterium lautet: Anschlußfähigkeit. Und die liegt in den Vernetzungen des Systems. Die Aktivitäten mögen innerhalb oder außerhalb des Unternehmens liegen, wichtig ist die Art und Weise ihrer wechselseitigen Verknüpfung. Wie sie vernetzt und aneinander angeschlossen sind, das entscheidet über ihr Potential.

Die besten Marketingdaten nützen nichts, wenn sie von niemandem gelesen und interpretiert werden können. Daten allein sind noch kein Wissen. Die Reklamation des Kunden bringt niemandem etwas, wenn sie nicht weitergeleitet wird, weil die Sorge, für einen Servicefehler gerügt zu werden, zu groß ist. Die Zunahme von Verkaufszahlen mag erfreulich sein, aber welche Information steckt dahinter? Welcher Trend ist zu erkennen?

Der Primat der ergebnisbezogenen, prozeßorientierten Vernetzung der internen und externen Aktivitäten rückt in den Vordergrund. Dies wurde auch von Lean-Management- und Reengineering-Ansätzen unterstützt – sofern diese ihrem eigentlichen Sinn entsprechend umgesetzt wurden! Früher waren zwei Hauptabteilungen und drei Abteilungen an einem Kreditantrag beteiligt, heute sind es Triagen, die Kundenanfragen entsprechend den Anliegen verteilen, und Kundenteams. Eine Handvoll eng kooperierender Spezialisten pro Team sind gemeinsam für das Ergebnis verantwortlich.

Neben der direkt organisierbaren Verkoppelung von Aktivitäten, z. B. durch die Vernetzung von Kunden und Lieferanten mittels Informationstechnologie, zeigen sich Problembereiche, die weniger direkt gestaltbar sind. Für das F&E-Management stellt sich beispielsweise immer wieder die Frage, wie die formalen und informalen Netzwerke, die Forscher im Praktizieren ihres Wissensaustauschs aufspannen, am Leben gehalten werden können. Gerade angesichts der Globalisierungstendenzen der F & E während der letzten Jahre zeigt sich dieses Problem in aller Schärfe. Wie kann man dafür sorgen, daß Forscher aus verschiedenen Kulturen – z. B. Japan, USA, Schweden, Deutsch- und Welschschweiz – und mit unterschiedlicher organisatorischer Zugehörigkeit (Konzernzentrale, Division, Tochterunternehmen etc.) miteinander so ins Gespräch kommen und in Kontakt bleiben, daß Wissen kontinuierlich geteilt wird? Oder: Wie bringt man Berater dazu, daß sie ihre neuesten Erkenntnisse aus den diversen Projekten nicht nur für sich verwenden, sondern sie zum Beispiel via elektronischem Netzwerk der ganzen Firma zugänglich machen? Wie bringt man Verkäufer dazu, ihr Wissen bereichsübergreifend zu teilen? Wie müssen die Anreizsysteme gestaltet werden, damit es für den einzelnen und für die Firma attraktiv ist und sich lohnt? Wie verknüpft man diese Überlegungen mit der Strategie?

Das Vernetzungsproblem stellt sich jedoch nicht nur auf der Ebene der F & E-bezogenen Strukturen und Prozesse, sondern auch auf der Ebene der Forschungsziele. Einen interessanten Weg ist Merck gegangen, indem das Bonussystem der Forscher an den Markterfolg des Produktes gebunden wurde. Automatisch stieg das Interesse der Forscher am Markt.

Als kritisch erweist sich jeweils die Schnittstelle zwischen Forschungs- und Managementprozeß, die sich in den Entscheidungen über Weiterführung und Ressourcenausstattung nachhaltig ausdrückt. Berüchtigt sind Entscheidungen, die ein Management gegen die Ziele der Forscher und Entwickler fällt. Bootlegging, das vor den Augen des Managements verborgene Entwickeln von Ideen, wird hier als rationale Alternative engagierter Entwickler verständlich. Es können aber auch andere »Abfederungen« wechselseitig uneinsichtiger Entscheidungen organisiert werden. Bei 3M z. B. dürfen die Mitarbeiter in den Entwicklungsabteilungen 15 % ihrer Arbeitszeit selbstgewählten Projekten widmen.

d) Synergie

Für komplexe Probleme – und welche sind heute nicht komplex – ist eine Mehrzahl von Wissensgebieten zu verknüpfen. Fruchtbare, sich wechselseitig verstärkende Verknüpfung nennen wir synergetisch. Beispielsweise sorgen die notwendigen Abstimmungen zwischen Audiologie, Mikroelektronik und Mikromechanik in der Hörgeräteentwicklung für wichtige wechselseitige Anregungen und Aufschlüsse. Hier wird Synergie wirksam. Andere Beispiele finden sich in der Kooperation von Design und Fertigung. Immer wieder hören wir von der Überraschung der Fertiger, daß Designer, »die doch nichts von der Produktion verstehen«, gute Produktionsideen haben. Manche Designfirmen haben den Ideenreichtum, der in Industrial-Design-Prozessen liegt, genutzt und bieten, wie etwa die bekannte Firma frogdesign, systematisch Fertigungsideen z. B. für die Computerindustrie an.

Gegenwärtig werden weltweit rund 6000 Wissenschaftsdisziplinen gezählt. Man rechnet mit einem Ansteigen auf 8000 um die Jahrhundertwende. Die klassischen Wissenschaftsgebiete haben sich in weitverzweigte Teildisziplinen aufgesplittet, um nicht zu sagen, atomisiert. In der Wissenschaft gilt darum Interdisziplinarität als einzige Möglichkeit, die globale Wissensexplosion in den Griff zu bekommen. Was für Universitäten gilt, betrifft Unternehmen in noch stärkerem Maße. Das Spezialwissen aus einer Fülle von Disziplinen soll genutzt und weiterentwickelt und gleichzeitig mit dem Wissen vieler anderer Disziplinen verkoppelt werden. Erst diese Verkoppelung bringt Qualität. Der Tennisschläger, der mit Hilfe neuester Werkstoffe konstruiert wird, um den Ball perfekt zu beschleunigen, nützt dem Spieler nichts, wenn es keine entsprechenden Bälle am Markt zu kaufen gibt und keine angemessene Spielweise praktiziert werden kann.

Weltweit ist zu beobachten, daß sich ein neuer Modus der Wissensproduktion etabliert, der Interdisziplinarität und Anwendungsbezug als zentrale Ordnungskriterien verwendet und das herkömmliche Universitätssystem sprengt. »The new mode operates within a context of application in that problems are not set within a disciplinary framework. It is transdisciplinary rather than mono- or multidisciplinary. It is carried out in non-hierarchical, heterogenously organised forms which are essentially transient«, schreiben Michael Gibbson u. a. Dieser Modus involviert viele verschiedene Akteure in enger Kooperation. Industrielle Forschungslaboratorien arbeiten mit Universitäten, privaten und öffentlichen Forschungseinrichtungen zusammen. Der Wettbewerb erfordert, daß ein weites Netzwerk von »leading edge«-Forschungsinstitutionen eingerichtet wird. Alte Grenzziehungen werden obsolet. Die innerhalb einer Organisation, einer Disziplin, isolierte Wissensproduktion wird in diesem Sinne »sozialer«, neue Kommunikationsmuster und Kollaborationsweisen entwickeln sich. Beispiele für diesen neuen Modus finden sich besonders in den Bereichen, die sich stark aus ihren Anwendungskontexten heraus definieren: Biotechnologie, Materialwissenschaft, Kognitions- und Informationswissenschaften.

	Wissensentwicklung:	
	alter Modus	neuer Modus
Probleme und Fragestellungen definiert durch	vor allem akademische Gemeinschaften	die Kontexte der Anwendung (z. B. durch Produkte)
Charakteristiken	disziplinär	transdisziplinär
	homogen	heterogen
Organisation	hierarchisch, stabile Formen	heterarchisch, fluide Formen

Tabelle 2 (adaptiert nach Gibbson u. a.)

Der Wettbewerb um Wissen und seine Organisierung

Wettbewerb herrscht heute nicht mehr nur unter Produkten und Dienstleistungen am Markt. Er hat sich auf weitere Ebenen ausgeweitet. Prozesse sind eine davon. Nehmen wir die Autoindustrie als Beispiel: Die optimaleren Prozesse in ihren Fabriken haben den japanischen Produzenten gegenüber Europäern und Amerikanern massive Vorteile eingebracht. 1989 benötigten die Europäer für die Herstellung ihrer Autos im Schnitt 35 Stunden und die Japaner 17. Heute sind – nach einer riesigen Welle von Lean-Production-Adaptierungen in den amerikanischen und europäischen Werken – die Japaner mit Ausnahme von Toyota, die bei nur 11 bis 12 Stunden liegen, immer noch bei 16 oder 17, während die Europäer bei etwa 25 Stunden angelangt sind. Die Verbesserung der Fertigungsprozesse und die enge Vernetzung von Entwicklung und Fertigung haben massive Unterschiede in der Wettbewerbskraft verursacht. Dabei geht es nicht nur um Kosten. Die kürzeren Prozesse und die höhere Flexibilität haben es den Japanern gleichzeitig erlaubt, kürzere Produktzyklen zu offerieren. Die Modellabfolge hat sich wesentlich beschleunigt. Kein Wunder, nachdem die Entwicklungszeiten von bis zu zehn Jahren auf zwei bis drei reduziert werden konnten. Die besseren Produktionsprozesse haben sich auch in der Modell- und Marktpolitik niedergeschlagen und nicht nur in den Fertigungskosten.

Hier liegt der Schlüssel für die weitere Wettbewerbsebene. Unternehmen konkurrieren zunehmend mit ihrem Potential an Innovativität, Kreativität und »Wissenspower«. Die Konkurrenz auf dieser Ebene der Innovation hat auch zu scheinbar paradoxen Vernetzungen und Kooperationen geführt, die noch vor wenigen Jahren niemand für möglich gehalten hätte. Doch die hohen Investitionskosten in der Forschung und Entwicklung komplexer Spitzentechnologien waren dazu angetan, Forschungskooperationen auch mit harten Marktkonkurrenten zu suchen. So entwickelt man heute partnerschaftlich und gemeinsam jene Technologien, mit denen man sich morgen am Markt wieder bekriegen wird.

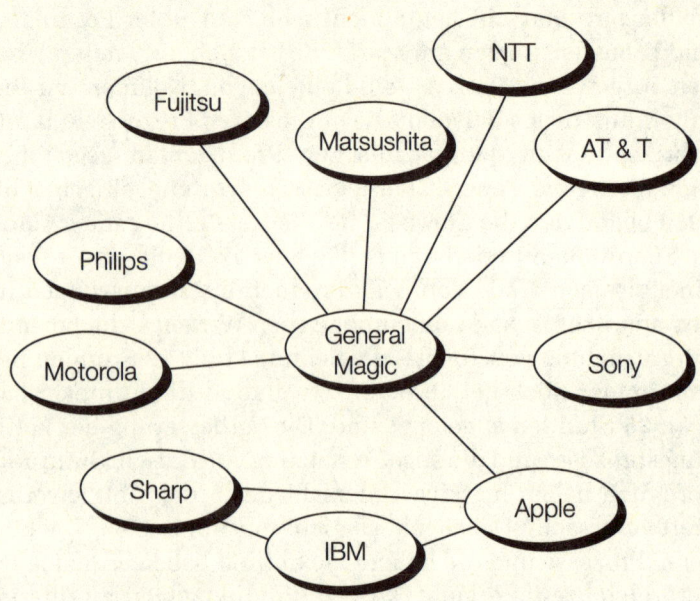

**Abb.: Allianzen im Personal-Communication-Bereich
(nach: Hamel, Prahalad)**

Zusätzlich Wert bekommen die F&E-Netze, wenn man bedenkt, wie sehr Unternehmen zur Sicherung ihrer Wettbewerbskraft heute darauf angewiesen sind, Spitzenleistungen in der Forschung nutzen zu können – und wenn man sich vor Augen hält, daß trotz der Unzahl an Wissenschaftlern und Wissenschaftlerinnen, die es heute gibt, Schätzungen zufolge nur etwa 5 % der praktizierenden Wissenschaftler für die wesentlichen Fortschritte verantwortlich zeichnen. Das macht schlagartig klar, welcher Engpaß – bei aller Fülle – hier herrscht und wie anspruchsvoll das Management dieser lebendigen Netze ist.

Die Quadratur des Wissens

Wissensmanagement dreht sich, wie wir gezeigt haben, um die beiden Dimensionen »vorhandenes Wissen nutzen« und »neues Wissen entwickeln«. Logischerweise denken Unternehmen dabei sofort an das Wissen, das sie selbst haben bzw. entwickeln, also an das interne Wissen und weniger an das extern verfügbare. Die Differenz zwischen Innen und Außen beginnt sofort zu spielen. Wie sich nicht nur am Beispiel der Unternehmensgrenzen überschreitenden Forschungskooperationen zeigen läßt, kommt dem externen Wissen, etwa dem der Kunden und Lieferanten, außerordentliche Bedeutung zu. Beinahe ist es müßig zu erwähnen, und dennoch stellt sich die Frage, wie der Transfer des Wissens von außen nach innen organisiert und gemanagt wird, immer wieder von neuem. Manche Unternehmen etwa, die sich ihres Wissens und ihrer Erfolge bewußt sind, verfallen gerne in das »not-invented-here«-Syndrom, mit dem irritierendes externes Wissen abgewehrt wird. Man ist sich selbst genug; man ist mal wieder Frosch – ob zugunsten der Kunden und damit sich selbst, bleibt fraglich.

Aber auch das Umgekehrte gilt es zu beachten. Wie wird das Wissen, das notwendig ist, um ein Produkt oder eine Dienstleistung gut nutzen zu können, an den Mann gebracht? Welche Schulungen, welche Ausbildungen, welche Beratungen und welche Manuals und Dokumentationen braucht es dazu? Allzu leicht vergißt man, wie voraussetzungsvoll eigentlich Autofahren ist oder was benötigt wird, damit ein PC verwendet werden kann. Selbst die autofokussierende Kamera braucht eine Gebrauchsanleitung, weil sonst der Ferienfotograf denkt, die Kamera sei kaputt, wenn sie nicht mehr knipst. Dabei ist nur die Batterie leer.

Zu den beiden Dimensionen »vorhandenes Wissen« und »neues Wissen« kommen also noch »Innen« und »Außen«. Diese vier Dimensionen spannen unseren Wissensquadranten auf, der uns weiter durch dieses Buch begleiten wird. Er ist ein äußerst hilfreiches Instrument, um Zugänge zum Knowledge

Flow Management zu gewinnen. Unternehmen brauchen wissensbezogene Aktivitäten in allen vier Feldern, die mit Hilfe des Quadranten geordnet und sichtbar gemacht werden können. Dabei wird man bemerken, daß nicht nur die Aktivitäten allein zählen, sondern viele von ihnen miteinander vernetzt sind (oder eben nicht) und sich wechselseitig anregen. Diese Anschlüsse sind es, die für Knowledge Flows sorgen. Die Fähigkeit, diese Anschlüsse zu gestalten, ist im Management des Wissens von zentraler Bedeutung. Beispielsweise zeigt sich immer, daß es eine Entsprechung in der Wissensentwicklung zwischen der obersten Führungsebene und dem gesamten Unternehmen gibt. Wendet die oberste Ebene einen Großteil ihrer Zeit selbst für Zukunftsfragen und Wissensentwicklung auf, dann wird sich auch auf den Ebenen darunter ausgeprägte Wissensentwicklungsarbeit finden lassen.

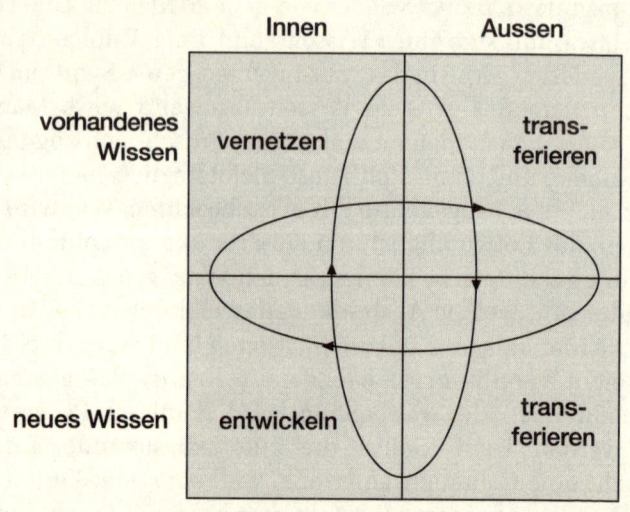

Abb.: Der Wissensquadrant

Mit Hilfe des Wissensquadranten lassen sich also wissensbezogene Aktivitäten und Infrastrukturen »kartographieren«, die oft wenig offensichtlich sind und darum einer genaueren Beobachtung bedürfen. Die einzelnen Felder leiten dabei die Fragen und Beobachtungen. Was alles wird getan, damit Wissen innen vernetzt wird? Wie wird neues Wissen von außen nach innen transferiert? Etc.

Wissen in Aktion: »Die Grenze der Möglichkeiten sind wir selbst«

Wenn die wissensbezogenen Aktivitäten oder Strukturen in den Feldern notiert werden, entsteht ein erstes Bild des Wissensmanagements des Unternehmens. Darauf aufbauend lassen sich die weiteren Schritte zur Optimierung des Knowledge Flow Managements setzen. Nachstehend zeigen wir den Wissensquadranten für ein von uns untersuchtes Unternehmen, die PHONAK AG.

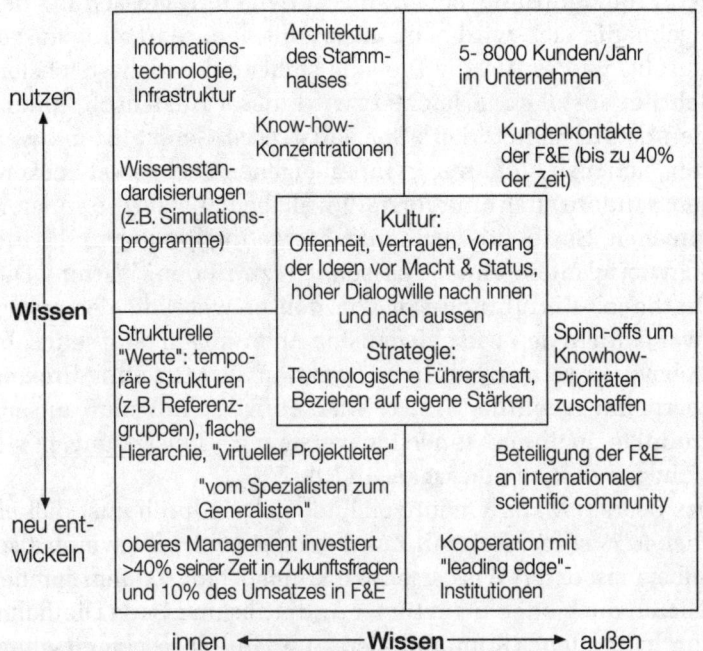

Abb.: Der Wissensquadrant der PHONAK AG

Die PHONAK, ein Hörgeräteunternehmen aus der Schweiz, zapft jährlich das Wissen von 5000 bis 8000 Kunden an, die zu Seminaren und Gesprächen eingeladen sind. Dabei verbringen die Forscher und Entwickler bis zu 40 % ihrer Zeit im Direktkontakt mit den Kunden. Daneben wird ein intensiver Kontakt zu international führenden Forschungsinstitutionen gepflegt. Intern wird der Wissensaustausch durch modernste Informationstechnologie und durch die Architektur des Hauses erleichtert. Die Gestaltung des Gebäudes und der Büros verkörpert die gewünschte und gelebte Offenheit und Flexibilität. Letztere ist auch nötig, denn keine organisatorische Einheit existiert länger als wenige Monate in der selben Form und am selben Platz.

Die Hierarchie ist flach, formale Strukturen gibt es nur wenige. Bei Problemen hat jeder Mitarbeiter die Möglichkeit, eine »Referenzgruppe« einzuberufen, die dann gemeinsam nach der Problemlösung sucht. Im Entwicklungsausschuß, der regelmäßig tagt, wird gemeinsam mit dem Marketing ausgetauscht, wie es um die Projekte steht und welche nächsten Schritte anstehen. Erleichtert wird dieser Austausch, indem man darauf achtet, daß »Spezialisten zu Generalisten« werden, sich also nicht nur in ihrem eigenen Fachgebiet auskennen, sondern auch eine Vorstellung haben, wovon die anderen sprechen. So suchte man einen Marketingdirektor und hatte Schwierigkeiten, einen »passenden« zu finden. Warum? Die On-the-job-Einführung sah vor, daß er während der ersten zwei Jahre in den verschiedensten Abteilungen tätig sein sollte, bevor er seine eigentliche Funktion als Marketingdirektor übernehmen würde. »Unser Marketingdirektor muß unsere Produkte in ihrem Innersten verstehen. Sonst kann er sie nicht gut verkaufen«, sagt Andi Rihs.

Das oberste Management zeichnet sich dadurch aus, daß es über 40 % seiner Zeit mit Zukunftsfragen verbringt, sich also selbst massiv mit Wissensentwicklung befaßt. Zudem symbolisieren die beiden Eigentümer Andi Rihs und Beda Diethelm durch ihr offenes Kommunizieren und ihre Dialogbereitschaft wichtige Unternehmenswerte. Offenheit, Autonomie und Vertrauen werden groß geschrieben, Wissensentwicklung hat höchste Qualität. Ideen sind immer wichtiger als Macht- oder Statusfragen.

Die PHONAK strebt technologische Führerschaft an, man will das Beste und nicht das Billigste. Dahinter steht der unbedingte Glaube, daß die Technologieentwicklung und -anwendung entscheidend zur Abschöpfung des latenten Marktpotentials beitragen wird. Man bezieht sich dabei auf die eigenen Stärken und motiviert sich nicht »aus der Angst vor den anderen«. Überhaupt ist man in diesem erfolgreichen Unternehmen der Meinung: »Die Grenze der Möglichkeiten sind wir selbst«.

Die in der Hörgeräteentwicklung verlangte Multidisziplinarität – Mikroelektronik, Mikromechanik, Audiologie, Psychoakustik – hat natürlich ihre Grenze auch in der Koordinierung des Wissens. Eine Grenze, die den Fokus auf die eigenen Kernkompetenzen bedrohen kann. Um dieser Gefahr zu entgehen, wird die Strategie des Spin-Offs verfolgt. In den neuen »Zellen« kann das jeweilige Wissen dann seine Priorität beanspruchen.

Mit der Quadratur zur Anschlußfähigkeit

Die Identifizierung und Beschreibung der wissensbezogenen Aktivitäten läßt u.a. eines erkennen: den Grad und den Charakter der Vernetzung. Jedesmal zeigt sich, daß ein hoher Vernetzungsgrad eine starke wechselseitige Anregung und Befruchtung erzeugt. Über die vier Felder hinweg beginnt ein Fließen sichtbar zu werden, das in der Qualität der jeweiligen Wissensperformance zum Ausdruck kommt. Je stärker dieses Fließen, desto höher die Performance. Wir sprechen an dieser Stelle von der jeweiligen Anschlußfähigkeit, über die ein Unternehmen verfügt. Eine hohe Anschlußfähigkeit erzeugt ein dichtes Netzwerk, durchlässige Grenzen, offene Strukturen und basiert im Normalfall auf einer guten Dialogbereitschaft.

Aus der Neurologie und der Kognitionswissenschaft weiß man heute, daß für die Denkleistungen und die Operationen unseres Hirns nicht die Komplexität der einzelnen Nervenzelle oder einer Gruppe von Zellen ausschlaggebend ist, sondern die Komplexität des Musters, das verschiedene Zellen an verschiedenen Orten miteinander verbindet, über die Qualität der Operation entscheidet. Dieses Bild des neuronalen Netzes kann man auf Unternehmen übertragen. Die erwähnten zwei Nobelpreisträger im Labor machen noch kein erfolgreiches Unternehmen aus. Ihre Ideen müssen erst Anschluß im Unternehmen finden, um dann ihren weiteren Weg in Produkte und Dienstleistungen und zu den Kunden zu nehmen.

PARC, das Forschungszentrum von Xerox, bietet ein solches Beispiel. Bereits vor rund 20 Jahren wurden im PARC die Grundzüge der heutigen PCs entwickelt. Die benutzerfreundliche grafische Oberfläche, die Maus, der Drucker, all das basiert auf Entwicklungen von PARC-Ingenieuren. Warum hat Xerox nichts aus seinen Erfindungen gemacht? PARC konnte der damaligen Unternehmensleitung, einer Gruppe früherer Ford-Manager, den Return on Investment nicht ausreichend vorrechnen. Somit konnte der Unternehmensleitung keine Entscheidung für diese revolutionär neue Art von Computern abgerungen werden. Die Engstirnigkeit schlug, wie bereits erwähnt, zu. Steve Jobs kam, fragte »Why isn't Xerox marketing this? You could blow people away!« und ließ schließlich Personal Computing Wirklichkeit werden.

Quo vadis?

Angesichts der Quadratur des Wissens stellt sich die Frage, welche Organisierungen hilfreich sind. Wir wollen nun einige der zentralen Entwicklungen des Organisierens näher untersuchen. In den letzten Jahren sind folgende Tendenzen für die

Entwicklung neuer Organisierungsformen ausschlaggebend
geworden:

- wirksame und effiziente Verknüpfung unterschiedlicher
  Wissensinhalte in den Unternehmensprozessen;
- Verknüpfung von internem und externem Wissen;
  höhere Flexibilitäts-, Schnelligkeits- und Qualitätsansprü-
  che an die Arbeitsprozesse;
- Versuche, Kundennähe zu gewinnen;
- Dezentralisierung der Unternehmen;
- die Tendenz, Verantwortung so weit wie möglich in kleine,
  »basisnahe« Einheiten zu verlagern (Empowerment);
- damit einhergehend die Relativierung des hierarchischen
  Denkens, die sich in der Beziehung zwischen »mündigen«
  Mitarbeitern und Vorgesetzten ausdrückt und Ausfluß des
  gesellschaftlichen Wertewandels ist;
- Entwicklungen in den Märkten, die auf eine stärkere Dialo-
  gisierung hinauslaufen: »Mündige« Konsumenten und
  andere »eigensinnige« Bezugsgruppen geben sich immer
  weniger mit Vorgesetztem zufrieden.

Die beschriebenen Entwicklungsstränge führen zu einer Verflüssigung der organisatorischen Verhältnisse. Was bedeutet
das für ein Unternehmen, das Wissen möglichst effizient multiplizieren und entwickeln will? An einem einfachen Beispiel
erklärt: Wer relevantes Wissen für eine Problemlösung hat,
soll mitreden, und zwar rasch und (relativ) unabhängig
davon, welche organisatorische Position er bekleidet.
Bei frogdesign etwa wird die Regel gelebt, daß sich bei Projekt-
besprechungen auch Nicht-Projektmitglieder einschalten
können, wenn sie eine gute Idee haben. Jeder, der vorbei-
kommt und eine Idee hat, soll sie einbringen. Jede Meinung ist
zu prüfen, unabhängig vom organisatorischen Status des
Sprechers! Was zählt, ist einzig die Qualität der Idee. Eine
wesentliche Basis guten Wissensmanagements. Diese Regel
ist praktisch lebbar, da die Architektur des Hauses diese Philosophie direkt unterstützt. Das Bürogebäude ist extrem offen

gestaltet, in den Etagen gibt es kaum trennende Wände, geschweige denn Türen. Die einzelnen Arbeitsgruppen sitzen zusammen, meist um Flip Charts mit den verschiedensten Skizzen oder um die Modelle und Prototypen. Die Architektur verkörpert die Philosophie der Bewegung, Flexibilität und Transparenz. Beispielsweise sind manche Wände aus einer Art dicker Pappe gestaltet, was den flexiblen, temporären Charakter hervorhebt. Arbeitsgruppen, die ja immer wieder wechseln, sind binnen weniger Stunden inklusive ihrer zum Teil aufwendigen technologischen Geräte neu konfiguriert. Von der Philosophie über kulturelle Regeln, die Projektgestaltung bis hin zur Architektur ist alles auf die Produktion von einzigartigem und kommerzialisierbarem Wissen ausgerichtet, miteinander verknüpft, sich wechselseitig verstärkend. Das Ziel heißt »pushing the envelope«.

»Verflüssigung und Verknüpfung« meint also: Flexibilität zugunsten ausgezeichneter Ergebnisse. Dabei geht es um zweierlei. Erstens sind die Kommunikationswege direkter und offener zu gestalten. Das erlaubt dort Wissensflüsse, wo sonst anonymere organisatorische Formen blockierend und verzögernd wirken. Zweitens zeigt sich, daß es mehr um Interaktion und Kooperation – also um kollektive Praxis – geht, als um die Befähigung einzelner Köpfe. Erst das Vernetzen der vielen Köpfe untereinander und mit der geeigneten Infrastruktur bringt die Möglichkeiten, die es angesichts komplexer Problemstellungen braucht. Erst die Organisierung und Entwicklung einer guten gemeinsamen Praxis läßt diese Möglichkeiten effektiv Wirklichkeit werden.

Wie neu organisieren?

»The central requirement for this design is that it provides a knowledge creating company with the strategic ability to aquire, create, exploit and accumulate new knowledge continuosly and repeatedly in a cyclical process«, schreiben Ikujiro

Nonaka und Hirotaka Takeuchi. Genau darum geht es. Jedes Wissensmanagement muß sich in seinen Organisierungsbemühungen von diesen Ausgangspunkten leiten lassen. Strategisch gesehen:

- Die Organisationsarchitektur, die Strukturen und die Prozesse sind hinsichtlich ihrer Tauglichkeit für Wissensnutzung und -entwicklung zu überprüfen;
- dabei ist die Frage nach der strategischen Einheit – das Unternehmen allein bzw. das Unternehmen in seinem Netzwerk – zu beantworten.

Bezogen auf die Quadratur des Wissens:

- Die Organisation muß sowohl expliztes als auch implizites Wissen berücksichtigen können;
- sie ist besonders hinsichtlich ihrer Wissensnutzungs- und -entwicklungs- und Innovationsfähigkeiten zu befragen;
- sie muß internes wie externes Wissen anzapfen können (durch Kooperationen mit externen Leading-edge-Institutionen, durch Akquisition etc).

Prinzipiell geht es um eine Transformation der cartesianisch-individualistischen Sichtweise von »Ich denke, also bin ich« hin zu einer systemischen Sichtweise, etwa in der Form »Ich nehme teil, also lerne ich«. Damit bewegen sich Organisationen weg von der Individualisierung des Wissens (»Wissen ist in den Köpfen, sonst ist es nirgendwo«), der Bevorzugung personalen Wissens und den entsprechenden Experten und Guru-Modellen hin zu gemeinsamen Lernprozessen.

Nicht-triviales Organisieren

Einige der wesentlichsten Erkenntnisse, die sowohl die Wissenschaft in vielen Disziplinen als auch das Management in den letzten Jahren beschäftigten, stammen aus Selbstorganisationskonzepten. Die Bedeutung dieser Konzepte kann man anhand einer Unterscheidung verdeutlichen, die der Kybernetiker Heinz von Foerster getroffen hat: Der Differenzierung zwischen trivialer und nicht-trivialer Maschine.

Die sogenannte triviale Maschine zeichnet sich dadurch aus, daß sie berechenbar ist, in linearer Weise funktioniert und seriell, sequentiell arbeitet. Gleicher Input führt zu gleichem Output. Man steigt in der Früh' ins Auto, dreht den Zündschlüssel – der Motor springt an. Eine triviale Maschine, so wie sie sein soll. Zuverlässig wie geplant. Triviale Maschinen wie Autos oder Computer oder auch Handmixer sind verkörpertes explizites Wissen, wie die Brotbackmaschine von Tanaka; sie produzieren kein neues Wissen, sind aber vielfach Instrumente für die Wissensentwicklung.

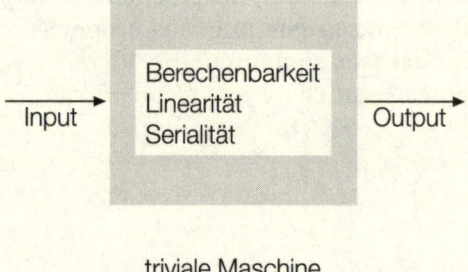

triviale Maschine

Demgegenüber sind nicht-triviale Maschinen – und dazu zählen alle lebenden (psychischen, sozialen) Systeme – durch prinzipielle Unberechenbarkeit und Undeterminierbarkeit gekennzeichnet. Wenn Sie Ihr Auto beschleunigen wollen, drücken Sie aufs Gaspedal. Was machen Sie, wenn Sie Ihre Organisation beschleunigen wollen? Nicht-triviale Systeme reagieren auf externe Stimuli, aber sie legen selbst fest, was sie als Stimuli zu akzeptieren bereit sind. Das Wirtschaftssystem reagiert zum Beispiel auf Preise. Wenn der Benzinpreis steigt, wird weniger Benzin gekauft werden. Es reagiert aber nicht auf das Flehen von Umweltschützern – es sei denn, das führt zu Preiserhöhungen. Nicht-triviale Maschinen sind eigensinnig und manchmal engstirnig – auf jeden Fall aber sind sie wissensgenerierend.

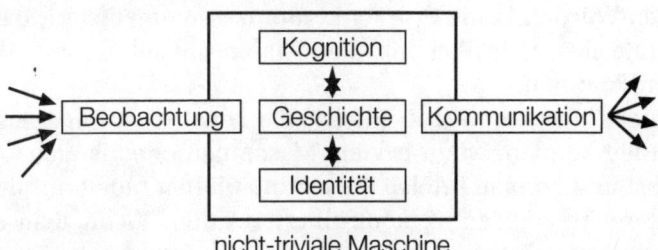

nicht-triviale Maschine

Wenn Sie Ihrem Handmixer einen Befehl geben und daraufhin nichts passiert, dann wissen Sie, daß mit diesem System etwas nicht stimmt. Es ist defekt und muß zur Reparatur. Wenn Sie als Führungskraft Ihren Mitarbeitern eine Anweisung geben und nichts passiert – was wissen Sie dann? Noch gar nichts, denn Sie haben es mit einer nicht-trivialen Maschine zu tun und müssen sich nunmehr bemühen zu entschlüsseln, »was hier eigentlich los ist«. Dazu müssen Sie zu Fragen und Hypothesen greifen: Haben Sie vielleicht zu leise gesprochen? Hat man Sie nicht gehört? Sind Ihre Mitarbeiter renitent und verweigern die Ausführung Ihrer Aufträge? Zu Recht oder zu Unrecht? Ist das immer so, oder passiert das zum ersten Mal? Durch diese Fragen kann neues Wissen entstehen.

Man kann davon ausgehen, daß sich in Unternehmen immer eine Mischung von trivialen und nicht-trivialen Prozessen findet. Beispielsweise haben Strukturen – Aufbau- und Ablauforganisation – die Aufgabe, Berechenbarkeit, also Trivialität zu erzeugen. Jede Trivialisierung in nicht-trivialen Verhältnissen bedeutet Komplexitätsreduktion, bringt jedoch ihrerseits neue Nicht-Trivialitäten (Komplexität) hervor. Bekannt ist die Parallelität von ausgeprägt formalen Strukturen und wuchernden informellen Netzen in bürokratischen Organisationen. Das eine bringt das andere mit hervor.

Probleme entstehen dann, wenn die triviale Beschreibung für nicht-triviale Prozesse verwendet wird, also lebende Systeme als Maschinen behandelt werden. Die typische einmalige Soll/Ist-Abgleichung bei Planungsprozessen ist ein Beispiel dafür. Auf diese Weise entsteht weniger Wissen, als möglich wäre. Würden Planungs- als Lernprozesse organisiert, dann könnte das volle Potential der Wissensentstehung zur Wirkung kommen.

Triviale Maschinen sind solche, die konstruiert und gebaut werden können. Nicht-triviale Maschinen organisieren sich selbst und können infolge ihrer prinzipiellen Indeterminiertheit nicht vollständig kontrolliert werden. Wenn man sie generieren möchte, z. B. indem man eine Organisation gründet, dann laufen auch schon die Selbstorganisationsprozesse sozialer Systeme.

Diese Prozesse haben eine *emergente* Qualität. Das bedeutet, daß sie aus sich selbst heraus entstehen und in ihrem Eigensinn nicht auf ihre einzelnen Bausteine reduzierbar sind. Unternehmen sind ein Tandem von formalen und emergenten Formen und Prozessen, sie sind immer Kombinationen von Fremd- und Selbstorganisation. Man gründet ein Unternehmen und findet sich mit der Notwendigkeit konfrontiert, die Erwartungen vieler anderer – z. B. an Stabilität und Berechenbarkeit – zu erfüllen; man formalisiert eine Erwartung und kann mit Staunen beobachten, wie bislang klaglos Funktionierendes nicht mehr geht. Die »unbeabsichtigten Nebenfolgen« des Organisierens haben wieder zugeschlagen, besser gesagt: Die Nicht-Trivialität des Systems. Wir werden in der Folge sehen, welche Wirkung dieses Spannungsfeld von Fremd- oder formaler Organisation und Selbstorganisation oder Emergenz auf das Management des Wissens hat.

Wir werden in den folgenden Abschnitten einige Formen des Organisierens näher betrachten und hinsichtlich ihrer Wissensbezogenheit und ihrer emergenten Qualitäten befragen: formale Organisationen, Teams, Netzwerke und Kollaborativen. Die Grafik bietet eine Vorausschau dieser Formen.

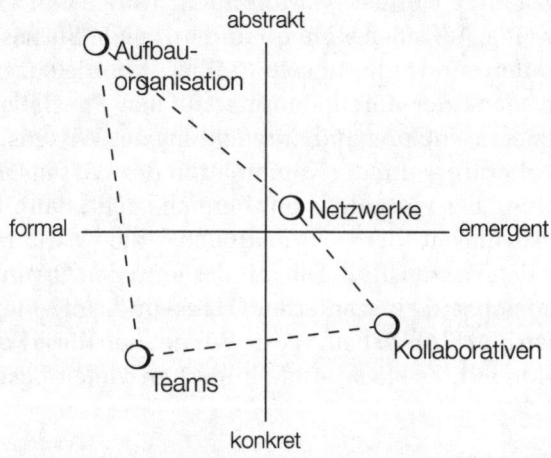

Abb.: Formen des Organisierens

Mit dem Rücken zum Kunden

Bei allen Veränderungen, die Unternehmen in den letzten Jahrzehnten durchlaufen haben, ist an einigen Grundprinzipien nicht gerüttelt worden. Diese Prinzipien liegen in der Form der Hierarchie begründet und bedeuten zunächst nichts anderes, als daß erstens eine Organisation Unterstellungsverhältnisse zwischen Oben und Unten definiert und zweitens horizontal eine Verteilung von Kompetenzen und Aufgaben vorgenommen wird. Hierarchie trifft sich mit Arbeitsteilung.

Der Urahne der wissenschaftlichen Betriebsführung, Frederick Taylor, hat in seinen Arbeitsstudien nachgewiesen, daß präzise Ablaufanalysen und eine daran angelehnte Neuorganisierung der Arbeit einen ungeheuren Produktivitätsschub bewirken können. Die Realität hat ihm recht gegeben. Hierarchie eignet sich – bis zu einem bestimmten Grad – hervorragend zur Verteilung und Nutzung von Wissen. Bei allen Differenzierungen wie Matrixorganisation, funktionale Organisation, Divisionalisierung und so weiter ist an diesen Prinzipien nichts geändert worden. Warum auch, waren und sind sie doch für viele Aufgaben sinnvoll und hilfreich. Sie beseitigen Unklarheiten und Streitigkeiten über Kompetenzen und erlauben, dank der durch sie unterstützten Spezialisierung, eine effiziente Nutzung und Entwicklung des Wissens.

Wenn es allerdings um die Kombination des Wissens und die Verknüpfung der verschiedenen Bereiche geht, dann kommt die Engstirnigkeit der »Formalitäten« zur Wirkung und begrenzt den Wissensfluß. Die mit der formalen Organisation oftmals gleichzeitig inszenierten »Haus- und Hof«-Mentalitäten wissen den Fluß zu behindern. Wir nennen diese Form das STOCK-Modell. Es stockt und stolpert an vielen Ecken und Enden.

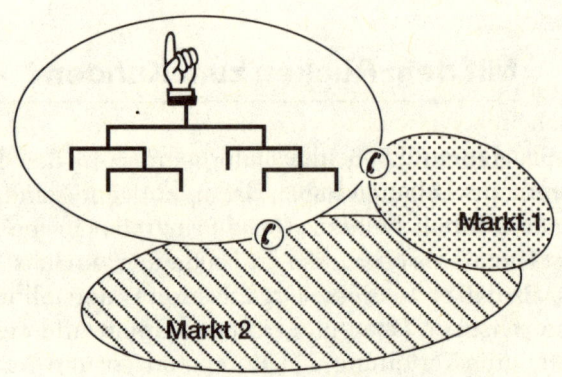

Abb.: Das STOCK-Modell der Organsiation

Heute kommt das Modell angesichts der gestiegenen Komplexität an einen Kippunkt. Seine Schwierigkeit liegt nämlich darin, daß es »...an organization model (is) with its face toward the CEO and its ass toward the customer«, wie es Jack Welch, der Präsident von General Electrics einprägsam formuliert. Organisationsstrukturen richten Verhalten aus. Die Richtung ergibt sich dabei aus dem Eigensinn, den ein System produziert. Ein Modell, das in Form der Unternehmensspitze starke Zentralität formuliert, setzt gleichzeitig das Risiko in die Welt, daß die Spitze selbst im Mittelpunkt der Aufmerksamkeit steht und nicht etwa der Kunde. Mitarbeiter kommen in Loyalitätskonflikte. Sollen sie es dem Kunden oder dem Chef recht machen? Der Vorgesetzte, ein heute schon gänzlich unmodern gewordener Begriff, ist dann im Mittelpunkt mit seinen Wünschen und Erwartungen, die Nachbarbereiche mit ihren Eigeninteressen ebenso.

Da bleibt die vielbeschworene »Schnittstelle zum Kunden« beinahe zwangsläufig auf der Strecke, auch wenn die Slogans der »Kundennähe« anders lauten und das Manko mit viel Sprache zugedeckt wird. Darum wird sie wohl auch Schnitt- und nicht Nahtstelle genannt. Und Wissen fließt nur schwer über die Gräben, die Schnittstellen immer bedeuten. Für uns ist es immer wieder erstaunlich, mit welcher Fertigkeit behauptet wird, »kundenorientiert« zu agieren. Aber woran wird das erkannt? Woran gemessen? Kann man nur mit Bedauern die Möglichkeiten registrieren, die sich Unternehmen hier entgehen lassen?

Die Folgen für den Umgang mit Wissen sind reduzierte Möglichkeiten der Wissensentwicklung. Das wissen Unternehmen seit langem und haben deshalb Task Forces und Projektmangement ins Leben gerufen. Diese flexiblen und zeitlich begrenzten Formen bieten zwar eine effiziente Option der Wissensproduktion, ecken aber im STOCK-Modell an.

Welche Alternativen gibt es? Percy Barnevik hat anläßlich der Fusion von Asea und Brown Boveri zur ABB mit der Zerschlagung der großen Strukturen geantwortet. Nachdem seiner Ansicht nach Einheiten, die mehr als 50 Personen umfassen, gar nicht mehr effizient sein können, wurde das Unternehmen in mehr als 1300 Tochtergesellschaften und noch viel mehr Profit Center gegliedert; Größe allein erzeugt noch keine Effizienz. Dazu kamen eine Beschleunigung der Entscheidungsabläufe und schließlich das großangelegte Customer-Fokus-Programm, das die Leistungs- und Entwicklungsprozesse auf die Kunden ausrichtet und die nicht-wertschöpfenden Tätigkeiten eliminierbar macht. Globalität und Lokalität können nur in einer prekären Balance von Selbständigkeit und gemeinsamen Zielen gemanagt werden. Die aber erlaubt es, Wissen in seinen vielfältigen Kontexten effektiver zu nutzen. ABB ist heute, gemäß einer Studie der Unternehmensberatungsgesellschaft Arthur D. Little, das innovativste europäische Unternehmen.

Halten wir mit Nonaka und Takeuchi nochmals fest: »A hierarchy is the most efficient structure for the aquisition, accumulation, and exploitation of knowledge, while a task force is the most effective structure for the creation of new knowledge.« Der Fluß der Wissensentwicklung stemmt sich gegen die Dämme und Stauwerke, die ihm durch unpassende Strukturen und gegenläufiges Management gebaut werden. Die Schleusen sollen geöffnet werden, um die Dynamik des Wissens nutzbar zu machen. Die Frage stellt sich natürlich, welche Formen denn nun diesen wissensbezogenen Präferenzen des Organisierens entsprechen.

Bleiben wir noch für einen Moment beim Unterschied. Wir haben in der folgenden Zusammenstellung einige Charakteristika einer wissensentwicklungsbezogenen Organisationsform der herkömmlichen Organisation, so wie man sie heute typischerweise in westlichen Großunternehmen findet, gegenübergestellt.

wissensbezogene Unternehmensorganisation	traditionelle, (markt-) leistungsbezogene Unternehmensorganisation
temporäre, flexible Strukturen (z. B. Projekte, Teams, Adhocratie)	permanente, stabile Strukturen (z. B. Strategische Geschäftseinheiten)
heterarchisch organisiert	hierarchisch organisiert
Autonomie und Selbstverantwortung zählen	Fremdorganisation hat Priorität
große Bedeutung des impliziten und systemischen Wissens	hohe Bedeutung des expliziten, codifizierten Wissens
Wissensnutzung und -entwicklung wird im Controlling/Reporting berücksichtigt	Wissensnutzung und -entwicklung wird im Controlling/Reporting nicht berücksichtigt
Unternehmensidentität (inkl. Kultur und Vision) und Commitment der Mitglieder sind besonders wichtig	personenunabhängige Strukturen sind bedeutsam; abgefedert durch »Empowerment«-Bemühungen und das Oszillieren zwischen Struktur und Projekten
Vertrauens- und Neugierkultur	Mißtrauens- und Geheimdienstkultur

Vorweggenommen sei, daß sich diese Formen auch hinsichtlich der Führung und der Strategie unterscheiden. Wir kommen später ausführlicher darauf zu sprechen.

Führung:	Führung:
hohe Bedeutung der »Frontline«-Mitarbeiter für interfunktionale und internationale Dialoge	hohe Bedeutung des (mittleren) Managements für Koordination
Gruppen und Teams werden als wesentliche Wissensträger und -erzeuger betrachtet	Experten und formal-organisatorische Einheiten (Bereiche, Profit-Center etc.) werden als Wissensträger betrachtet
lateral und diagonal orientierte Kommunikation (»Wer etwas weiß, redet mit«)	vertikal orientierte Kommunikation (»Strukturdenken«; »my home is my castle«)
Strategie:	Strategie:
fokussiert die Entwicklung, synergetische Kombination, Nutzung und Multiplikation von Wissen für zukünftige Möglichkeiten	fokussiert die Differenzierung und Konzentration von Wissen entsprechend den existierenden Märkten oder Industrien (Divisionalisierung)
strategische Architektur	Portfolio-Management

Mit der Gegenüberstellung dieser beiden Formen eröffnen wir das in unserer Kultur so beliebte Entweder-Oder-Spiel. Nur einer von beiden kann recht haben, oder? Angesichts einer solchen Opposition drängt sich natürlich die Frage auf, welche der beiden Varianten die »richtige« ist. Warum? Könnte nicht gerade eine pragmatische Kombination beider Formen gewinnbringend sein? Denn die herkömmliche Form hat einige Stärken, auf die man nur ungern verzichten möchte. Wir fassen diese möglichen Stärken im folgenden zusammen; etliche von ihnen basieren auf einer geschickten Nutzung der Hierarchie:

- Radikale Innovation ist top-down-unterstützt und durch mögliche Spezialisierung und geringere Interdependenz der Geschäftseinheiten gut möglich. Sie ist durchsetzbar;
- durch Akquisition neuen Wissens können heftige »Wissensinfusionen« zum Tragen kommen, welche die Wissensbasis des Unternehmens schlagartig erweitern;
- Artikulierung und Entscheidung »großer Designs« (z. B. im Flugzeugbau) können durch die Hierarchie begünstigt werden.

Eine ausschließlich wissensentwicklungsbezogene Organisation weist demgegenüber einige mögliche Schwächen auf:

- Radikale Innovation fällt in einem Klima des kontinuierlichen Innovierens, des Schritt-für-Schritt-Kombinierens und Experimentierens schwerer;
- fundamental neues Wissen braucht seine Zeit, bis es aus der bestehenden Basis heraus erarbeitet ist;
- da sich die Wissensentwicklung stark an Gruppen und Teams und deren unmittelbaren Interaktionen und Selbstorganisationen orientiert, kann es Probleme in der Koordination von sehr großen Projekten geben.

Es geht also weniger darum, die Stärken und Schwächen gegeneinander auszuspielen, als darum, sie zu kombinieren und daraus Gewinn zu ziehen. Gerade das wäre auch der Weg des Wissensmanagements. Nicht in der Opposition, sondern in der Kombination könnte das Neue liegen.

Von der Struktur zum Prozeß
und wieder zurück

Die Lean-Management-Welle und das Reengineering wiesen zusätzlich darauf hin, daß nicht die Funktionsweise der einzelnen Bereiche der kritische Faktor ist, sondern daß das Zusammenspiel der Gesamtheit der verschiedenen Aufgaben und Aktivitäten in Bezug zum Kundennutzen entscheidet. Die Leistungs- und Entwicklungsprozesse sind es, die den Unterschied machen – und entsprechend im Redesign von Geschäftsprozessen zu multifunktionalen, simultanen Arbeitsformen greifen lassen.

Wer eine Unternehmensorganisation beschreiben will, greift zumeist auf das Organigramm zurück, das die strukturelle Dimension des Unternehmens darstellt. Spricht man von Organisation, denkt man zumeist an Struktur.

Die Prozeßperspektive wendet sich gegen diese »Strukturlastigkeit« und gegen die willkürliche Fragmentierung der Arbeit in einzelne Aufgaben und deren Aufteilung auf die verschiedenen Spezialisten, wie es die klassische Form des Organisierens und der Arbeitsteilung vorsieht. Der Blick auf Prozesse ersetzt aber nicht die Strukturperspektive, sondern ergänzt sie.

Betrachtet man Unternehmen in der Prozeßperspektive, was sieht man dann? Die folgende Graphik des von uns so genannten FLUSS-Modells zeigt in verallgemeinerter Form drei Hauptprozesse, die ihrerseits in viele Subprozesse aufgegliedert werden können:

Leistungs- und Entwicklungsprozesse des Unternehmens
Beispiele hierfür wären Auftragsabwicklung, Fertigung, Lieferung, Produktentwicklung. Sie sind die Basis des Unternehmens, sie vernetzen jene Aktivitäten, die sich unmittelbar gegenüber Kunden (und Konkurrenten) ausdrücken, und erlauben es, die Erfahrungen zu gewinnen, die elementar für die weitere Wissensentwicklung sind.

Kompetenzbildung

»The product belongs to divisions, but technology belongs to the company«, diese Maxime von 3M drückt aus, daß die Vielzahl der Leistungs- und Entwicklungsprozesse auf einer höheren Ebene genutzt und vernetzt werden (muß). Das geschieht wiederum in Prozessen. Dazu zählen Prozesse, die Wissen unternehmensweit austauschen und entwickeln lassen. Unternehmensweite Konferenzen und Meetings einer dezentralen F&E sind ein Beispiel dafür, aber auch die Entscheidungsprozesse, welche die Vielzahl von Laboratorien, Fabriken, Verkaufseinheiten und Back-Offices vernetzen, die ein Großunternehmen heute ausmachen. Sie können zur Kompetenzbildung genutzt werden. Technologische Netze zählen ebenfalls dazu. McKinseys »Practice Development Network« ist ein solches Beispiel. Erfahrungen und Daten aus weltweiten Projekten und verschiedensten Branchen werden in ein System eingegeben, auf welches jeder Berater Zugriff hat.

Unternehmensentwicklung

Leistung, Entwicklung und Kompetenzbildung bündeln sich in der strategischen Ausrichtung des Unternehmens und bekommen ihrerseits (hoffentlich) Impulse aus den strategischen Entscheidungen. Alle Prozesse, die einer Dynamisierung und/oder Neuausrichtung der strategischen Identität des Unternehmens dienen, gehören zum Unternehmensentwicklungsprozeß. Insbesondere jene, die die etablierten strategischen Routinen und die »konventionelle Weisheit« (Ghoshal/Bartlett) real existierender Unternehmensführung und -politik herausfordern. Sie sind die Boten dynamischer Bewegung und fordern ständige Unternehmenserneuerung heraus.

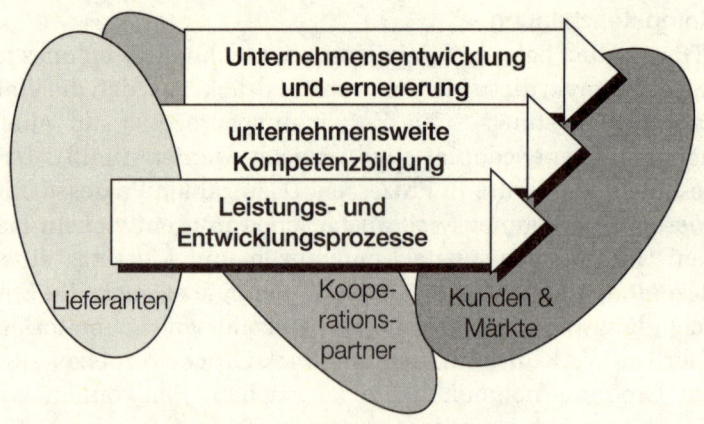

Abb.: Das FLUSS-Modell der Organisation

Livio DeSimone beispielsweise, der Präsident von 3M, hat 1993 die Produkteinführungsziele des Unternehmens dynamisiert. Wie? Er setzte die Ziele für die Firma hoch. Trotz einer schwachen Wirtschaft sollte der Umsatzanteil, der von den in den letzten vier Jahren eingeführten Produkten stammt, auf 30 % angehoben werden – das übertraf die alte Marke um 50 %. Das Ziel wurde 1994 erreicht. Der Umsatz stieg um 8 %, der Gewinn um 5 %; und das nach einer Phase der Stagnation des Unternehmens. Bis 1997 müssen zehn Umsatzprozente von Produkten stammen, die nicht älter als ein Jahr sind! Diese innovationsbezogenen Ziele brachten die Firma in ihrer Wissensentwicklung auf Trab. Kommunikationsgefäße wurden revidiert, Kooperationen – etwa zwischen Marketing und F&E – redefiniert, Entwicklungsprogramme konzentriert, die Aufgaben des Mittelmanagement neu formuliert – »Manager müssen Ziele setzen – und dann aus dem Weg gehen« – und vieles mehr.

Die Verflüssigung der Struktur: das Team

Wir haben formuliert, daß die Verflüssigung der unternehmerischen Verhältnisse und der Wissensfokus der Kommunikation dialogorientierte Formen suchen lassen. Welche organisatorische Form steht nun für eine partnerschaftliche, nicht nur hierarchische Kommunikation zur Verfügung? Eine Form ist das Team. Unternehmen können sich darum heute fragen, inwieweit »Teams das Individuum als vorrangige Leistungseinheit im Unternehmen ablösen«; das formulieren heute auch McKinsey-Autoren auf der Suche nach der »Weisheit von Teams«.

Teams sind in aller Munde. Kein Unternehmen scheint heute erfolgreich zu sein, ohne sich die Förderung der Teamarbeit auf die Fahnen geschrieben zu haben – ein Trend, der wenige Jahre alt zu sein scheint. Tatsächlich handelt es sich um eine Wiederentdeckung, hat es doch bereits in den sechziger und siebziger Jahren einen Arbeitsgruppen-Boom gegeben. Diese originär europäischen Arbeitsgruppen-Konzepte (z. B. Volvo, Saab, Tavistock) scheinen sich heute weitgehend überlebt zu haben. Man hört kaum von Anknüpfungen, vielmehr ist eine Art »Vergessen« zu beobachten. Die Wiederentdeckung der Team- und Gruppenideen läuft über die Reaktion auf vor allem japanische Praktiken im Lean Management.

Einer der Unterschiede zwischen den »alten« und den »neuen« Teamkonzepten liegt wohl darin, daß sie sich heute unmittelbar mit unternehmerischen Zielsetzungen verknüpft zeigen (z. B. Qualität; Simultanous Engineering, Durchlaufzeitenbeschleunigung) und weniger eine politisch-ideologische Bestimmung wie Demokratisierung betrieblicher Verhältnisse und die Einrichtung partizipativer oder emanzipativer Zustände verfolgen.

Teams sind Lösungen.
Aber für welche Probleme?

Wurde erst die Kultur des Unternehmens als Basis seiner Spitzenleistungen beschworen, so waren es danach die positive Funktion des Chaos und die Forderung, flexibler zu werden und sich maximal um den Kunden zu bemühen. Kultur hin, Kunde her, Strukturen sind dennoch da, und sie tun ihre Wirkung. Schneller, innovativer, flexibler, qualitativ hochwertig und kostengünstiger in den Produkten, Dienstleistungen und Prozessen sein, so lauten die Ansprüche – und zwar alles gleichzeitig. Welche Strukturen werden dem gerecht? Es ist schon verblüffend zu sehen, wie – bei allen Variationen – »Teams« die gültige Antwort für eine offenere Gestaltung der Unternehmensstrukturen zu sein scheinen. Wie kommt das? Was macht Teams so vielversprechend?

Die Verlockung liegt darin, daß die neue formale Struktur »Team« den Aufbau von »Nahwelten« ermöglicht. Diese erlauben es den Menschen, direkt zu kommunizieren, unmittelbar Bindungen einzugehen und zu pflegen und diese für ihre Arbeit zu nutzen, also sich emergenter Prozesse zu bedienen. Damit ist eine Bezogenheit in der Arbeit möglich, die abstrakte Koordination in den Schatten stellt. Die »Nahwelten« können abstrakte Strukturen ersetzen. Beispielsweise können die distanten Beziehungen zwischen verschiedenen Unternehmens-»Funktionen« in ein Nahverhältnis und in gemeinsame Ziele weniger »Personen« transformiert werden. Dies gestattet einen eher offeneren Austausch und wechselseitige Unterstützung.

Klassische, funktionale Organisation:

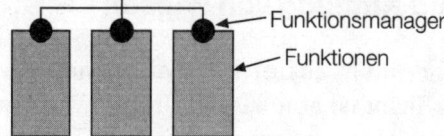

Ergänzung durch Projektmanagement:

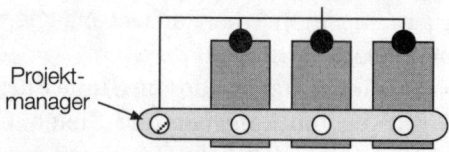

Prozess- und teamorientierte Organisation:

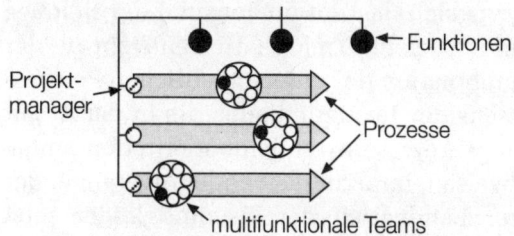

Abb.: Organisatorische Entwicklungen

Teams bilden also Äquivalente zu formalen Strukturen. Letztere sind für komplexe Aufgaben unter turbulenten Verhältnissen zu langsam, zu schwerfällig und zu innovationsfeindlich. Teams ersetzen aber nicht Hierarchie – wie manche unterstellen möchten –, sondern ergänzen sie. Sie haben selbst Struktur und sind keineswegs immer hierarchiefrei, wie vielfach gehofft oder oftmals auch befürchtet wird. Ihre »Nahwelten« ermöglichen eine effizientere Problembearbeitung. Sie integrieren über strukturelle Grenzen hinweg und greifen dennoch auf diese Strukturen zurück. Teams sind aber in hohem Maß von ihrem Kontext, ihrem Rahmen, von Ressourcen, Zielen und Aufgaben abhängig. Der Rahmen erst gewährt die Chance, zu einem Team zu werden. Und den Rahmen gewährt die Hierarchie.

137

Teams: eine Inszenierung
zur Entwicklung und Nutzung von Wissen

Was verstehen wir unter einem Team? Mit Katzenbach und Smith meinen wir, »ein Team ist eine kleine Gruppe von Personen, deren Fähigkeiten einander ergänzen und die sich für eine gemeinsame Sache, gemeinsame Leistungsziele und einen gemeinsamen Arbeitsansatz engagieren und gegenseitig zur Verantwortung ziehen«.

Teams definieren sich in diesem Sinne durch die Bearbeitung und Erfüllung von Aufgaben und Zielen. Ohne Aufgabe kein Team, ohne hohes Ziel kein Hochleistungsteam. Die Beiträge des einzelnen Teammitglieds richten sich auf diese Aufgabenerfüllung, ebenso wie sich das Zusammenspiel der Beiträge aller Mitglieder darauf bezieht. Der Reichtum entsteht aus der Vielfalt und der Kombination der unterschiedlichen Perspektiven und des Wissens der Teammitglieder, die in der Arbeit zusammengetragen werden. Das Aufeinandertreffen unterschiedlicher Sichtweisen, implizit bleibender divergierender Bilder und innerer Landkarten der Teammitglieder setzt bekanntlich ein Reibungs- und Konfliktpotential frei. Man kann sogar formulieren, daß Teams wesentlich als »Inszenierung« konflikthafter Situationen zu verstehen sind, die zur effektiven Er- und Verarbeitung von Information genutzt werden können (Wissensentwicklung). Die Überwindung des Konflikts liegt in der Erstellung einer Leistung, eines Produkts oder einer Dienstleistung, zu der das Unternehmen beauftragt hat.

Teammitglieder müssen einander keineswegs lieben, wie manche zu meinen scheinen, noch muß es immer harmonisch zugehen. Die »Nahwelt« läßt allerdings die menschliche Beziehungsvielfalt und Emotion schneller spielen und unmittelbarer zum Ausdruck kommen. Die berühmte »Faust in der Tasche« ist im Team nun mal leichter zu erkennen, aber auch die »innere Kündigung« durchkreuzt die Pläne der anderen Mitglieder schneller, als es im anonymeren Abteilungskontext geschieht.

»Team« bedeutet, daß Organisation in den dynamischen Kontext von Gruppenprozessen übersetzt wird. Das bringt Chancen und Risiken zugleich mit sich. Die Chancen mögen aus der Sicht der einzelnen Teammitglieder vor allem in der Ermöglichung von direkten Beziehungen, Freiheitsgraden, selbständigerem, kreativerem und lustvollerem Arbeiten, höherer Flexibilität, besserem Lernen, der Entwicklung sozialer Kompetenz etc. zu sehen sein. (Wir verwenden die Möglichkeitsform hier, weil erfahrungsgemäß nicht alle Menschen Gruppenarbeit in gleichem Maß wohlgesonnen sind.) Die Risiken können in den Aus- und Abstoßungsphänomenen entlang den Grenzziehungen von Gruppen gesehen werden, denen »unpassende« Mitglieder ebenso wie »unangemessene« Themen oder Informationen »zum Opfer fallen können«. Teams können also auch engstirnig werden. Man stelle sich Bill Gates vor, wie er in einem stark harmonisch orientierten Team seine Vorstellungen von Personal Computing, DOS und Windows entwickelt. Auch Steve Jobs, der legendäre Apple-Gründer, ist als begrenzt teamfähig bekannt. Obsessive Tendenzen, die es manchmal für Hochleistungen braucht, finden auch in Teams nicht selbstverständlich eine Heimat.

Teams öffnen also formale strukturelle Grenzen, schließen aber neue an anderer Stelle; sie ziehen auch Grenzen. Sie sind in sich potentiell konflikthaft und fordern ihre Mitglieder. Sie bilden eine eigene Kultur, Sichtweise und Perspektive aus, die sie von anderen Teams oder Bereichen unterscheiden. Das kann Identität und Vertrauen fördern, den Nährboden für Wissensnutzung und -entstehung.

Teams: Scheitern an der Praxis?

Aus der Wissensperspektive gesehen, liegen die Chancen im Nahverhältnis der Teammitglieder, das schnellere und innovativere Ergebnisse erbringen kann, und in den Grenzen, die durch die Gruppendynamik entstehen. Letzteres mag überraschend erscheinen, aber warum eigentlich? Der Einbau von nicht-hierarchischen Formen in Organisationen ist zunächst (für die Führung) riskant, denn die Teamidentität kann ein kritisches Infragestellen der Unternehmensordnung begünstigen. Dieses Risiko verringert sich jedoch mit dem Auflaufen der Teams auf ihre Gruppendynamik, indem zur Lösung der Konflikte die hierarchische Umgebung verwendet wird. Für diejenigen, die eine Enthierarchisierung der Unternehmen durch Teambildung befürchten, kann also aus diesem Blickwinkel getrost Entwarnung gegeben werden (auch wenn Teamorientierung veränderte Führungsrollen bedingt).

Ein weiteres Risiko aus Wissensperspektive kann in der Grenzziehung durch Teams liegen. Teams sind ja nicht nur auf die interne Zusammenarbeit bezogen, sondern ebenso auf die Koordination und den Austausch mit anderen Teams und Bereichen. Die Ermöglichung der Kommunikation durch das Team auf der einen Seite kann auf der anderen schon wieder behindert werden, wie aus der Intergruppenforschung bekannt ist. Gruppen, die für sich Identität entwickeln, tendieren meist dazu, sich von anderen Gruppen oder schlicht »von denen da draußen« abzugrenzen. Diese Abgrenzung von den anderen ist selbst nochmals identitätsbildend und damit stärkend. Für ein Unternehmen, das auf die Kooperation einer Vielzahl von Gruppen und Teams angewiesen ist, kann diese Dynamik kritisch sein.

Bei Bene, einem österreichischen Büromöbelhersteller, ist man dem dadurch begegnet, daß man bei der Reorganisation der Produktion Gruppen zusammenfaßte, die, bevor sie sich selbst organisierten, an den »Nahtstellen« mit den vor- und nachgelagerten Gruppen Ziele vereinbaren mußten. Diese Ziele bildeten dann die Basis für die eigene Organisation. Damit wußte man, wozu man sich organisiert, und brauchte nicht in den Verhandlungen mit den anderen die eigenen Lösungen als die besseren verteidigen. Man sollte sich jedenfalls bewußt sein, daß die teamorientierte Überwindung der Organisationsstrukturen noch nicht »Grenzenlosigkeit« bedeutet, wie sie sich etwa General Electrics für die nächsten Jahre aufs Banner geschrieben hat. Eine Organisiation ohne

Grenzen gibt es nicht, riesige Unterschiede in der Durchlässigkeit und der Flexibilität von Grenzbildungen hingegen schon.

Teams gelingen

Die wissensbezogenen Vorteile von Teamarbeit können nur dann genutzt werden, wenn folgende Aspekte Beachtung finden:

1. »Teamzeit«
Teams sind keine Systeme, die wie die neuen PCs einfach angeschlossen zu werden brauchen und gleich laufen. »Plug'n play« funktioniert hier nicht. Teams brauchen ihre Zeit, um gemeinsame Verständnisse und eine gemeinsame Sprache zu entwickeln und leistungsfähig zu werden. Und: In ihrer Zeitverwendung sind sie durchaus eigensinnig.

2. Zeitliche Begrenzung
Die potentiell spannungsvollen Anstrengungen von Teams haben auch eine zeitliche Dimension. Kein Team wird seine innovative Energie auf »permanent« stellen können. Womöglich gibt es so etwas wie einen Lebenszyklus von Teams: schwieriger Beginn mit vielen Konflikten, dann gute Arbeit, konstruktive und fruchtbare Zusammenarbeit und schließlich ein allmähliches Austrocknen dieses Lebensstroms? Das Problem etwa der kontinuierlichen Verbesserungsprozesse läuft dann auch Gefahr, in der Routine des Immergleichen zu versacken, was bekanntlich wenig neuerungsförderlich ist (»mehr vom Selben«; man denke hier an die oftmals unbefriedigenden Ergebnisse von Qualitätszirkeln, aber auch an die vorsichtige Weigerung mancher Führungsgremien, sich auf allzuviel Teamarbeit einzulassen). Auch deshalb ist Projektmanagement so bedeutsam geworden: Als Antwort auf die zeitliche Begrenzung teamorientierter Arbeitsformen liefert es Möglichkeiten der organisatorischen Vernetzung.

3. Organisatorischer Kontext

Teamarbeit hat eine große Chance, Beschleunigungen und Unerwartetes (Innovation) hervorzubringen, ohne daß die Organisation Gefahr läuft, sich darum selbst in Frage stellen zu müssen. Bleibt die Frage, wie in diesem Sinn erfolgreiche Teams in die Organisation wieder integriert werden können. Das Spannungsfeld der Einbettung der Teams in die Organisation muß gemanagt werden. Beispielsweise stellt sich die Frage, wie das in einem Team erarbeitete Know-how für die Firma verfügbar gemacht wird.

4. Grenze Team/Umwelt

Aufgaben, Ziele und die Vernetzung des Teams mit dem Unternehmen sind elementare Dimensionen. Die Ressource, die die »Nahwelt« Team bedeutet, kann nur dann sinnvoll genutzt werden, wenn Rahmen und Kontext geklärt sind. Das hat Konsequenzen einerseits für die Organisation, die ihre Verantwortung dem Team gegenüber wahrnehmen muß, und andererseits für das Team selbst, das sich im Ausleben seines Gruppen-»Eigensinns« zu einer ausgeprägten Innenorientierung verführen lassen kann. Hier geht es um die Verknüpfung von teaminternem und teamexternem Wissen. Produktentwickler, die sich mit anderen Produktentwicklern zusammensetzen, um gemeinsam über das »Wie« zu diskutieren, sind ein Beispiel hierfür.

5. Selbstorganisation/Autonomie

Das Spannungsfeld zwischen Hierarchie und Gruppe drückt sich im Ringen um Selbstorganisation aus. Wieviel Fremdorganisation (Vorgaben, Kontrolle, Entscheidungsmacht) behält sich die Hierarchie vor, wieviel eigenständiges Vermögen wird den Teams zugetraut (ohne daß die Befürchtung aufkommt, das Unternehmen würde in der Anarchie versinken)? Aber auch: Wieviel Eigenverantwortung traut sich das Team selbst zu bzw. will es übernehmen? So gab es in einem unserer Projekte ein längeres Hin und Her zwischen Geschäftsleitung und neugebildeten Teams über die Frage, wer über die teaminterne

Organisation und Kompetenz zu entscheiden habe. Die Geschäftsleitung sah sich mit dem ihr eigentümlich erscheinenden Phänomen konfrontiert, daß sie, wenn sie Entscheidungen traf, von den Teams kritisiert wurde; traf sie diese Entscheide aber nicht, wurde danach verlangt.
Last but not least:

6. Zielrahmen
Konkrete Aufgabe, definierte Erfolgskriterien und Antworten auf die Frage, was passiert, wenn diese Ziele erreicht bzw. nicht erreicht werden, sind für die Selbststeuerung des Teams zentrale Orientierungspunkte. Nur so kann Wissensverarbeitung und Weiterentwicklung zielgerichtet erfolgen.

Das Paradox der verordneten Selbstbestimmung

Warum gibt es so viele Schwierigkeiten bei der Etablierung von Teamarbeit in Unternehmen? »Team« bedeutet im Kern Selbstbestimmung; diese zu verordnen ist aber ein paradoxes Unterfangen. Genau das passiert jedoch, wenn Teamarbeit in bis dahin stärker hierarchisch organisierten Unternehmen eingeführt wird. Wir erleben öfter, wie das Management solcher Unternehmen verwundert ist, wenn die – aus ihrer Sicht – seit langem bestehenden Forderungen der Mitarbeiter nach mehr Freiheit und Verantwortung, die nun mit einer »Teamordnung« erfüllt werden, auf heftigen Widerstand stoßen. »Wieso wollen die jetzt nicht Verantworung übernehmen, wo sie die doch ständig verlangt haben?« fragte sich schon manch ein verwirrter Manager.
Die Antwort liegt im sensiblen Verhältnis von Personen, Gruppen und Organisation. Teams sind Interventionen in gewachsene lebende Systeme. Uns allen sind die Wirkungen vertraut, die mit der Ernennung von Teammitgliedern aus unterschiedlichen Organisationsbereichen Hand in Hand gehen. Die Loyalitätskonflikte gegenüber dem heimischen Bereich be-

zeichnen die eine Seite der Medaille, die Konflikte der Team-
ergebnisse mit der Beharrungstendenz der Organsiation die
andere. Jede organisatorische Veränderung kommt einer Inter-
vention in das Geflecht der Personen und Beziehungen gleich,
das sich im lebenden System jeder Organsation bildet. Gelebte Organisation bedeutet immer, daß sich zwischen den
konkreten Personen – mehr oder weniger »beeinflußt« vom
Organigramm – Beziehungen entwickeln. Diese Beziehungen werden oftmals diskreditiert. Beziehungen werden als
Arbeitshindernis, als Tratschmaschinen, als potentielle Ge-
rüchteküche, als Kommunikationnetzwerk, als Entstehung
von Einflußphären, als unangemessene Solidarisierungen
usw. aufgefaßt. Kurz: Beziehungen haben in dieser Sicht
nichts mit Arbeit und Aufgabenerfüllung zu tun, sondern werden – mit ihrer sich der Kontrolle entziehenden Kraft und
ihrer scheinbaren Unordnung – als für die ordentliche Zweck-
erfüllung der Organisation bedrohlich eingeschätzt. Gleichzeitig gelang es nie, diese informellen Netze zu unterbinden.
Sie scheinen eine wichtige Funktion innezuhaben. Unternehmen können dafür dankbar sein, eröffnen diese Netze doch
angesichts der Erfordernisse der Wissensära neue, attraktive
Möglichkeiten für die Produktion von Wissen, wie wir im folgenden sehen werden.

Was sind Netzwerke?

Die in den letzten Jahren publik gewordenen Netzwerkansät-
ze in der Managementforschung und -beratung haben jene in
allen Unternehmen vorhandenen spezifischen Verknüpfungen zwischen bestimmten wenigen Personen oder auch Gruppen in Erinnerung gerufen, die sich jenseits formaler Wege
entwickeln. Diese Netzwerke stellen ein erhebliches Kapital
für das Wissensmanagement dar. Was zeichnet sie aus? Im
Unterschied zu formal organisierbaren Systemen charakteri-
sieren sich Netzwerke dadurch, daß sie keine klaren Grenzen

haben, Mitgliedschaft, aber auch Inhalte des Netzwerks sich verändern, diffundieren und neu formieren können. Sie sind nicht zentral steuer- und kontrollierbar. Sie organisieren sich selbst.

Wie Frank Boos u. a. ausführen, können Netzwerke durch folgende Merkmale charakterisiert werden:

– ein gemeinsames Basisinteresse;
– Personenorientierung;
– Freiwilligkeit der Teilnahme;
– eine auf dem Tauschprinzip beruhende Beziehung.

»Kurz zusammengefaßt: Ein Netzwerk ist ein personenbezogenes Beziehungsgeflecht, welches auf einem gemeinsamen Basisinteresse beruht und durch aktuelle Anlässe aktiviert und sichtbar wird.« Das bedeutet auch, daß nicht alles, was irgendwie zusammenhängt, gleich ein Netzwerk ist.

Netzwerke können innerhalb wie außerhalb von Organisationen existieren. Sie können sich auf bestimmte Funktionen beziehen, wie etwa auf Forschung oder auch die unmittelbare Leistungserstellung. Das Konzept des »virtuellen Unternehmens« etwa basiert ganz auf dem Netzwerkgedanken. Ein Leistungsangebot wird nicht mehr von einem Unternehmen allein erstellt, das in vertikaler Integration alle Schritte von der Beschaffung bis zum Point of Sale umfaßt, sondern in einem Netz von Partnern, die sich der unterschiedlichen Schritte annehmen und dies infolge ihrer Konzentration darauf in bestmöglicher Weise tun. Beispielsweise könnte ein Unternehmen für Marketing und Design sorgen, ein anderes für die Fertigung, wieder ein anderes für die Vertriebslogistik usw. Der Kunde nimmt nur die (eindeutige) Marke wahr und nicht das netzwerkartige Geflecht, das seine Schuhe produziert hat, die er z. B. gerade im Nike-Haus in Chicago gekauft hat. Einzig das »Made in Corea«, das auf seinen amerikanischen Roadrunnern zu lesen ist, verwirrt vielleicht den Unkundigen für kurze Zeit. Aber spätestens, wenn er neu besohlt zu laufen beginnt, hat er's vergessen.

Netzwerke treten in vielfältigen Formen auf. Durch das Studium der Besetzungslisten der Aufsichtsräte großer deutscher oder schweizerischer Unternehmen erschließen sich etwa die nationalen ökonomisch-politischen Netzwerke. Der Netzwerkansatz hat deutlich gemacht, daß soziale Zusammenhänge, die wir oben mit der Kurzformel »Beziehungen« betitelt haben, nicht formal organisiert sein brauchen, um lebendig zu bleiben. Netzwerke etablieren sich vielfach »wie von selbst« und steuern sich nach ihren eigenen Kriterien, die sich aus dem Basisinteresse, den persönlichen Beziehungsmöglichkeiten und dem Leistungsaustausch ergeben. Der Versuch, sie zu formalisieren, führt häufig zu ihrem Untergang. Denn die Formalität und das Einklagen von Rechten und Pflichten können dem ursprünglichen Lebensimpuls, der auf der Balance der Austauschbeziehungen beruht, den Todesstoß versetzen.

Interessanterweise sind innerbetriebliche Netzwerke fast immer als reine Kommunikationsnetzwerke verstanden und vor allem hinsichtlich ihres Macht- und Einflußverhaltens beobachtet worden. Andere Wirkungen von Netzwerken – z. B. Arbeitseffektivität durch rasche Zugänglichkeit der verschiedenen Netzwerkmitglieder füreinander und gemeinsames Verständnis der Probleme, also die besten Voraussetzungen für Wissenserzeugung – fanden wenig Berücksichtigung. Rührt diese Engführung daher, daß das Management es als unheimlich empfindet, wenn sich unter dem eigenen Dach eigensinnige, wenig sichtbare und noch weniger steuerbare Organisationsformen entwickeln?

Netzwerke und Wissen

Netzwerke und Wissen sind eng miteinander verbunden. Warum? Der seltsame Stoff namens Wissen ist hierarchisch nur begrenzt steuerbar. Seine tendenzielle Grenzenlosigkeit, seine Dynamik und seine kommunikativen Voraussetzungen lassen ihn selbststeuernde Formen wie Netzwerke präferieren. Dort ist sein Fließen leichter möglich als in der Enge von Dämmen und Wehren hierarchischer Strukturen.

An einem einfachen Beispiel formuliert: Die Forschungskooperation zwischen einem Unternehmen und einer Forschungsinstitution bringt nachhaltig befriedigende Ergebnisse nur dann, wenn

- sich beide als tatsächliche Partner in der Wissensproduktion anerkennen,
- beide von den Ergebnissen profitieren können und
- das nötige Vertrauen für ein freies, wenn auch zielbezogenes Zirkulieren der Ideen gewährleistet ist.

Das sind auch die Voraussetzungen für Netzwerke.

Gerade der letzte Punkt, das Vertrauen, darf nach den Erfahrungen der F&E aus den letzten Jahrzehnten nicht unterschätzt werden. Offenheit und Transparenz sind unabdingbar für Wissensentwicklung, denn sie belegen Vertrauen. Sie beweisen, daß Vertrauen am Platz ist und der Austausch an Wissen honoriert werden wird. Wissen braucht Vertrauen; Vertrauen braucht Beziehungen (nochmals: darum muß man sich noch lange nicht lieben) und ein gemeinsames Basisinteresse. Und dieses definiert auch die Grenze des Vertrauens. Insgesamt geht es um Schnelligkeit.

Die Gesellschaft im Netz des Wissens

Netzwerke sind also eine Organisationsform, die für wissensintensive Kontexte gut geeignet ist. Sie basieren auf Komplementarität durch Leistungsaustausch, orientieren sich an Beziehungen und sträuben sich gegen einseitige Abhängigkeiten. Die Kombination von Wissen und Netzwerk findet man nicht nur in der Wirtschaft, sondern in der ganzen Gesellschaft. Netzwerke sind, wie es auch das Schlagwort von der vernetzten Gesellschaft ausdrückt, zu einem weitverbreiteten Normalfall der Steuerung geworden. Sie ergänzen damit die bisher dominanten Steuerungsprinzipien Markt und Hierarchie. Wir haben in der folgenden Tabelle einige zentrale Merkmale der drei Steuerungsprinzipien gegenübergestellt, um den Unterschied nochmals deutlich zu machen.

Merkmal	Steuerungsprinzipien		
	durch Markt	durch Hierarchie	durch Netzwerk
Normative Basis	Verträge, die auf den Eigentums- rechten basieren	Anstellung und Mitglied- schaft, die Weisungs- rechte ermöglichen	Komplemen- tarität durch Austausch von Leistungen
Haupt- kriterium	Preise	Positionen	Beziehungen
Beziehung der Beteiligten & Interaktions- dynamik	Unabhängig- keit; Indifferenz und Opportu- nismus (Geld stinkt nicht!)	asymmetrisch Abhängig- keiten; Indifferenz und Mißtrau- en	wechsel- seitige Abhängigkeit; Interessiert- heit und Vertrauen
Koordinations- mittel	Geld	Macht (Weisungen)	*Wissen*
Veränderungs- dynamik	Wettbewerb um neue Präferenzen und Bedürfnisse	Wettbewerb um bessere Programme und Prozesse	Wettbwerb um größere Schnelligkeit

Tabelle 3 (adaptiert nach H. Willke 1995)

148

Diese Übersicht gibt uns Gelegenheit, kurz die Innenwelt von Unternehmen zu verlassen und größere Zusammenhänge ins Auge zu fassen. Der Gegensatz von Markt- und Planwirtschaft, der die letzten Jahrzehnte – wer erinnert sich an den Kalten Krieg? – dominiert hat, ist überholt. Der freie Fall des real existierenden Sozialismus hat uns die Türen geöffnet, die Operationsweisen der Industriewelt ideologiefreier zu diskutieren. Aus der politischen Opposition heraus wurden die Unterschiede, die es innerhalb der westlichen Marktwirtschaft immer schon gab, wenig deutlich. Was sind das für Unterschiede? Der wichtigste ist sicherlich: Markt versus Hierarchie. Mit »Hierarchie« ist dabei nichts anderes als die prinzipielle Organisationsform des Unternehmens gemeint. Wie die Ökonomen gezeigt haben, sind Markt und Hierarchie für unterschiedliche Aufgaben geeignet. Komplexe Prozesse, wie etwa Volkswirtschaften, sind ohne Frage durch den Markt besser organisierbar. Das Scheitern der sozialistischen Planwirtschaften hat das bewiesen. Hierarchie wiederum hat dort starke Vorteile, wo Stabilität sinnvoll ist. Das Militär organisiert sich besser nicht marktmäßig (à la: Welcher Offizier bietet die besten und attraktivsten Befehle an?); auch Organisationen, die so wenig Fehler wie nur möglich machen sollten, wie Flugzeugträger oder Atomkraftwerke, können von den Vorteilen funktionierender Weisungsketten berichten.

Der Markt organisiert sich durch das Medium Geld und steuert sich über Preise – also über »die Sprache der Wirtschaft«, wie es der Soziologe Niklas Luhmann einmal genannt hat. Hierarchien verwenden das Steuerungsmedium Macht. Wenn sich Menschen entscheiden, Mitglieder eines Unternehmens zu werden, dann unterwerfen sie sich automatisch den Regeln dieser Organisation, sie setzen sich dem Weisungsrecht der Organisation aus. Darum wird die Wahrheit (?) über Herrn Reuter erst enthüllt, wenn er aus dem Unternehmen ausgetreten ist. Darum muß sich, um ein Beispiel aus einer politischen Organisation zu wählen, Bundesrätin Ruth Dreifuss in Bern die Zunge verbieten, auch wenn sie anderer Meinung als der

Rest der Regierung ist. Die Regel lautet: Kollegialitätsprinzip, d.h. keine Differenzen in der Öffentlichkeit.

Mit dem Aufzug der Wissensgesellschaft und dem Hochtechnologie-Modell der Wirtschaft werden diese beiden Koordinations- oder Steuerungsformen um eine dritte ergänzt: die des Netzwerks. Netzwerke erhalten sich durch den Austausch von Leistungen. Solange dieser Austausch für die Partner attraktiv ist, bleibt das Netzwerk am Leben – und steuert sich selbst.

Vom Markt zum Netzwerk – im Unternehmen

In unseren Unternehmen leben wir heute mit den drei verschiedenen Formen zur gleichen Zeit. Es geht dabei um Ergänzung und Zusammenspiel und nicht um ein Entweder-Oder oder Besser-Schlechter.

Nehmen wir Sandoz als Beispiel.

– Sandoz hat in den letzten Jahren viele Anstrengungen unternommen, seine Organisation zu entschlacken und leistungsgerechte Kosten und Preise für die internen Leistungen zu ermitteln. Leistungsgerechte Preise sind im Normalfall vergleichbare Preise; da liegt es nahe, sich Konkurrenzofferten einzuholen. Wenn auch noch die Möglichkeit besteht, Leistungen sowohl intern wie extern einzukaufen, dann hat der Markt Einzug ins Unternehmen gehalten. Zusätzlich sind interne Dienstleister ausgelagert worden und sehen sich in Konkurrenz mit externen Anbietern. Plötzlich gelten Spielregeln des Marktes, wo vorher Hierarchieregeln galten.

– Der Kauf des amerikanischen Ernährungsunternehmens Gerber wiederum kann als Versuch angesehen werden, im Wettbewerb der Produkte und Dienstleistungen bessere Karten in die eigene Hand zu bekommen. Hier gilt Hierarchie. Gerber unterliegt nunmehr – bei aller zugestandenen Autonomie – dem Weisungsrecht der Konzernspitze. Damit wurde die Form der hierarchischen Eingliederung gewählt.

– In der Forschung arbeitet Sandoz mit unzähligen externen Organisationen und Institutionen zusammen. Wissen wird hier gemeinsam produziert, die Partner profitieren wechselseitig davon. Der Vorteil der Zusammenarbeit mit den Externen liegt in der höheren Geschwindigkeit der Wissensentwicklung (im Vergleich zum Aufbau einer entsprechenden eigenen Wissensbasis). In diesem Bereich wirkt das Netzwerksprinzip.

Das intelligente Unternehmen

Wir sind es also gewohnt, unterschiedliche Koordinations- und Organisationsprinzipien gleichzeitig zu verwenden – auch wenn wir das immer wieder vergessen. Deswegen kommen sich die Prinzipien auch wechselseitig in die Quere. Dann nämlich, wenn sich Manager in Netzwerken so benehmen, als ob sie gerade in einer Hierarchie tätig wären, oder sich ausgelagerten Marktpartnern gegenüber immer noch so verhalten, als ob es sich um einen Teil des Unternehmens handelte. Die Lösung lautet: zwischen den verschiedenen Prinzipien bewußt hin und her switchen und nicht nur rutschen. Netzwerke verlangen nun mal ein anderes Gehabe als Marktverhandlungen und die wieder ein anderes als hierarchische Strukturen.

Outsourcing hat in den letzten Jahren die Frage, inwieweit Unternehmenssteuerung entweder dem Markt- oder dem Hierachieprinzip überantwortet werden soll, in aller Schärfe aufs Tapet gebracht. Kann man Unternehmensteile auseinanderreißen und verschiedenen Unternehmen zuordnen, ohne daß die Leistungen Einbußen erleiden? Sorgt der Marktmechanismus für ausreichende Qualität und Quantität? Ist es möglich, große Unternehmen mit einem Minimum an administrativem Overhead zu führen? Sprechen die Erfahrungen der ABB, die ihre Konzernzentrale um 90 % abgespeckt hat, für sich, oder wird sich da langfristig ein Steuerungsproblem einstellen? Wo braucht es die korrigierende Hand der Unternehmensführung? Wo reicht der Markt? Wann steuert die Unternehmensführung zuviel und bringt nur unnötige Overheads? Keine einfachen Fragen.

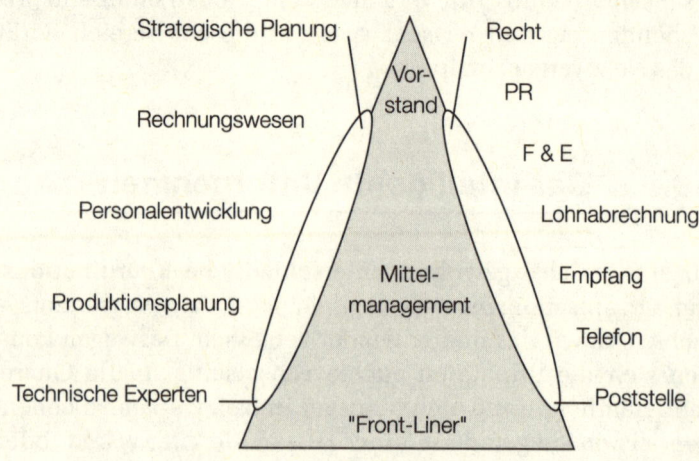

Abb.: Was alles ist auslagerbar?

Via Outsourcing interner Dienstleister sind ganz neue Unternehmen entstanden. Die Prüfung und die Kriterien, welche Leistungen unbedingt vom Unternehmen selbst erbracht und welche ausgelagert und zugekauft werden können, hat neue Horizonte eröffnet. In der Folge ging man über die internen Dienstleister hinaus und fragte, inwieweit die verschiedenen Leistungs- und Entwicklungsprozesse des Unternehmens auseinanderdividierbar sind und das zentrale Management nur noch als eine Art Vermittler, als Broker fungieren braucht.

152

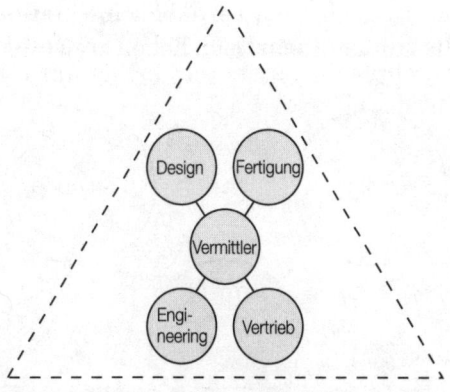

Abb.: Welche Leistungen sind zukaufbar?

Der amerikanische Managementforscher James Brian Quinn hat mit seinem Konzept des »intelligenten Unternehmens« folgende strategische Überlegungen hinzugefügt: Jedes Unternehmen sollte seine Managmentaufmerksamkeit und seine strategischen Investitionen auf jene Kernkompetenzen – normalerweise Wissens- oder Serviceaktivitäten – fokussieren, mit denen es einen »best in world«-Status erreichen und damit einen signifikanten und langfristigen Wettbewerbsvorteil erwirtschaften kann. Wenn ein Unternehmen in einer seiner Schlüsselaktivitäten, die es intern und mit existierender Technologie vollbringt, nicht »best in world« ist, opfert es seinen Wettbewerbsvorteil.

Outsourcing ist dann meist besser. Es senkt die interne Bürokratie, macht die Organisation flacher, gibt dem Unternehmen eine verbesserte strategische Ausrichtung und erhöht seine wettbewerbsbezogene Antwortkraft. Die Effizienzmöglichkeiten von Servicelieferanten, also jenen, die outgesourcte Leistungen übernehmen können, haben sich derart entwickelt, daß sie die Strukturen ganzer Industrien verschoben haben. Gleichzeitig haben sich z. B. durch die mögliche Vernetzung über Informationstechnologie die Schwierigkeiten und auch die Transaktionskosten industrieller Kooperation in vielen Bereichen massiv verringert. Vor diesem Hintergrund relativiert sich der Wunsch nach vertikaler Integration des Unternehmens, alles unter einem Dach haben zu wollen, erheblich.

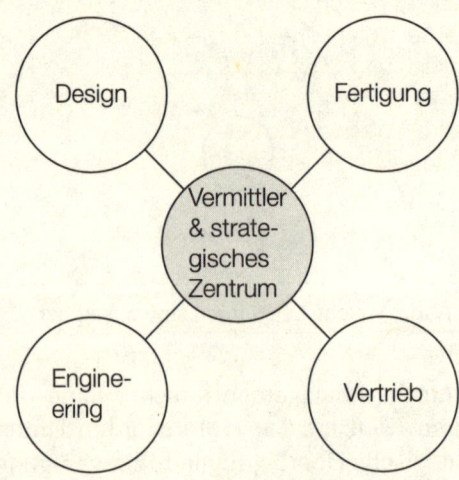

Abb.: Das intelligente Unternehmen – ein Netzwerk von »best-in-world«-Lieferanten

Das intelligente Unternehmen konzentriert sich gänzlich auf seine Kernkompetenzen, also auf wissensbezogene Servicetätigkeiten, und lagert jene Aktivitäten, die nicht unmittelbar dafür relevant sind, rigoros aus. Dafür werden exzellente Zulieferer gewählt, die durch ihre Spezialisierung befähigt sind, diese Aktivitäten viel besser zu bewerkstelligen. Die energieraubenden und wenig effizienten Reibungsflächen, die sich im Unternehmen an den verschiedenen Schnittstellen zwischen Funktionen ergeben, werden im intelligenten Unternehmen dem Markt überantwortet. Worauf man sich nicht unmittelbar konzentrieren möchte, das macht man auch nicht mehr selbst. Andere können das besser – und man kann wählen, wer es am besten macht. Und: Man kann sicher sein, von diesen als tatsächlicher Kunde betrachtet zu werden – was im Unternehmen bekanntlich nicht immer gleichermaßen der Fall ist.

Toolbox VI

Wie kann man am besten die Möglichkeiten, die a) durch die Wissensintensität der Unternehmen und b) durch die Restrukturierung ganzer Industrien und Organisationen, die sich damit im Zusammenhang ergeben, strategisch nutzen? James Brian Quinn schlägt folgenden Weg vor. Die Leitfrage ist dabei immer: Wie kann man den strategischen Fokus des wissensorientierten Unternehmens verstärken?

1. Die Basis:
Alle nichtproduzierenden Elemente der Leistungs- und Entwicklungsprozesse des Unternehmens (inkl. Stabsarbeiten) werden als »Serviceleistungen« betrachtet und als prinzipiell auslagerbar angesehen. Man stelle sich als hilfreiches Gedankenexperiment vor, alle Serviceleistungen durch externe, spezialisierte Einheiten erstellen zu lassen.

2. Der Fokus:
Das Unternehmen sollte seine Kräfte und Ressourcen auf jene Aktivitäten konzentrieren, in denen es exzellent sein und einen einzigartigen Wert erzeugen kann und die ihm die Möglichkeit bieten, dominierend zu bleiben. Drei Dimensionen sind dabei zu berücksichtigen:
   a) der Bereich seiner speziellen Kompetenz,
   b) seine erfolgskritischen Kunden- und Lieferantenbeziehungen und
   c) das System, das a) und c) koordiniert.
   Wettbewerbsvorteile können sich in jeder der drei Dimensionen ergeben.

3. Die Analyse:
»In welchen unserer Aktivitäten, haben wir »best in world'-Status erreicht?«
   Für alle anderen Aktivitäten empfiehlt es sich zu überlegen,
   a) ob das Unternehmen diesen Status in absehbarer Zeit erreichen kann, oder

> b) ob sie an solche externen Servicelieferanten vergeben wer-
> den sollten, die ihrerseits »best in world„-Fähigkeiten haben.
> Selbstverständlich sind dabei immer die Transaktionsko-
> sten wie auch möglicher strategischer Know-how-Schutz
> zu berücksichtigen.

Wissen und Kollaboration

Ein Beispiel emergenter Wissensorganisierung

Die Registrierung von Pharmaprodukten ist eine aufwendige und wissensintensive Sache. So ist eine Fülle wissenschaftlicher Studien für die Zulassung in den verschiedenen Ländern erforderlich. Die Studien selbst und die Koordination mit den Zulassungsbehörden sind diffizil und in der Regel zeitintensiv und teuer. In einem schweizerischen Pharmaunternehmen ging es um die Erhöhung der Produktivität in der Registrierung. Leistungsverbesserung wie auch Personalabbau lagen in der Luft. Das Leistungskriterium des Managements angesichts der notwendigen Produktivitätssteigerung lautete: registrierte Produkte pro F & E-Mitarbeiter in der Registrierung. Es zeigte sich, daß die Leistungen der Mitarbeiter ganz unterschiedlich hoch lagen. Manche hatten eine hohe Quote von Registrierungen zu verzeichnen, manche eine niedrige. Die Schlußfolgerung lag nahe, daß jene Forscher, die eine niedrige Quote hatten, abgebaut werden sollten.

Bei genauerer Beobachtung zeigte sich allerdings ein wichtiges Phänomen, auf das man noch rechtzeitig aufmerksam wurde, wie Patricia Seemann, damalige Knowledge-Management-Beauftragte, beschrieb. Ging man durch die Räume und beobachtete längerfristig das konkrete Arbeitsgeschehen, dann fiel auf, daß einige Forscher in ihren Büros saßen und für sich arbeiteten, während andere auf den Gängen oder in der Kaffeeküche zusammenstanden und diskutierten. Nicht zufällig fanden sich die Forscher mit der niedrigen Quote in den Diskutiergruppen und nicht in den Büros oder allein im Labor. Allerdings zeigte sich bei genauerer Analyse, daß diejenigen mit den niedrigeren Quoten zum größten Teil auch jene waren, die von den anderen bei Problemen um Rat gefragt wurden. Wenn man nicht weiterwußte, so wußte man doch, bei wem man sich Hilfe holen konnte. Und diese Forscher standen auch zur Verfügung und waren bereit zu helfen und mitzuentwickeln. D. h., etliche der »Schwätzer« fungierten als eine Art Know-how-Broker und Co-Entwickler für die gesamte Abteilung. Sie waren es, die für die Multiplikation, Verteilung und Weiterentwicklung von Wissen der gesamten Abteilung sorgten. Sie diskutierten mit den anderen, gaben ihr Wissen weiter und gewannen ihrerseits durch die Diskussionen. Für den Wissensfluß in der Registrierung nahmen sie darum eine wichtige Funktion ein. Hätte man sie einfach abgebaut, wäre das Wissen der Abteilung erheblich beeinträchtigt worden. Und die Produktivität der Abteilung wäre gesunken. So zog das Management andere Schlüsse und belohnte nun umgekehrt auch diejenigen, die sich um Wissensaustausch bemühten.

Diese Geschichte spielt in dieser oder ähnlicher Form in vielen Unternehmen und nicht nur in F & E-Abteilungen. Überall finden sich emergente Strukturen der Wissensorganisierung. Diese nicht unmittelbar sichtbaren Praktiken bedeuten implizites Wissen.

Die Kollaborative

Sie werden sicherlich aus Ihrem Unternehmen Gruppierungen von Leuten kennen, die gemeinsam initiativ werden, um Probleme anzupacken, die eine ähnliche Sicht ihrer Arbeit haben, sich schnell verstehen und rasch und vertrauensvoll aufeinander zugehen. Diese Gruppierungen tragen oft erhebliches Wissen und sind von beträchtlicher Durchschlagskraft. Neben dem Wissen in den Köpfen liegt das implizite Wissen verkörpert in der Interaktion der Mitglieder dieser Gruppierungen. In ihrem Zusammenspiel erbringen sie eine Kompetenz, die weit mehr ist als die bloße Addition der Köpfe. Das macht es auch so gefährlich, diese Gruppierungen auseinanderzureißen. Das Wissen und Können dieser Gruppierungen ist nicht auf die einzelnen reduzierbar.

Das Institute for Research on Learning (IRL) in Palo Alto, Kalifornien, hat sich mit diesen Gruppierungen besonders beschäftigt und nennt sie »communities of practice«. Susan Stucky, Associate Director des Instituts: »You can come to see people as a community of practice when, united by a common enterprise, they come to develop and share ways of doing things, ways of talking, ways of looking at things, beliefs, values – in short, practices – as a function of their joint involvement in doing real work. They are constituted not only by who participates but by their shared ways of doing things. They can be recognized by what they produce together with how they produce it.«

Wir nennen diese Gruppen »Kollaborativen«. Sie sind Träger und Treiber der Wissensentwicklung und der Kompetenzen einer Organisation. Sie sind das, weil sie in ihrer Praxis Wissen verkörpern. Kollaborativen entstehen aus sich heraus und haben keinen formalen Status bzw. existieren jenseits formaler Integration. Darum sind sie nicht mit Teams – also beabsichtigterweise und formal zusammengesetzten Gruppen – gleichzusetzen.

Kollaborativen in Aktion: erfolgreich und effizient

Kollaborativen entstehen nicht durch formale Aufträge, sondern durch Teilnahme und Gemeinschaftlichkeit rund um Lösungen; sie entziehen sich formaler Integration. Ein gutes Beispiel dafür sind die in Unternehmen stattfindenden Bootlegging-Prozesse, d. h. Innovationsaktivitäten, die im geheimen, teilweise gegen den erklärten Willen des Managements im betrieblichen »Untergrund« stattfinden. Eine Untersuchung von Lutz Hoffmann und seinen Kollegen zeigt, daß diese Innovationsprozesse oft überaus erfolgreich sind und so manches Unternehmen gerade ihnen seinen Erfolg verdankt. General Electric verdankt ihnen beispielsweise seine größten Erfolge bei technischen Kunststoffen und Flugzeugtriebwerken, Merck die Entwicklung der Flüssigkristall- oder LCD-Technologie und Zeiss das industrietaugliche Simultanspektrometer zur Farbanalyse. Vom Geschäftsbereich Pharma der Bayer AG wird undementiert behauptet, daß alle relevanten Erfolge nach dem Krieg durch Medikamente erreicht wurden, die hinter dem Rücken des Managements entwickelt worden sind. Innovation durch Konspiration?

Aus Managementsicht gelten diese Prozesse als »illegal«, »eigenmächtig« und »kompetenzüberschreitend«. Dabei müßte das Management diesen »Subversiven« dankbar sein – nicht nur wegen ihrer Erfolge, sondern auch wegen ihrer Effizienz. Denn betrachtet man Bootlegging genauer, so zeigt sich, daß diese Prozesse äußerst ökonomisch sind, ja sein müssen. Alle Mittel, Zeit und Geld werden am Rande der Legalität beschafft, geschickt getarnt vor Vorgesetzten oder Controllern. In den Untergrund werden die »Subversiven« getrieben, weil Entscheidungen zu lange dauern bzw. gar nicht getroffen werden, da Verfechter und Opponenten sich wechselseitig blokkieren und aus vielen anderen Gründen mehr.

Unternehmen sollten also glücklich sein über diese selbstorganisierten Aktivitäten. Sie zeigen, daß eine hohe Lösungsmotivation und Fähigkeit zur Zusammenarbeit ohne formale Führung und Struktur sowie risikofreundliches Verhalten vorhanden sind und für wirtschaftlich erfolgreiche Innovation eingesetzt werden. Bootlegging kann ein wertvolles Korrektiv zum Vorteil des Unternehmens sein.

Was sind Kollaborativen?

Kollaborativen entstehen durch aktive Beteiligung an der Arbeit und nicht durch Kommunikation allein. Ohne Arbeit keine Kollaborativen. »Communication alone doesn't cook dinner«, wie es Susan Stucky formuliert. Hier liegt der große Unterschied zum Netzwerk. Diese sind Kanäle, die Koordinationsleistungen vollbringen können. Kollaborativen sind mehr. Deren Leistung besteht nicht darin, daß die Mitglieder sich wechselseitig beraten und Informationen austeilen, sondern darin, daß sie gemeinsam Projekte entwerfen und umsetzen. Jeder trägt seinen Teil dazu bei. Ihre gemeinsamen Erfahrungen bringen die Kollaborativemitglieder zu ganz ähnlichen Sichtweisen darüber, was wichtig und was unwichtig ist, was man tun und was man lassen sollte und wie man Probleme löst. In dieser Gemeinsamkeit, die sich in den konkreten Aktivitäten und Interaktionen ausdrückt, ist das Wissen der Kollaborative verkörpert. Dieses Wissen ist auch die Basis, um erfolgversprechende gemeinsame Zukunftsmöglichkeiten zu imaginieren.

Der Unterschied zum Netzwerk liegt in der schärferen Grenzziehung. Netzwerke sind losere Gebilde, die weniger Gemeinsamkeit bedeuten und leichter zerfallen, denn es gibt geringere Anknüpfungspunkte. Sympathie zu einigen Netzwerkteilnehmern und ein für die anderen Netzwerkteilnehmer attraktives Angebot an Leistungen genügen, um dabei zu sein. Nicht so bei der Kollaborative. Hier werden durch aktive Teilnahme Mitgliedschaft und Position erarbeitet.

Teilnahme und Bereitschaft beinhalten das direkte Gespräch ebenso wie E-Mail-Korrespondenz, Telefon- oder Video-Konferenz. In etlichen Fachgebieten, z. B. im Engineering, können Kollaborativen weit verstreut sitzen, wenn sie online an der derselben Sache arbeiten können. Kollaborativen brauchen zu ihrer Entfaltung allerdings mehr als Kooperation. Zur Kollaboration wird Kooperation dann, wenn zum eigenen Beitrag zur Arbeit anderer auch ein Dialog hinzukommt. Dieser Dialog ist nicht Kommunikation über Gefühle und Befindlichkeiten in der Zusammenarbeit, sondern ein intensives Gespräch über Probleme und Fortschritte des Arbeitsprozesses. Der Dialog in der Kollaboration richtet sich auf die kollektiven Denkprozesse der Mitglieder, der den Herangehensweisen und den Lösungswegen in der konkreten Arbeit unterlegt ist. Die Reflexion über diese Denkprozesse – »Was hast du da gemacht? Was hast du dir da dabei gedacht? Warum hast du ...?« - ermöglicht die Kollektivierung des Denkens. In der sorgsamen und aufmerksamen Bezugnahme aufeinander wird eine Vergemeinschaftung der Operieren-Testen-Beobachten-Schleife aufgebaut, die erkennendem Handeln innewohnt.

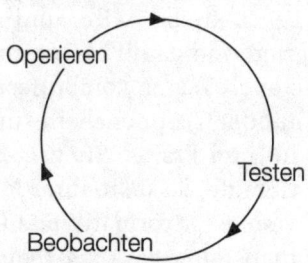

Abb.: Die BOT-Schleife

Wenn diese BOT-Schleife als Element der Auseinandersetzung der Beteiligten selbstverständlicher Gegenstand der Zusammenarbeit wird, dann sprechen wir von Kollaboration; wenn sie zusätzlich vergemeinschaftet und damit die Entwicklung einer eigenständigen kollekiven Praxis erzeugt wird, dann sprechen wir von Kollaborativen.
Im Unterschied zu Teams werden diese nicht formal eingerichtet, sondern entstehen selbständig quer durch die verschiedensten Bereiche, ohne daß eine Absicht oder der feste Wille dahinterstehen müßte, »eine Gruppe zu gründen«. Kollaborativen sind eine emergente Erscheinung. Sie bedürfen nicht der formalen Autorisierung, um auf die Welt zu kommen. Sie entwickeln sich, weil Leute da sind, die an ihrer Arbeit interessiert sind und etwas tun, um ihre Arbeit gut und besser zu machen – ohne sich groß um Formalitäten zu kümmern. Offizielle Ernennung ist dazu nicht nötig.

Ähnlich wie Teams bilden sich Kollaborativen auf der Basis einer überschaubaren Anzahl von Menschen, die gemeinsam arbeiten und in der Arbeitserfahrung und über Dialoge gemeinsame Sichtweisen und Fertigkeiten entwickeln. Sie arbeiten nicht nur zusammen, sondern teilen auch die Sichtweise, wie die Dinge zu tun sind. Das macht sie so effektiv. Anschlüsse untereinander können leicht hergestellt und unterschiedliche Kompetenzen sinnvoll und anregend verknüpft werden. Unterschiede, das große Reibungspotential von zusammengestellten Teams, sind in Kollaborativen weniger ein Reibungspotential, da eine geteilte »Weltsicht« im Laufe der Entwicklung co-kreiert wird und die bestehenden Unterschiede integriert und damit besser nutzbar werden.

Kollaborativen wie auch Teams kombinieren explizites und implizites Wissen auf der Gruppenebene, und sie verkörpern Wissen (knowing) in ihrer Praxis. Sie zeigen sich zudem als äußerst lernfähige Gebilde, da sie in ihrer Aufgaben- und Wissensorientierung weniger Normativität (Machtansprüche, ideologische Rechthabereien etc.) als Teams zu verteidigen haben. Deswegen haben Kollaborativen eine besondere Bedeutung für das Lernen von Organisationen und die Entwicklung neuen Wissens. Sie sind von der Neugier und dem Interesse an der Aufgabe getragen und weitgehend frei von Bereichsinteressen, Machtspielen o.ä.

Kollaborativen verzweifelt gesucht

Es ist nicht erstaunlich, daß sie bislang so wenig Berücksichtigung fanden. Kollaborativen liegen meist unterhalb der Aufmerksamkeitsschwelle des Managements. Dieser Mangel an Aufmerksamkeit kann vielleicht damit erklärt werden, daß emergente Gebilde in formalen Organisationen infolge ihrer »Unsichtbarkeit« und ihrer geringen Kontrollierbarkeit ein Unsicherheitspotential darstellen, das sowohl vom Management als auch von der Wissenschaft gerne übersehen wird und vergessen läßt, welches Potential hier vorhanden ist.

Man muß schon genau hinschauen, um Kollaborativen zu identifizieren. Das IRL schickt zu diesem Zweck Anthropologen in die Unternehmen. Gewohnt, unbekannte Stämme zu erforschen, können diese Wissenschaftler, fremd genug und gleichzeitig mit guter Beobachtungsgabe versehen, selbstverständlich gelebte Praktiken identifizieren. Aber welcher Manager beherrscht schon das Methodenrepertoire eines Anthropologen?

Um Kollaborativen zu identifizieren, muß man die konkrete Praxis beobachten: wer mit wem arbeitet, spricht, sich zusammensetzt, bestimmt, wer Anteil nimmt, Beiträge leistet, Verbesserungen ungefragt mit wem diskutiert usw. Das Management ist üblicherweise nicht ständig im alltäglichen Geschehen dabei (sofern der Unterschied zwischen Fachkraft und Führungskraft Berücksichtigung findet) und kann daher auch nur eingeschränkt darauf achten, wer mit wem wie intensiv kooperiert. Weiß man über die Menschen in der unmittelbaren Umgebung meist noch einigermaßen Bescheid, so ist in etwas größerer Entfernung schnell Schluß mit dem Wissen. Ein, zwei Managementstufen oberhalb (bei allem Hierarchieabbau gibt es die immer noch, wie man nicht vergessen sollte) weiß man noch weniger, welche Kollaborationsbeziehungen existieren, zumal Leistungs- und Potentialbeurteilung individuell ausgerichtet sind. Kaderkandidat Hans-Ulrich Klose leistet das und jenes, das wird in der Beurteilung berücksichtigt; wie seine Leistung aber mit der Kooperation mit anderen zusammenhängt, entzieht sich bislang im allgemeinen der Kenntnis und interessiert eben auch nicht explizit.

Interventionen, die Gruppenzusammensetzungen betreffen oder Know-how-Träger in andere Bereiche transferieren, zerstören manchmal bestehende Kollaborativen (man ist dann ganz verwundert, warum plötzlich Dinge nicht mehr funktionieren, und kann sich gar nicht erklären, was passiert ist). Auf diese Weise kann viel Know-how zerstört werden.

In einem österreichischen Unternehmen aus dem Anlagenbau, in dem Projektmanagement eingeführt wurde, hat man viel Engagement darauf verwendet, die Projektteams zu tatsächlichen Teams zu machen. Das rief einige Diskussionen und Bedenken hervor, denn die Neuorganisation in Projektteams durchschnitt viele der alten Wissensstrukturen. Etliche Mitarbeiter, die bislang ungefragt miteinander gearbeitet hatten, wurden nunmehr getrennt, und das Wissen, das diese Interaktionen verkörpert hatten, drohte zu verfallen. Einige Mitarbeiter hielten sich aber nicht (nur) an die neuen Spielregeln, sondern knüpften weiter an die alten Verbindungen an. Hätte das Management froh darüber sein sollen? (Es war es nur bedingt.) Wir denken, ja. Auch wenn die Doppelspurigkeiten anfänglich zu einer Fülle von Irritationen führte, so wurde doch, gewissermaßen unter der Hand, ein Teil der impliziten Kompetenz gerettet und konnte in die neue Struktur mitgenommen werden.

Knowledge Flow Management, Organisieren und Rahmenbedingungen

Wir haben gezeigt, daß die verschiedenen Formen der Organisierung die Nutzung und Entwicklung von Wissen und die dafür wichtigen Wissensflüsse unterschiedlich lenken. Entscheidet sich das Management, die Ressource Wissen in seinem Unternehmen optimaler auszunutzen, zu multiplizieren und schnellere Entwicklungsprozesse einzuleiten, so geht es um eine passende Kombination. Für die entsprechende Organisierung ist hilfreich:

a) zu definieren in welchen Bereichen die normale Engstirnigkeit formaler Strukturen für die Spezialisierung, Akkumulierung und Multiplikation bestimmter Wissensbereiche utilisiert werden soll;

b) zu klären, wo und wie weit emergenten Formen und den »Nahwelten«, seien es Kollaborativen, Netzwerken oder

Teams, vertraut (und damit das Verhältnis von Fremd- und Selbstorganisation organisiert) werden soll;

c) allgemeine Rahmenbedingungen zu schaffen, die neben den formalen Strukturen die Bildung emergenter Strukturen und Prozesse begünstigen, also Anschlußmöglichkeiten erleichtern, denn direkt »machbar« sind diese, wie beschrieben, nicht.

Solche allgemeinen Rahmenbedingungen sind z. B.:

- modernste vernetzte Informationstechnologie (Dialogsysteme, Groupware, gute Zugänglichkeit und Verfügbarkeit von Daten und Informationen ermöglichen); Informationstechnologie wird zur Beziehungsermöglichungs-Technologie;
- offene, flexible Bürogestaltung;
- attraktive, zum gemeinsamen Verweilen einladende Zonen, in denen neben Kaffetassen auch Flip Charts und andere Arbeitsinstrumente zur Verfügung stehen;
- Knowledge maps, d.h. »Landkarten« ausgewählter Knowhow-Träger;
- Die Kreierung konkreter Arbeitsanlässe, die Mitarbeiter aus verschiedensten Bereichen, Disziplinen und Ländern zusammenbringen, um etwas gemeinsam zu erarbeiten. Auch hier ermöglicht neueste Technologie weltweite Zusammenarbeit in »virtuellen Laboratorien«.

Die Betonung liegt auf Erarbeiten: Es sollten nicht nur Meetings zum Erfahrungsaustausch sein. Vielmehr geht es um die Initiierung konkreter Praxis, um Kollaborativen zu ermöglichen. Eine Rahmenbedingung von besonderer Bedeutung ist natürlich auch die Kultur des Unternehmens. Wir kommen darauf im Verlauf der nächsten Kapitel zu sprechen.

Die wichtigsten Begriffe auf einen Blick

	soziales System
Definition	ein Kommunikationszusammenhang, der sich von seiner Umwelt abgrenzt, indem er auf sich selbst Bezug nimmt und *sich selbst organisiert*, grundlegender Begriff der Soziologie
Charakteristik	zieht selbständig Grenzen, ist sich selbst Sinn, definiert selbst seine Operationsweise, ist mit seiner Umwelt im Kontakt – vermittelt über die eigene Operationsweise; emergente Entstehung, d. h. es braucht keine Anweisung, keinen Plan, keine Absicht, um soziale Systeme entstehen zu lassen
Größe	von einfachen Interaktionen zweier Personen bis zur Weltgesellschaft;
Bedeutung für Wissensmanagement	die Selbstorganisation sozialer Systeme kreiert eine Wissensbasis und definiert die Anschlußfähigkeit in der Wissensentwicklung; die Strukturen sozialer Systeme fungieren als eine Art soziales Gedächtnis
	Organisation (z. B. Unternehmen)
Definition	formal organisiertes Sozialsystem (Rechtsform, Struktur, Aufgabe, Auftrag, intern differenziert); meist hierarchisch koordiniert
Charakteristik	entsteht kraft Absicht und zugunsten eines Zweckes (z. B. Geschäftszweck); das erhöht einerseits die Leistungsfähigkeit, führt andererseits jedoch oftmals zu einer hinderlichen Engführung der Dynamik sozialer Systeme; Spannungsfeld: Hierarchie – Selbstorganistion

Größe	beliebig (von der OHG bis hin zur katholischen Kirche)
Bedeutung für Wissens- management	Organisationen beziehen sich mit ihrem Zweck immer auf eine Wissensbasis; in ihrer Konzen- trationsleistung erlauben sie Wissen zu akku- mulieren und zu verwerten; die hierarchische Koordination weist allerdings Grenzen ange- sichts dynamischer Wissensflüsse auf
Team	
Definition	eine organisierte Gruppe von Personen mit einem gemeinsamen Ziel und Auftrag
Charakteristik	formal organisierbar, auf die »Nahwelten« zwischen den Teammitgliedern bauend; Teams sind der Versuch, formale und informale, emer- gente Dynamiken zu bündeln
Größe	überschaubare Anzahl von Mitgliedern, die miteinander in Kontakt bleiben können
Bedeutung für Wissens- management	Teams erlauben eine effektive Bündelung von Wissensgebieten und einen raschen Aus- tausch; sie werden damit den dynamischen Anforderungen der Wissensflüsse gerecht
Netzwerk	
Definition	ein personenbezogenes Beziehungsgeflecht, welches auf einem gemeinsamen Basisinteres- se beruht und durch aktuelle Anlässe aktiviert und sichtbar wird
Charakteristik	nur begrenzt formal organisierbar, nicht zentral steuer- oder kontrollierbar; diffuse Grenzen; auf dem balancierten Austausch von Leistungen beruhend

Größe	relativ überschaubare Anzahl; Mitglieder müssen sich nicht alle bekannt sein
Bedeutung für Wissensmanagement	als Koordinationsform gleichberechtigter Partner für Wissensflüsse günstig
Kollaborative	
Definition	eine Gruppierung, die sich durch gemeinsame Arbeit sowie eine gemeinsame Sichtweise, wie man die Dinge tut, auszeichnet; wird durch konkrete Aktivitäten sichtbar
Charakteristik	produzierend; mit dabei kann nur jemand sein, der mitarbeitet; nur darüber erschließt sich die gemeinsam geteilte Art und Weise zu arbeiten; nicht zentral steuer- oder kontrollierbar, nur ermöglichbar
Größe	überschaubare Anzahl von Mitgliedern
Bedeutung für Wissensmanagement	ausgezeichnete Plattformen für Wissensarbeit; hohe Lernfähigkeit

Wie man Frösche küßt –
Wissen managen

Vergegenwärtigen wir uns nochmals die Situation. Wissen ist die ultimative Ressource, um im Wettbewerb Vorteile zu erlangen – Wissen gewinnt. Wir haben bisher die Natur des Wissens sowie Möglichkeiten des Organisierens diskutiert und uns vornehmlich mit der Natur des Wissens und der Wissensentwicklung beschäftigt. Dabei sind strategische Dimensionen angesprochen worden, ohne daß wir sie in ihrer gesamten Relevanz ausformuliert hätten. Das soll nun geschehen, ist doch die strategische Dimension der zentrale Fokus des Knowledge Flow Managements.

Auf der strategischen Ebene stoßen wir auf inhaltliche Fragestellungen: Was wollen wir wissen? Und wozu? Das sind die Fragen, die die strategische Architektur des Unternehmens zu beantworten hat. Wir werden sehen, daß Wissen die Basisressource der strategischen Ausrichtung des Unternehmens ist und welche zentrale Bedeutung dabei der Wissensentwicklung und Innovation zukommt. Die Ressourcen des Unternehmens optimal nutzen, einzigartig werden, den Fluß des Wissens zum zielgerichteten Fließen bringen, knowledge to market – das ist wie den Froschkönig küssen: erst noch ganz unattraktiv – wer küßt schon gerne Frösche? –, man kann es fast nicht glauben, daß daraus etwas werden soll; plötzlich steht er da, der Prinz, schön anzuschauen und mit einem innovativen Blitzen in den Augen. Das bringt uns zu den Aufgaben und Rollen des Managements, aus der wissensorientierten Perspektive gesehen. Doch beginnen wir mit der Strategie.

Abb.: Den Frosch küssen

Strategien in wissensintensiven Märkten

>You need to plan the way a fire departement plans.
It cannot anticipate fires, so it has to shape
a flexible organization, that is capable
of responding to unpredictable events.«

Andrew S. Grove, Intel

In den letzten Jahren ist im strategischen Management heftig darüber diskutiert worden, ob sich Strategieentwicklung eher an die Analyse des Wettbewerbsumfeldes oder an die Identifikation und Ausarbeitung der unternehmenseigenen Kernkompetenzen halten solle. Die erste Variante, so lautet die Kritik, übersieht mit ihrem selektiven Blick nach außen die Ressourcen und Möglichkeiten, aber auch die intern gegebenen Restriktionen des Unternehmens und behandelt dieses wie eine triviale Maschine im Sinne von »Jede Strategie ist machbar«. Die zweite Variante mit ihrem konzentrierten Blick auf die eigenen Kernkompetenzen droht wiederum wichtige Entwicklungen auf den Märkten zu verpassen und realitätsferne Strategien zu verfolgen. Die Pragmatik liegt wohl in der

Verbindung beider Sichtweisen. Die Einsicht in die Nicht-Trivialität des Unternehmens, in die spezifische, gewachsene Konfiguration seiner Kompetenzen, Fertigkeiten und Möglichkeiten läßt erkennen, wie sehr ein Entwickeln und Nutzen der uniquen unternehmerischen Stärken strategische Chancen bietet.

Wissensmanagement ergibt sich aus der Beschäftigung mit diesen Stärken. Gleichzeitig können die Bewegungen und Dynamiken der Wettbewerbssituationen nicht negiert werden, auch das leuchtet unmittelbar ein. Ressourcenkenntnis und Interpretation der Wettbewerbsdynamik – der Konkurrenten, Kundenpräferenzen, sich entwickelnden Technologien usw. – sind die Basis der strategischen Arbeit. Diese Gleichzeitigkeit von Innen und Außen aufgreifend, wollen wir im nächsten Schritt beschreiben, welche Strategien wissensintensiver Unternehmen beobachtbar sind.

Wissensintensive Märkte sind solche, die in besonderem Maße Wissensentwicklung voraussetzen und honorieren. Das gilt für Dienstleistungen, wie wir oben beschrieben haben, aber auch für Produkte. Nehmen wir dynamische Produktmärkte wie etwa die Unterhaltungselektronik, also Märkte, in denen in enormem Tempo eine Entwicklung die nächste jagt. In diesen Märkten kann nur gewinnen, wer intensiv Entwicklung vorantreibt. Die Multiplikation vorhandenen Wissens ist notwendig, um Umsatz zu erzielen, aber keinesfalls hinreichend, um marktführend zu sein. Sony ist erfolgreich, weil das Unternehmen innovativer Vorreiter ist. Es kann sich nicht mit der Imitation fremder Erfindungen zufrieden geben. Sein Schicksal ist es, Erster zu sein oder sich von kleinen Pionieren die Leviten lesen lassen zu müssen.

Welche sind die zentralen Erfolgsstrategien in dynamischen und wissensintensiven Märkten? Ron Sanchez hat sie untersucht und ist zu dem Schluß gekommen, daß folgende vier Verhaltensmuster Vorteile bringen:

- Innovation
- rasche Produktvermehrung

- intensive Marktsegmentierung
- schnelle Produktverbesserungen

Diese Verhaltensmuster beruhen auf einer zentralen Fähigkeit: der Kompetenz, sich auf rasch wechselnde Situationen und ein temporeiches Spielgeschehen einzustellen. Erforderlich ist also:

Strategische Flexibilität

Flexibel ist ein Unternehmen dann, wenn es über Optionen, über Handlungsalternativen verfügt. Handlungsfähigkeit, also die Möglichkeit zu agieren, etwas in Gang setzen zu können, ist Teil unserer Definition von Wissen. Die Basis der strategischen Flexibilität wird durch Wissen gebildet. Die Anschlußfrage lautet darum: Wie kann ein Unternehmen sein Wissenspotential managen? Was kann es tun? Knapp formuliert: Dreierlei ist zu vollbringen. Es hat

a) seine strategische Architektur zu definieren,
b) den Prozeß der kontinuierlichen Wissensentwicklung zu gestalten und
c) Allianzen und Netzwerke mit kooperierenden und konkurrierenden Unternehmen und anderen (Forschungs-) Partnern aufzubauen und zu managen.

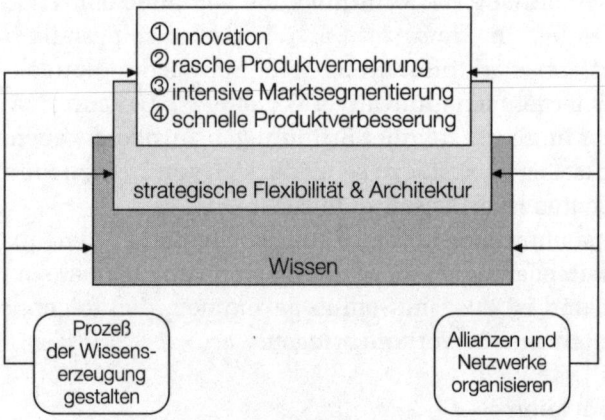

Abb.: **Strategien in wissensintensiven Märkten**

Wir wollen diese Zusammenhänge der Reihe nach näher diskutieren und speziell auf die sich daraus ergebenden Management- und Führungsdimensionen eingehen. Nicht weiter aufgreifen werden wir die Organisierung der Allianzen und Netzwerke; eine intensivere Aufarbeitung dieses Themas würde zu weit führen.

Nicht nur das Management jeder Dimension an sich, sondern auch das ihrer Relationen und Interdependenzen untereinander erweist sich als wichtiges Element. Die Aufgabe ist also komplex und stellt keine geringen Ansprüche. Die Latte für Unternehmen, die in der ersten Reihe mit dabei sein wollen, liegt hoch. Wer heute auf den vorderen Rangplätzen mitmischen will, der muß hoch springen können – und den Willen dazu haben.

1. Innovationen

> »The key to achieving competitive
> advantage isn't reaction to chaos;
> it's producing that chaos. And the key
> to being a chaos producer
> is being an innovation leader.«
>
> *Ed McCracken, Silicon Graphics*

Dynamische und wissensintensive Märkte brauchen Innovationen, wenn sie nicht »verblühen« sollen. Der Walkman von Sony kann als exzellentes Beispiel in der Unterhaltungselektronik gelten, hat er doch die Mittel, Wege und Orte des Musikkonsums radikal verändert. Die HandyCam, ebenfalls von Sony, ist ein weiteres Beispiel dafür. Der Espace von Renault, die Swatch, die Individualisierung der japanischen Automodellpolitik, all das sind Beispiele für Innovationen, die nicht nur ein bestehendes Produkt verbessern, sondern eine Neuerung in die Welt gesetzt haben: mobilen Musikkonsum, die Uhr als Lifestyle-Objekt, die Großraumlimousine für familiengerechtes und dennoch attraktives Autofahren, die einzigartigen Gestaltungsmöglichkeiten der Autoausstattung je nach Kundenwünschen.

Innovationen sind der Schlüsselfaktor des Wettbewerbs. Die langfristige Wettbewerbsfähigkeit wird von der Innovationskraft geprägt. Wie Helmut Maucher von Nestlé sagt: »Geld haben wir genug. Es fehlen nur die Ideen.« David de Pury, Co-Präsident der ABB, formuliert: »Die kontinuierliche Verbesserung der betrieblichen Effizienz ist notwendig, um im harten Konkurrenzkampf überleben zu können. Sie ist aber keine ausreichende Bedingung zum langfristigen Erfolg. Sie ist vor allem nicht mehr in der Lage, ein Unternehmen von seinen Konkurrenten in entscheidender Weise zu unterscheiden, denn restrukturieren muß heute jeder, und das können die meisten schon. In diesem Zusammenhang kommt Innovation eine besondere Bedeutung zu, damit sich ein Unternehmen von seinen Konkurrenten absetzen kann. In einem Umfeld, in dem alle schneller, besser und kostengünstiger produzieren, bestimmt letzlich der kundenbezogene innovative Vorsprung die Marge, die ein Unternehmen überhaupt noch verdienen kann.« Er fügt hinzu: »Die echte Innovation setzt eine Kombination von Visionen, Intelligenz, Ausdauer, Risikobereitschaft, Glück und natürlich personelle und finanzielle Ressourcen voraus. Aus diesem Grund wird echte Innovation – und das bedeutet in erster Linie Forschung und Entwicklung – finanziell immer honoriert werden, solange es einen Markt gibt.«

Darüber hinaus geht es nicht mehr nur darum, das eigene Unternehmen zu transformieren und innovativ zu machen, es geht darum, die Spielregeln des Branchenwettbewerbs zu innovieren, wie Gary Hamel und C.K. Prahalad begründet haben. Erfolgreiche Unternehmen wie CNN, Wal-Mart, AT&T oder Merck haben die Grenzen ihrer Branchen transzendiert und deren Strukturen neu erfunden. Diese Unternehmen haben nicht nur Variationen bestehender Verhältnisse angeboten, sondern gänzlich neue Wettbewerbsfelder etabliert. Ted Turner beispielsweise hat mit CNN einen reinen und global orientierten Nachrichtensender versus nationale Sender mit

Programmvielfalt kreiert. Damit wurde die herrschende Dogmatik über das, was einen Fernsehsender ausmachen muß, durchbrochen und gänzlich neue Wege im Wettbewerb um Zuschauer, Einschaltquoten und Werbeeinnahmen eröffnet. Musik- und Sportsender sind gefolgt und haben die Fernsehlandschaft nachhaltig verändert, und die bisherigen Anbieter sahen sich mit ganz unerwarteten Wettbewerbern konfrontiert.

Die Innovationskrise

>Wir schöpfen zwar konsequent die Potentiale bekannter Technologien aus, aber an wirklich Neues wagen wir uns nicht heran.«

Wolfgang Reitzle, BMW-Entwicklungschef

In Deutschland spricht man von der »Innovationskrise«, und auch in der Schweiz mehren sich die Stimmen, die von mangelnder Innovationskraft sprechen und schwarze Wolken am Horizont sehen. Das ist differenziert zu betrachten. Während in den deutschsprachigen Ländern die angestammten, traditionellen Industrien wie Werkzeugmaschinenbau, Automobilindustrie, teilweise auch noch die Pharmazie durchaus über gute Innovationsraten verfügen, sind die Zuwächse in neuen, zukunftsorientierten Industrien erschreckend niedrig. Wo bleiben die neuen Impulse? In den neuen Bereichen wie der Computer- und Softwareindustrie oder der Biotechnologie fallen z. B. die deutschen Werte weit hinter die amerikanischen oder japanischen zurück. Das Problem der Innovationskrise, wie es David Audretsch untersucht hat, liegt nicht in der prinzipiellen Innovationsfähigkeit deutscher Unternehmen, sondern in der Fähigkeit, außerhalb der angestammten Kompetenzfelder innovativ zu werden. Aber gerade dort entstehen die neuen Arbeitsplätze, und dort wird das Geld verdient. In den angestammten Industrien ist für die Beschäftigungspolitik nur wenig zu holen. Die Frage lautet hier: »Mehr oder weniger Abbau?«, und nicht: »Was können wir an Arbeitsplät-

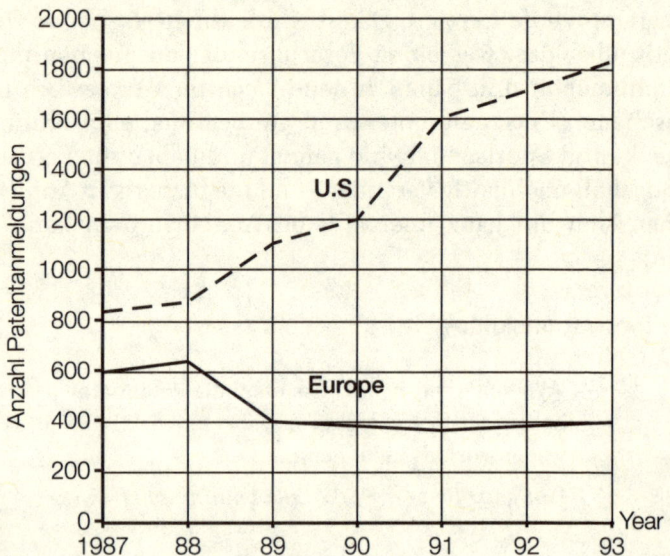

Abb.: Patentanmeldungen/Mikroelektronic in den USA und Europa
(aus: Andretsch)

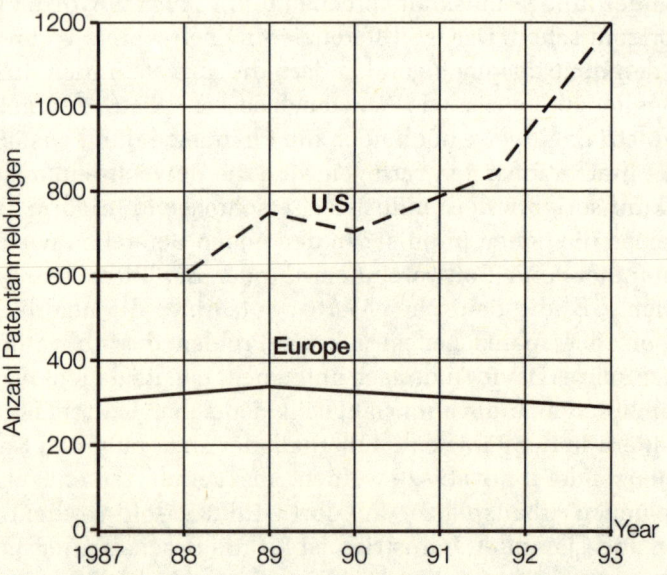

Abb.: Patentanmeldungen/Biotechnologie in den USA und Europa
(aus: Andretsch)

zen neu schaffen?« Das ist das Problem. Die Innovativität in den traditionellen Bereichen verhindert nicht, daß diese Unternehmen weiter Arbeitsplätze abbauen oder stagnieren. Das Verharren in den Kompetenzfeldern, die einem vertraut sind, über die man Wissen bereits besitzt, das ist der volkswirtschaftliche Kurzschluß, der die Krise bringt.

Wenn sich nicht größere Zentren der Innovation ergeben, also regionale Felder, die Impulse und Anregungen vermitteln und qualifiziertes Personal anziehen – so wie seinerzeit in Basel die Chemie –, haben auch einzelne Innovative geringen Spielraum. Nicht umsonst verlegten etliche der innovativen europäischen Computerfirmen ihren Sitz in die USA. Fast 20 % der europäischen Top-Software-Unternehmen wie Sinon, Insignia Solutions oder Neuron Data haben ihre Headquarters ins Silicon Valley transferiert. Neue Industrien brauchen eine regionale kritische Masse, um ihre Kraft entwickeln zu können.

2. Rasche Produktvermehrung

Seit der Einführung des Walkmans auf dem amerikanischen Markt in den achtziger Jahren haben Sony und sein Tochterunternehmen Aiwa mehr als 250 Variationen des Geräts auf den Markt gebracht. Damit konnten nahezu alle Marktnischen besetzt und ein vierzigprozentiger Marktanteil erobert und verteidigt werden. Die rasche Kommerzialisierung der Innovation durch die Ausweitung des Produktspektrums ermöglicht es, Märkte schneller zu erschließen und manchmal auch zu sättigen, als die Konkurrenz überhaupt reagieren kann. Rasche Produktvermehrung ist ein zentrales Wettbewerbselement in dynamischen Märkten.

Innovationen werden heute ungeheuer schnell imitiert, wobei sich die Zeiten, welche die Nachahmer benötigen, um ihrerseits am Markt zu sein, dramatisch verkürzen. In der elektronischen Industrie dauert es manchmal nur wenige Wochen, bis ein neues Made-in-USA-Produkt, das in den USA frisch eingeführt worden ist, in Asien kopiert, hergestellt und bereits wieder in die USA verschickt wird! Etliche Computerfirmen sind dazu übergegangen, ihre Erfindungen nicht mehr als Patente anzumelden, nur um den Zugriff der Kopisten zu erschweren. Designentscheidungen aus der F&E brauchen üblicherweise kaum mehr ein Jahr, bis sie der Konkurrenz bekannt sind, von Entscheidungen auf operativer Ebene ganz zu schweigen.

Nachdem also das Wissen, das zur Innovation führt, nur begrenzt geschützt werden kann – und Patente taugen in manchen Industrien immer weniger dazu –, muß man nach zusätzlichen Mitteln greifen, um den durch Innovation zunächst gegebenen Vorsprung zu schützen und weiter auszubauen. Produktvermehrung ist eine Strategie zur Ausweitung des Ursprungsproduktes in angrenzende Gebiete. Swatch hat mehrfach Versuche unternommen, sein Marketingwissen auf andere Produkte zu übertragen. Dem Swatchphon war nur wenig Erfolg bestimmt, dem Pager schon mehr. Die Idee des Swatch-Mobils, in der Koproduktion mit Mercedes nunmehr »Smart« genannt, ist ein weiterer, wenn auch weiter abseits liegender Versuch.

3. Intensive Marktsegmentierung

Die rasche Entwicklung von Produktvariationen, also die Multiplikation und Neukombination von Wissen, erlaubt den Erwerb differenzierter Kenntnisse über Kundenpräferenzen und gezielte Segmentbearbeitung. Unter dem Schlagwort »mass customization« wird das seit einiger Zeit diskutiert. Heute, aufgrund der technologischen Revolution in der Informations- und Fertigungstechnologie, die zu einer drastischen Flexibilitätssteigerung in der Produktion geführt hat, sind Unternehmen fähig, eine Vielzahl von Varianten anzubieten, so daß sich trotz der Individualität der Produkte »Masse« mit ihren Skalenerträgen ergibt. Die Erhöhung der Varianz der Produkte oder Leistungen befähigt die Unternehmen, eine

Vielzahl von Markt- und Kundenkopplungen einzugehen. Japanische Autoproduzenten sind heute so weit, daß sie Modellvarianten anbieten, die auf Kundengruppen in der Größe von gerade noch 20 000 Personen zugeschnitten sind. In Tabelle 4 sind die Charakteristika der zwei Produktionsweisen zusammengefaßt. Die flexible Spezialisierung der Mass Customization, eigentlich ein Paradox, ist in der Geschichte der Fertigungstechnologie eine sensationelle Errungenschaft. Insbesondere die Informatisierung der Produktion und deren rasche Vernetzungsmöglichkeiten mit der Kundennachfrage haben einen gewaltigen Sprung ermöglicht.

Einige Unternehmen haben aus der flexiblen Fertigung einen Wettbewerbsvorteil gemacht, indem sie diese etwa mit ihrer Logistik kombinierten. In Europa ist Benetton dafür bekannt, daß es seine Textilfertigung eng mit den Verkaufszahlen in den Läden koppelte und sodann fähig wurde, den massenhaft gewünschten Pullover X, den blauen mit dem roten Muster, binnen kürzester Zeit in der gewünschten Stückzahl auf den

	Massenproduktion	Mass Customization
Ziel	Produkte und Dienstleistungen zu entwickeln, produzieren, vermarkten und vertreiben, die preislich so niedrig sind, daß sie sich beinahe jeder leisten kann	Leistbare Produkte und Dienstleistungen mit genügend Varianz und Kundenbezug zu entwickeln, produzieren, vermarkten und vertreiben, so daß beinahe jeder genau das findet, was er möchte
Fokus	Effizienz durch Stabilität und Kontrolle	Varianz und Kundenbezogenheit durch Flexibilität und schnelle Reaktionen

	Massenproduktion	Mass Customization
Schlüssel-faktoren	– stabile Nachfrage – große, homogene Märkte – kostengünstige, qualitätsgerechte und standardisierte Produkte und Dienstleistungen – lange Produkt-entwicklungszyklen – lange Produkt-lebenszyklen	– fragmentierte Nachfrage – heterogene Nischen – kostengünstige, qualitativ hochwertige und kunden-bezogene, individuali-sierte Produkte und Dienstleistungen – kurze Produkt-entwicklungszyklen – kurze Produkt-lebenszyklen
Produkt	standardisierte Produkte, für das Lager angefertigt	standardisierte Module, die basierend auf den Kundenwünschen zusammengesetzt werden
Struktur	mechanistisch, bürokratisch und hierarchisch	organisch, flexibel und relativ wenig hierarchisch

Tabelle 4: (nach: S. Kotha)

Markt zu werfen. In den USA ist Wal-Mart, eine riesige Handelskette, durch ihre ausgezeichnete Logistik und schnelle Reaktionsfähigkeit besser als die Konkurrenz befähigt, unmittelbar auf Kundenwünsche und sich etablierende Marktsegmente zu reagieren. Die Kunden honorieren es, und die Erträge schießen in die Höhe.

Die durch die Produktvarianzen möglichen Beziehungen mit den verschiedensten Kundengruppen erlauben es wiederum, Wissen zu erwerben, das weitere Spezifizierungen und Differenzierungen begünstigt; natürlich nur unter der Voraussetzung, daß man die Erfahrungen mit den Kundengruppen auch systematisch auswertet. Wenn Sony mit speziellen Walkman-Juniormodellen in die Kinderabteilung vorstößt, dann kann es Wissen über den Konsum von Kindern (bzw. deren Eltern), aber auch über deren Verwendungsgebräuche gewinnen. Jedes hinzugewonnene Wissen erhöht, sofern es gemanagt wird, die Chance, einen neuen Unterschied zur Konkurrenz zu eröffnen, zumal sich das Wissen um die Kinder auch auf andere Produktbereiche übertragen läßt. Die Erhöhung von Varianz bietet eine Wissensmöglichkeit sondergleichen – wenn man sie nutzt. Weitere Innovierung kann hier ansetzen.

4. Schnelle Leistungsverbesserungen

Einem ungeschriebenen Gesetz zufolge tendieren Hersteller dazu, ihre eigenen Produkte erst dann abzulösen, wenn sich diese im Ausklang ihrer Lebenskurve befinden. Die sogenannte Kannibalisierung der eigenen Produkte gilt als nicht opportun. Indem Produkte jedoch ausgewechselt werden, bevor ihr eigentlicher Lebenszyklus abgelaufen ist, erhöht sich die Schwierigkeit für die Nachfolger, das jeweils bereits wieder angehobene Leistungsniveau zu erreichen. Sony hat beispielsweise innerhalb von 21 Monaten fünf technologisch verbesserte HandyCams auf den Markt gebracht und damit die jeweils vorherige eigene Produktgeneration obsolet werden lassen. Diese schnellen Verbesserungen der Produkte, die jeweils neue Leistungsstandards gesetzt haben, erzeugen zusätzlichen Druck auf potentielle Nachahmer.
Die PC-Industrie kann als weiteres Beispiel dienen. Die Entwicklungszeiten für eine neue PC-Generation haben sich soweit verkürzt, daß heute bereits Käufer zögern, weil sie wissen, daß morgen das Gerät schon wieder billiger und besser sein wird. Wann ist der richtige Kaufzeitpunkt? Soll man noch warten oder doch schon kaufen? Die Produktentwicklungszeiten haben sich von mehreren Jahren auf wenige Monate verringert. Und was man auf den Markt bringt, wird binnen kürzester Zeit kopiert.

Die Softwareindustrie versucht einen Teil ihres Geschäfts mit Upgrades zu machen, also verbesserten Versionen, die alle paar Monate auf den Markt kommen. Im Spätsommer 95 ist mit lautem Getöse Windows 95 geradezu auf den Markt gestürzt – wann wird der erste Upgrade erscheinen?

Für schnelle Verbesserungen ist kontinuierliches Innovieren erforderlich. Nicht von ungefähr beherrschen japanische Unternehmen dieses Verhaltensmuster besonders ausgeprägt, zeichnen sie sich doch gerade in der kontinuierlichen und permanten Wissensentwicklung aus. Vergleichende Untersuchungen weisen hier einen eklatanten Unterschied zu den westlichen Unternehmen aus.

Nicht nur das Glück des Konsumenten, auch das Unglück des Konkurrenten interessiert

Um auf der Klaviatur dieser vier Wettbewerbsstrategien spielen zu können, braucht man ein hohes Maß an strategischer Flexibilität. Dies darum, weil die beschriebenen, auf die Innovation folgenden Schritte in Bezug nicht nur zu den eigenen Interessen und denen der Kunden, sondern auch zu den Reaktionen und erwarteten Verhaltensweisen der Konkurrenten stehen. Nicht nur das Glück des Konsumenten, auch das Unglück des Konkurrenten interessiert. Beschleunigung, expansivere Produktpolitik, breit angelegte Produktvermehrungen bilden ein Abwehrdispositiv gegenüber den Aktionen der Mitbewerber. Hier heißt es, rasch und ohne zu zögern zu handeln – und gegebenenfalls auch die Richtung zu wechseln. »Man kann schwere Entscheidungen nicht so lange aufschieben, bis sie zu Tode untersucht sind ... eine lange Serie kleiner Änderungen verlängert nur den Schmerz ... Mir ist lieber, daß ich in etwa richtig und schnell handle als exakt und langsam. Diese Prinizipien wenden wir überall an«, sagt Percy Barnevik.

Das erfordert Flexibilität – in der Analyse und Interpretation der Marktereignisse und -erwartungen, den eigenen Entwicklungen und den sich daraus ergebenden strategischen Veränderungen ebenso wie in der Ausrichtung der Wissens- und Produktentwicklung und des Einsatzes der Ressourcen. Diese Ebenen zusammen ergeben strategische Flexibilität.

Wissen erzeugen, kontinuierlich und konsequent innovieren, das ist die Basis, um dynamische Märkte so zu bedienen, daß sowohl Kunden Nutzen ziehen als auch Konkurrenten abgewehrt werden können. Wie kann man Strategie und Wissen miteinander verkoppeln?

Mit strategischer Architektur zur Flexibilität

So wie der Architekt neue Räume und bauliche Strukturen imaginiert, so stellt sich das Management die Zukunft des Unternehmens vor. Ebenso wie der Architekt einen präzisen Plan seines Entwurfs so zeichnet, daß das Haus auch tatsächlich gebaut werden kann, übersetzt das Management strategische Weitsicht in reales Handeln. Diese beiden Ebenen zu schaffen und zu verbinden, das ist Aufgabe und Funktion der strategischen Architektur. Weder das visionäre Bild allein, das zehn Jahre in die Zukunft reicht, noch der strategische Plan, der detailliert aufschlüsselt, was in den nächsten zwei Jahren passieren soll, sind für sich genug. Was es braucht, ist die Verbindung des weiten Blicks, der Voraussicht, mit dem, was heute zu tun ist. Aus der geglückten Verbindung von Zukunft und Gegenwart, von Zielrichtung und Offenheit erwächst jene strategische Flexibilität, die es für die beschriebenen dynamischen Verhältnisse braucht.

Toolbox VII

Gary Hamel und C.K. Prahalad haben einen einfachen Test für die Existenz einer strategischen Architektur entwickelt. Etliche Unternehmen verfügen implizit über eine solche Architektur und folgen ihr, ohne sie explizit präsent zu haben. Dabei würde sich dadurch ihre Schlagkraft z. B. in der – sowohl intern als auch extern erleichterten – Kommunikation und steigender Effizienz von Entwicklungsprozessen etc. erhöhen.

Der Test:

1) Nehmen Sie eine repräsentative Auswahl Ihrer Führungskräfte, und fragen Sie sie:»Wie wird sich die Zukunft unserer Branche bzw. Industrie von der Gegenwart unterscheiden?«
2) Fragen Sie das oberste Management. Fordern Sie es auf, die wichtigsten Veränderungen der Zukunft auf einem Blatt Papier zusammenzufassen. Spezifizieren Sie nicht, was Sie unter »Branche«, »Industrie« und »Zukunft« verstehen, und lassen Sie ihnen eine Woche Zeit dafür.
3) Vergleichen und analysieren Sie die Antworten nach folgenden Kriterien:
   a) Weitsicht:
   Wie wird Zukunft interpretiert? Welcher Zeitrahmen wird gewählt, welche Perspektiven werden angesprochen? Wie weit wird geblickt?
   b) Breite:
   Wie umfassend ist diese Zukunftssicht? Wie breit sind die einbezogenen Faktoren gewählt? Wie weit reichen die Konzeptionen von Branche und Industrie? Was ist alles enthalten und was nicht? Welche Wissensgebiete werden angesprochen? Werden eher die gegenwärtigen Situationen und Märkte angeführt, oder werden ganz neue Möglichkeiten gesehen? Wie weit wird über die Branchengrenzen hinausgesehen?
   c) Einzigartigkeit:
   Wie einzigartig ist die Konzeption, die formuliert wird? Wenn die Konkurrenten sie lesen würden, wären sie überrascht und würden aufschrecken, oder würden sie vor Langeweile gähnen?

d) Konsens:
Wie gemeinsam sind die Sichtweisen? Ähneln sie sich oder nicht? Wie weit wird das explizit gewußt, und drückt sich das in der Einheit oder Vielfalt der strategischen und operativen Aktivitäten aus?

e) Handlungsfähigkeit:
Sind die Implikationen des Wandels in der Branche/Industrie soweit detailliert analysiert, daß die Konsequenzen für kurzfristiges Handeln erkennbar sind? Ist man sich einig, was noch dieses Jahr zu tun ist, um für die zukünftigen Veränderungen gerüstet zu sein? Sind geeignete Schritte in Sicht?

Wenn diese Fragen befriedigend beantwortet werden, dann besitzt Ihr Unternehmen eine strategische Architektur, die kommunizierbar wäre.

Die strategische Architektur identifiziert die Hauptfähigkeiten und Wissensgebiete, aus denen das zukünftige Geschäft schöpfen wird, die es aufzubauen, zu pflegen und zu nutzen gilt, ohne daß sie bereits angeben würde, wie genau und im Detail das gehen wird. Sie definiert die Grundstrukturen, um die es geht, welche Kompetenzen angepeilt, entwickelt oder akquiriert werden, welche aufzugeben sind, welche Leistungen angeboten, welche Märkte bedient, welche Kundenbeziehungen eingegangen werden sollen etc., legt aber nicht fest, in welchen einzelnen planvollen Schritten das Haus gebaut werden wird. Bildlich gesprochen: Auch wenn das Grundstück schon vorhanden ist, der Keller muß erst ausgehoben und die dafür geeignete Baufirma ausgewählt werden. »Strategic architecture is a broad opportunity approach plan. The question addressed by a strategic architecture is not what we must do to maximize our revenues or share in an existing product market, but what must we do today, in terms of competence acquisition, to prepare ourselves to capture a significant share of the future revenues in an emerging opportunity arena«, präzisieren Hamel und Prahalad.

Strategische Architekturen beschäftigen sich nicht mit der Extrapolation dessen, was ist. Sie basieren auf den Analysen und Interpretationen, was zukünftig alles sein wird, mit welchen Veränderungen das Unternehmen zu rechnen hat und wie es sich darauf vorbereiten kann. Sie fokussieren die Möglichkeiten, die Optionen, die in der Zukunft liegen, und formulieren die Grundstrukturen, die dorthin führen sollen. Die kommenden Veränderungen und der Wandel bieten Möglichkeiten, die genutzt werden können, und zwar in Verbindung mit den Stärken und Kompetenzen, auf denen das Unternehmen aufbaut. Dabei wird nicht der eine, richtige Weg vorbestimmt, sondern eine Bandbreite an Annäherungsmöglichkeiten generiert. Welche Produkte, welche Maßnahmen, welche Leistungen, welche Kundengruppen tatsächlich zu den angestrebten Zielen führen werden, ist im konkreten Vorgehen – ab morgen – zu suchen und zu testen. Im Rahmen der strategischen Architektur führt kein Weg am Experimentieren vorbei.

Das Fokussieren von kommenden Veränderungen, das Bauen von wissensbezogenen Grundstrukturen, die breiten Zugang zu Möglichkeiten eröffnen und danach trachten, »new rules of the game« zu definieren – das macht den Unterschied zu bekannten Formen der strategischen Planung aus, die sich stärker auf Produkt-Markt-Kombinationen, Branchengrenzen und weniger auf innovative Optionen beziehen.

Hewlett Packard beispielsweise verfügt angestammterweise über die drei Kompetenzfelder Computer, Kommunikation und Messung. Diese drei Pfeiler bilden den Ausgangspunkt für eine neue strategische Architektur, die mit der Frage angestoßen wurde, welche neuen Möglichkeiten in der Verbindung dieser drei Kompetenzen liegen. Das sogenannte HP = MC2 Council (M steht für Measurement, C2 für Computing and Communication) hat in der Folge eine Reihe von marktkreierenden Produkten entwickelt, die auf die Entstehung milliardenschwerer Märkte abzielen. Erste Beispiele wie digitalisierte Meßsysteme, computerisierte Diagnostiksysteme oder Video-Home-Printer, die es dem Couch-Potato erlauben, sich Bilder aus dem laufenden Fernsehfilm auszudrucken, so daß er seinen Liebling nicht nur am Schirm, sondern auch noch überm Bett bewundern kann, sind schon auf dem Markt.

NEC ist mit seiner publizierten, expliziten Landkarte der strategischen Architektur ein heute vielfach zitiertes Beispiel. Diese Landkarte spannt sich zwischen den beiden Achsen »Systematization« und »Digitalization« auf und ermöglicht eine synergetische Verbindung verschiedenster Technologien in Computer and Communication. Es hat Überraschung ausgelöst, daß diese Landkarte nicht geheimgehalten, sondern der Öffentlichkeit zugänglich gemacht wurde. Dabei ist das klare Absicht. Eine strategische Architektur möchte »the rules of the game« verändern, dazu sind vielfache Anregungen und ein Maximum an Einsatz und Energie vonnöten. Die Landkarte soll der Orientierung dienen, gerade in der Vielfalt der Entwicklungen und Möglichkeiten und unter den genannten Flexibilitätsbedingungen. Sie soll im Unternehmen orientieren, aber auch Lieferanten und andere bewegen mitzumachen. Branchenspielregeln macht man nicht allein. Welchen Sinn hätte eine solche Architektur, wenn sie geheimgehalten würde?

Strategische Architekturen können nicht festlegen, welcher Schritt genau auf welchen folgen wird, um die Landkarte zur Landschaft werden zu lassen. Zu offen, zu vielfältig und zu uneinsehbar ist die Zukunft. Sie zum Leben zu bringen heißt darum: learning by doing. Schon heute können Sie anfangen, die Kompetenzen aufzubauen, die Sie in ein paar Jahren vollumfänglich zum Erfolg tragen werden. Ob Sie die jeweils richtige Wahl treffen bei dem, was Sie unmittelbar unternehmen, werden Ihre Erfahrungen zeigen. Da helfen nur schnell lernen, konsequent experimentieren, Allianzen mit ausgezeichneten Partnern und ausgewählten Konkurrenten aufbauen, Prototypen erstellen und ausgiebig testen, Wissen entwickeln, Erfahrungen nutzen ... Das Unternehmen – ein strategisches Laboratorium!

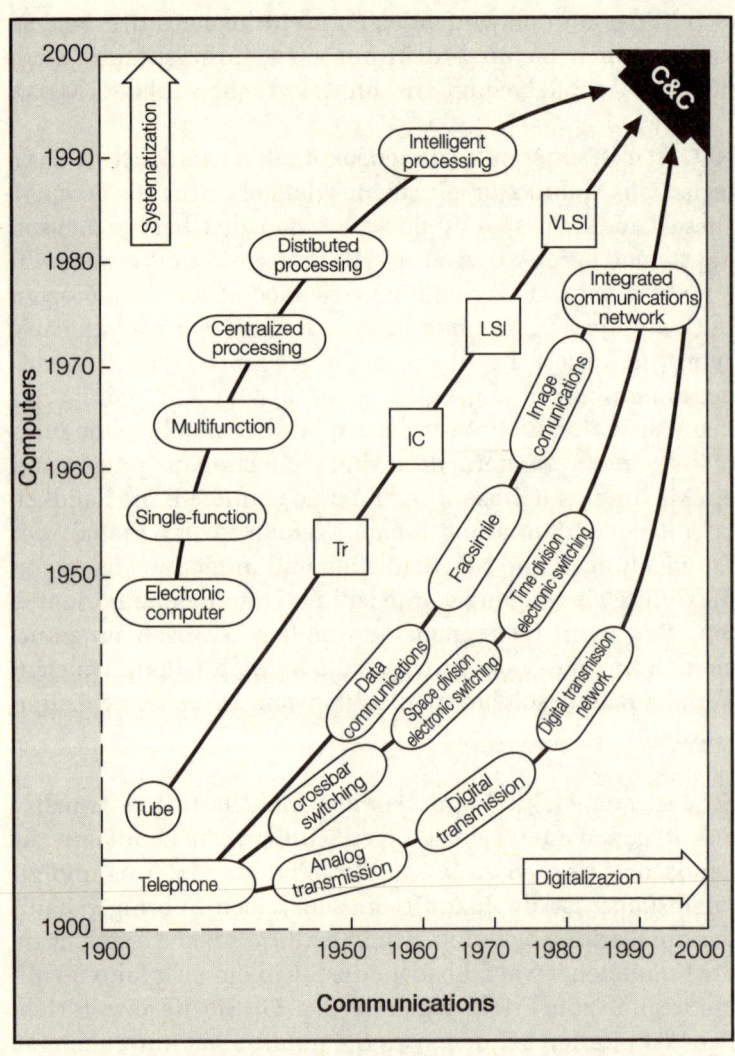

Abb.: Strategische Architektur von NEL (aus Hamel/Prahalad)

Die strategische Architektur definiert den Rahmen, in dem sich die angepeilten Kompetenzen des Unternehmens bewegen und welche Marktmöglichkeiten sich mit ihnen eröffnen sollen. Sie legt damit auch Inhalte fest. Was alles wird bei NEC unter Computing and Communication verstanden, welche Technologien sind damit gemeint? Welche erwartet man für die Zukunft? In welchen Feldern muß man daher präsent sein? Eine strategische Architektur formuliert explizit auf abstraktem Niveau das »Glaubenssystem« des Unternehmens über seine Zukunft. Diese Formulierung läßt es seine Beobachtungen präzisieren und seine Entscheidungen zielsicherer treffen.

Mit strategischer Architektur zur Wissensentwicklung

Die Frage ist nun, wie sich der architektonische Entwurf in ein konkretes, ansehnliches, funktionstüchtiges, zukunftsweisendes und schlußendlich gewinnbringendes Haus verwandelt. Eine der Schlüsselfragen dabei ist die Umsetzung in der Wissensentwicklung, und hierbei denkt man in den meisten Unternehmen automatisch an Forschung und Entwicklung. Wir werden noch sehen, wie sehr Wissensentwicklung auch über die F & E hinausreicht. Zuvor aber berühren wir die Ausgestaltung von F & E-Organisationen und ihrer Strategien, vor allem in Großunternehmen. Wie können die Aktivitäten der F & E und der Unternehmenserfolg enger miteinander verkoppelt werden? Wie kann man mit geringeren F & E-Ausgaben zu mehr Innovationen kommen? Wir werden einige Überlegungen zu diesen Fragen in knapper Form skizzieren.

Effizienz in der F & E

Vielfältige Anstrengungen wurden in den letzte Jahren unternommen, um die F & E-Effizienz zu steigern. Die Spielräume für »freieres Forschen«, für Projekte etwas abseits der Kernkompetenzgebiete, schränken sich immer mehr ein. Sicherlich ist die

Frage berechtigt, inwieweit eine zu starke Regelung oder Planung der F&E innovative Impulse tötet, bevor diese überhaupt wirksam geworden sind, oder inwieweit Reserven – slack – erhalten bleiben sollten, die jenseits des Mainstreams für neue Ideen sorgen können. Gleichzeitig aber ist zu fragen, welche Möglichkeiten existieren, um die gewünschte Effizienz zu erzeugen und die F&E von Legitimationsproblemen zu befreien. Benchmarking in der F&E ist nicht einfach, ebenso komplex sind Performance-Messungen und -Vergleiche. Wer kann mit Sicherheit sagen, wie viele Experimente tatsächlich notwendig waren, um den richtigen Wirkstoff für das neue Medikament zu finden? Wie viele Kongreßbesuche und wie häufiger interkontinentaler Austausch waren notwendig, um die Turbine erfolgreich zu optimieren? Wie viele Projekte dürfen sinnvollerweise scheitern, bis wieder eines erfolgreich verläuft?

Eines jedenfalls ist klar: Wenn es keine definierten Ziele gibt, dann kann es auch keine Messungen geben. Auf welcher Grundlage definieren sich nun die Ziele? Sie sind in Abstimmung mit den Strategien der F&E zu sehen, und die wiederum ist in der Abstimmung mit den Geschäftsstrategien bzw. der strategischen Architektur des Unternehmens zu suchen. Alle Studien über Effizienz in der F&E gehen davon aus, daß eine gelingende Abstimmung zwischen Unternehmens- und Forschungs- oder technologischer Strategie ein Kernelement jeder produktiven und effektiven Wissensentwicklung darstellt. Man könnte meinen, das sei selbstverständlich, ist es aber nicht. Je differenzierter und vielfältiger F&E wird, desto stärker treten die Probleme an diesem Punkt auf. Den Schlüssel bilden dabei die Entscheidungen über Fokussierung und Priorisierungen. »Wether it is in research or in marketing, the ability to focus on the two things out of ten that may affect the future of the company is so critical – and so hard to find. Most people work on ten projects at once and hope that one of them will succeed. And they are often not willing to put down one of the ten because that may be the successful one. That unwillingness is the fastest way to fail«, sagt Roy Vagelos, vormaliger Präsident des Pharma-Riesen Merck.

Die Voraussetzungen für konstruktive Abstimmungen und Entscheidungen sind

a) der Gebrauch eines gemeinsamen Vokabulars und einer gemeinsamen Sprache zwischen den Forschern und dem Management, zwischen F&E und Marketing bzw. anderen Unternehmenseinheiten und

b) das Vorhandensein klarer Strukturen und Prozesse, in denen die Abstimmungen konstruktiv vorgenommen werden können. Wir haben bereits beschrieben, daß diese Prozesse dann erfolgreich laufen werden, wenn sie ihrerseits als inhaltliche Lernprozesse gestaltet werden.

Nochmals Roy Vagelos: »Scientists need to talk shop, disagree, and even fight about the things they believe in.« Wo diese Auseinandersetzungen, diese Verneinungen und vermeintlichen Uneinsichtigkeiten nicht diskutierbar sind und keine Dialoge entstehen können, dort etabliert sich auch kein Lernen. Ohne wechselseitiges Lernen keine gelingende Abstimmung und keine verbindliche kraftvolle Priorisierung. Das aber sind kritische Punkte.

Abstimmung, Koordination und gemeinsames Lernen sind also Angelpunkte der F & E-Effizienz. Das zeigt sich in mehrfacher Hinsicht:

– Die F & E-Strategie übersetzt sich in die verschiedenen Forschungsprogramme und Entwicklungsprojekte. Hier zeigt sich die Abstimmungsproblematik eine Stufe operativer. Die Aktivitäten sind quer über Funktionen des Unternehmens zu organisieren; die Fertigung, das Marketing, das Design etc. sollen simultan ihre Beiträge entwickeln und einbringen. Auch hier erweist sich die unabdingbare Notwendigkeit einer gemeinsamen Sprache, aber auch abgestimmter, allgemeinverbindlicher Ziele und »lebensgerechter« Gefäße für die Kollaboration der verschiedenen Funktionen. Wir werden im folgenden Abschnitt auf den hier zugrundeliegenden Prozeß der Wissensentwicklung näher eingehen.

– So wie die strategische Architektur nicht ausschließlich auf das Unternehmen allein zielt, sondern sich für die gesamte Wettbewerbsumgebung und ihre Dynamik interessiert, ist auch die wirksame Wissensentwicklung darauf verwiesen, sich nach außen zu orientieren. Die Verknüpfung von internem und externem Wissen ist, wie diskutiert, einer der Angelpunkte effektiver Wissensproduktion. Der Aufbau eines Forschungsnetzwerks mit Leading-edge-Institutionen etwa, das permanente Abtasten relevanter Felder auf Neuentwicklungen, das Aufspannen eines Radars für verstörende Signale, das interessante »fremde Objekte« ankündigt, ist eine elementare Aufgabe jeder F & E. »More than any other functional activity within a company, research and development simultanously manages internal and external linkages. ... Externally, corporate R&D is increasingly called upon to create and manage technological cooperation with universities, research consortia, and even competitors in order to stay abreast of cutting-edge developments«, schreibt Stephen Gates, die Entwicklung globaler F & E beforschend.

– Last but not least ist der Transfer des neuen Wissens in das Unternehmen als Basis der Nutzung, der Multiplikation, der Kommerzialisierung ein strittiger Punkt. Hier erweist sich als zentral, daß nicht nur die F & E, sondern auch die anderen Funktionen und Einheiten im Unternehmen um die Wissensentwicklung besorgt sind. Wissensentwicklung ist nicht nur Sache der F&E allein, sondern betrifft das ganze Unternehmen. Nur wenn allgemein verstanden wird, worum es geht und worauf sich der Fokus richtet, kann erwartet werden, daß neue Ideen, Konzepte, Produkte und Leistungen jene bereitwillige Aufnahme finden, die es braucht, um rasch und effektiv in den Märkten aktiv werden zu können.

Hier hilft wiederum die strategische Architektur. Wenn sie explizit und kommuniziert ist, wenn sie die Basis der gemeinsamen Sprache bildet, dann kann z. B. ein neues Konzept freier von Vermutungen über die Skurrilität von Forscherideen oder ähnlichen Abwegigkeiten diskutiert werden. Dann ist eine insgesamt höhere Lernbereitschaft im Unternehmen – den eigenen Neuerungen gegenüber – gegeben. Wissen kann sich entwickeln, zum Nutzen der Kunden und des Unternehmens.

Wissen entwickeln können

Die Organisierung der Wissensprozesse

Was also ist zu tun, um Wissen zu entwickeln? Bedenken wir nochmals die Erkenntnisse des FLUSS-Modells der Organisation. Wir haben drei Hauptprozesse des Unternehmens unterschieden:

- Leistungs- und Entwicklungsprozesse,
- unternehmensweite Kompetenzbildung und
- Unternehmensentwicklung bzw. -erneuerung.

Diese Prozesse können hier weiterhelfen. Ihre unterschiedliche Natur erfordert divergente Organisierungen. Als dafür kritisch erweist sich das jeweilige Verhältnis von zu nutzendem vorhandenen Wissen und neu zu entwickelndem Wissen. Jeder der drei Prozesse bezieht sich sowohl auf die Nutzung oder Multiplikation vorhandenen als auch auf die Entwicklung neuen Wissens, wenn auch in unterschiedlichen »Mischungsverhältnissen«. Daraus leiten sich wichtige Schlußfolgerungen ab. Wir wollen das nun der Reihe nach näher betrachten und beginnen mit den Leistungs- und Entwicklungsprozessen.

I) Leistungs- und Entwicklungsprozesse

a) Das Wissen in den Leistungsprozessen

»ABS, das ist was für die Dummen.«
Niki Lauda

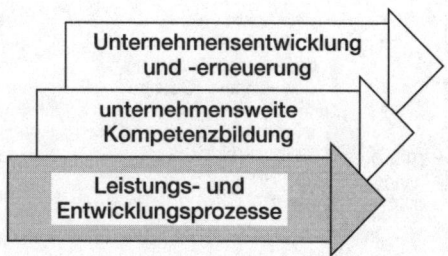

Man kann Unternehmen differenzieren, je nachdem ob sie in ihren Leistungsprozessen eher vorhandenes Wissen nutzen oder vor allem neues Wissen entwickeln. Wissensentwikkung beschäftigt jene Unternehmen bzw. Bereiche am intensivsten, die sich in ihren kundenbezogenen Leistungen mit komplexen und nicht- oder wenig standardisierbaren Problemen auseinandersetzen. Verfügbares Wissen wird für die Lösungen dieser Probleme genutzt. Vor allem aber ist es interessant, neuentwickeltes Wissen passend zu den individuell unterschiedlichen Kundenproblemen einzubringen. Unternehmensberatung, die kundenspezifische Projekte verfolgt (und nicht »Konserven« verkauft), Engineering-Organisationen, die Auftragsentwicklung betreiben (und nicht nur Routinekonstruktionen vertreiben), Designfirmen, die neuartige Produktdesigns entwerfen (und nicht nur die zehnte Variation einer bestehenden Telefonfamilie zeichnen), Forschungslaboratorien, die neue Chemikalien untersuchen – sie alle betreiben Wissensentwicklung. Ihre (internen wie externen) Kunden wollen auf sie zugeschnittene Lösungen, die in diesem Sinn einmalig sind, d.h., sie wollen in der

Regel neue Lösungen. Dafür zahlen sie, darin liegt das Geschäft.

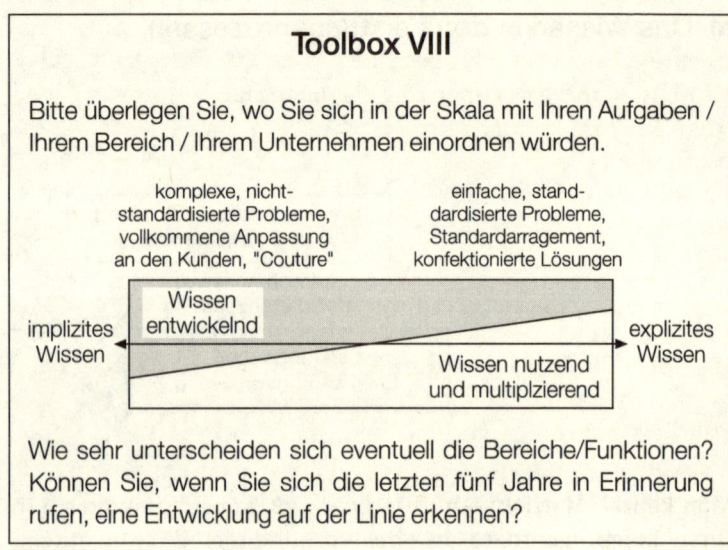

Toolbox VIII

Bitte überlegen Sie, wo Sie sich in der Skala mit Ihren Aufgaben / Ihrem Bereich / Ihrem Unternehmen einordnen würden.

komplexe, nicht-
standardisierte Probleme,
vollkommene Anpassung
an den Kunden, "Couture"

einfache, stand-
dardisierte Probleme,
Standardarragement,
konfektionierte Lösungen

implizites
Wissen

Wissen
entwickelnd

explizites
Wissen

Wissen nutzend
und multiplzierend

Wie sehr unterscheiden sich eventuell die Bereiche/Funktionen? Können Sie, wenn Sie sich die letzten fünf Jahre in Erinnerung rufen, eine Entwicklung auf der Linie erkennen?

Welche Organisierungen können dabei unterschieden werden? Je komplexer und individueller die Probleme sind, desto eher wird in projektmäßigen, temporären Strukturen gearbeitet. Bestes Beispiel sind Beratungsfirmen, die sich – ausgenommen stabile Infrastrukturen wie Rechnungswesen oder zur Personalrekrutierung – ganz »adhocratisch« ausschließlich rund um Kundenprojekte organisieren. Strukturen bilden sich fokussierend auf Projekte. Der Entwicklungscharakter dieser Aufgaben erübrigt zumeist die Ausdifferenzierung einer eigenen F & E-Abteilung. F & E – Wissensentwicklung – passiert in den Projekten und der projektübergreifenden Konzeptentwicklung.

Welche Rolle spielt dabei Wissensnutzung? Zunächst einmal können komplexe Probleme nur dann sinnvoll angegangen werden, wenn die Wissensbasis stimmt. Es geht darum, »sein Metier zu beherrschen«. Darunter versteht man die Einhaltung der Wissens-, Kompetenz- und Qualitätsstandards sowie einen ganzheitlichen Blick für mögliche Lösungen. Der Unternehmensberater, der bislang nur mit EDV zu tun hatte, sollte nicht Reengineering verkaufen, der Designer, der seinen Stift nicht gerade in der Hand halten oder den Cursor nur zittrig über den Bildschrim führen kann, macht besser kein Angebot. Zur Nutzung von Wissen zählt insbesondere auch der systematische und kontextgerechte Einsatz von Instrumenten und Methoden. Die strategische Analyse mittels Portfolio à la BCG ist ein Beispiel dafür.

Eine weitere Nutzungsmöglichkeit ergibt sich mit der Definition von Modulen. Sie bieten Möglichkeiten zur effizienten Wiederverwendung des einmal gewonnenen Wissens. Während Instrumente und Tools das methodische Vorgehen in der Wissensentwicklung betreffen, orientiert sich die Definition von Wissensmodulen an effizientem Wiedereinsatz. Das Engineering-Unternehmen, das alle seine mikromechanischen Teile bei jedem Auftrag neu erfindet, anstatt die Erkenntnisse der letzten Projekte direkt zu nutzen, bringt sich und seine Kunden um Produktivitätsvorteile. Die Nutzung und Multiplikation von Wissen bezieht sich also auf professionelle Standards einerseits und auf Effizienz andererseits.

Den wissensentwicklungsintensiven Unternehmen stehen jene Unternehmen gegenüber, die vornehmlich Wissen nutzen und multiplizieren. McDonald's als Paradebeispiel zeigt, wie man eine Imbißkette aufziehen kann, indem man eine Geschäftsidee hervorragend vermarktet und die Leistungsprozesse, soweit es geht, in Routinen übersetzt. Ist das geschehen, kann mit den Mitteln herkömmlichen Managements eine Niederlassung betrieben werden. Das Wissen um die Fertigung und den Vertrieb von Hamburgern wird also expliziert und systematisiert und in Routinen, Prozeduren und Technologien übersetzt. So entsteht strukturelles Wissen. Die Intelligenz liegt im System. So wie das ABS-System die Reaktionsmöglichkeiten des normalen Autofahrers in kritischen Situationen bereichert und damit dessen Sicherheit, aber auch die der anderen Verkehrsteilnehmer erhöht, erzeugt strukturelles Wissen kommerzielle Möglichkeiten, die sonst nicht »drinnen« lägen. Der Rennfahrer braucht kein ABS, aber wer ist schon Rennfahrer? Systematisiertes Wissen kann vielfachst multipliziert werden. Darin liegt der Gewinn dieser Unternehmen. Wissensentwicklung in den Leistungsprozessen nimmt hier einen vergleichsweise geringen Anteil in Anspruch.

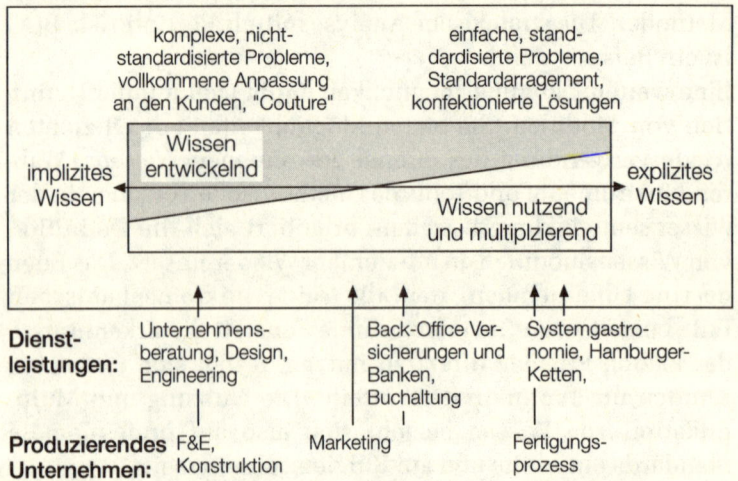

Abb.: Unternehmen zwischen Wissensentwicklung und -nutzung

Zwischen diesen beiden Extremen liegen die verschiedenen Schattierungen. Banken zum Beipiel haben heute eine Spannbreite, die zwischen hochgradig wissensintensiven und -entwickelnden Leistungen etwa im Risikomanagementbereich oder der Unternehmensfinanzierung und den redundanten Abläufen des Zahlungsverkehrs liegt. Typischerweise werden letztere Bereiche immer mehr automatisiert. Gewissermaßen einen kritischen Punkt stellt der Schalterangestellte dar: Ist er die humane Verlängerung der Automatisierung, oder ist er Berater des Kunden, der individuell auf Wünsche eingeht? Wissensnutzung und Wissensentwicklung stehen also meist komplementär zueinander. Selbst in den Produktionsprozessen, die eigentlich Paradebeispiele strukturellen Wissens darstellen und darum seit jeher auch den heftigsten Rationalisierungs- und Automatisierungsbestrebungen unterworfen sind, ist man wohlweislich wieder dazu übergegangen, das implizite Wissen der Arbeiter und Arbeiterinnen, das in deren Erfahrungen liegt, zugunsten einer kontinuierlichen Verbesserung des Produktionsprozesses zu nutzen. Wie man spätestens seit der TQM-Welle, welche die Industrie überrollt hat, weiß, geht es um ständige Optimierung und kontinuierliche Prozeßinnovationen. Neben dem Fließband steht nun, wie etwa bei Opel in Eisenach, eine kleine Werkstatt, wo Verbesserungen ausprobiert werden können. Qualitätszirkel sind ein zusätzliches Beispiel für Wissensnutzung und -entwicklung in der Produktion.

Ein anderes Beispiel für die Nutzung und Multiplikation von vorhandenem Wissen ist das Patent-Portfolio-Management. Viele Unternehmen besitzen eine Unzahl von Patenten, in deren Codifikation und Schutz erheblich investiert wurde. Gleichzeitig läßt sich beobachten, daß es zahllose »Patentwaisen« gibt, also nicht genutzte, geschweige denn kommerzialisierte Patente. In den aufwendigen Schutz wird Energie gesteckt, in die Nutzung nicht. Das Wissen liegt brach, das darin gebundene intellektuelle und finanzielle Kapital wird verschleudert. Patent-Portfolios werden vielfach eher »verwaltet« denn als Geschäftsmöglichkeiten gesehen und wahrgenommen.

Dies schwante Dow Chemical, als 1993 eine neue Managementfunktion definiert wurde, der »director of intellectual asset management«. Seine Aufgabe war es, eine bislang passive Funktion, die Verwaltung von Dows, 29 000 Patenten, von denen bis dahin weniger als die Hälfte ausgebeutet worden waren und deren Erhaltung pro Patent ca. 250 000 $ kostet, in ein aktives Management von Geschäftsmöglichkeiten zu verwandeln. Der neue Direktor stellte so vermeintlich einfache Fragen wie: Was sind die einzelnen Patente wert, und was kosten sie? Was muß getan werden, um ihren Wert zu maximieren? Behalten, verkaufen oder lizensieren? Dies in Abstimmung mit den Fragen: Was ist die Geschäftsstrategie, und welche Rolle spielt welche Wissensdomäne? Was ist demzufolge die Patentierungsstrategie der Dow und last but not least ihren Konkurrenten? In kurzer Zeit konnten die Patenterträge vervielfacht werden. Darüber hinaus kann die Analyse externer Patentdaten, die heute die Patentämter elektronisch speichern, wertvolle Informationen liefern: z. B. über den technologischen Wettbewerb, für die Bewertung von Akquisitionen und Ventures, für die eigenen Schwerpunkte in der F&E, um Doppelentwicklungen zu vermeiden.

Einige Beispiele für die Nutzung von Wissen haben wir zusammengefaßt:

Implizites Wissen nutzen (z. B. durch kreative Suchprozesse, Dialoge u. ä.)

Codifizierung impliziten Wissens in:
– Instrumente, Methoden
– fixierten Vorgehensweisen
– Checklisten etc.

Standardisierung:
– Module
– Simulationsprogramme

Explizierung konsistenter Konzepte und Theorien

Definition von Standards (z. B. im Qualitätsmanagement, ISO-Zertifizierungen)

Interne und externe Datenbanken, Bibliotheken, Expertensysteme etc.

Infrastruktur:
Patent-Portfolio-Management (aktive Bewirtschaftung existierender Patente)

»Knowledge Maps & Yellow Pages« (Zugangsmöglichkeiten zu Wissensträgern schaffen)

---

b) Das Wissen in Entwicklungsprozessen

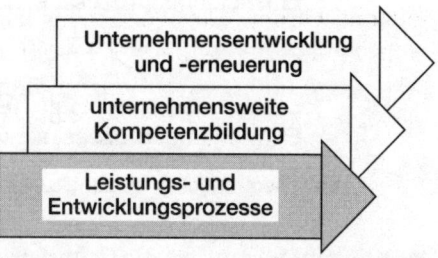

Bei einem Produktentwicklungsprojekt zeigt sich das Verhältnis zwischen vorhandenem und neuem Wissen erwartungsgemäß umgekehrt zu der Relation standardisierter Leistungsprozesse. Wie sieht das aus? Stellen wir uns vor, ein Auftrag für ein neues Produkt, eine Innovation, wird von der Unternehmensleitung formuliert, die Ziele und die organisatorischen Inputs, der Rahmen und die Ressourcen des Innovationsprojekts werden skizziert.

Entwicklung findet üblicherweise in einem Team statt, dessen Mitglieder sich aus den relevanten Bereichen – z. B. F&E, Konstruktion, Fertigung, Marketing, Vertrieb – rekrutieren. Schließlich soll die Entwicklung simultan stattfinden, denn erfahrungsgemäß ist die Entwicklungszeit kürzer und die Qualität des Resultats simultaner Prozesse besser als die sequentiell organisierter Prozesse (s. Abb.).

Stellen wir uns vor, das Team startet mit einem Kick-Off, indem es sich den Auftrag zu eigen macht und neben den organisatorischen und strategischen Überlegungen vor allem das implizite Wissen der Teammitglieder befragt. Es ist dies das intensive Suchen nach neuen Ideen, nach alternativen Möglichkeiten, also ein kreativer Suchprozeß. Das implizite Wissen der Teilnehmer wird aktiviert und im Dialog der Teammitglieder expliziert. Im Teilen des eigenen Wissens und der eigenen Ideen mit denen der anderen entstehen neue Anknüpfungen, unerwartete Anschlüsse und ungeahnte Verzweigungen (»im Baum der Erkenntnis«), die schließlich in ein Konzept münden.

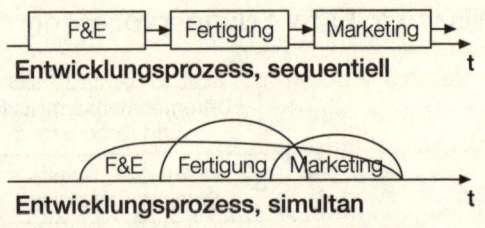

Abb.: Sequentieller vs. simultaner Entwicklungsprozeß

Das Konzept formuliert die Grundstruktur der Innovation und deren Implikationen und etabliert eine Basis für die weitere Verständigung und Wissensentwicklung. Beispielsweise könnte der Auftrag lauten, einen »intelligenten Pullover« zu entwerfen, der, angepaßt an die Temperaturumgebung, mehr oder weniger Wärmeleistung entwickeln kann. Das Konzept dieses Pullovers wird nunmehr im Unternehmen getestet. Mit der Marketingabteilung: Gibt es Kunden, die sich dafür interessieren würden? Mit der Entwicklungsabteilung: Gibt es Materialien, die so etwas erlauben würden? Mit der Fertigungsabteilung: Was bräuchte es, um so einen Pullover produzieren zu können? Gleichzeitig stellt sich die Frage, inwieweit der »intelligente Pullover« den strategischen Absichten entspricht. Was kann damit erreicht werden, was nicht? Im besten Fall? Im schlechtesten Fall? Welche Folgewirkungen sind zu bedenken? Welche Implementierungsfragen ergeben sich? Was muß alles entwickelt oder erworben werden, damit man den Pullover produzieren und vermarkten kann?

Jeder Test, jede Abstimmung bringt neues Wissen hervor, das dann wieder ins Entwicklungsteam fließen kann – wenn man dafür sorgt. Ist das Konzept ausgereift, wird ein Prototyp hergestellt. Dieser Prototyp – ein reales Modell bei Produkten, eine Simulation bei Dienstleistungen – regt, in seiner sinnlichen Erfahrbarkeit und im möglichen emotionalen Durchleben, neuerlich an, Wissen zu produzieren; nicht nur im Entwicklungsteam, sondern auch darüber hinaus im Unternehmen. Modelle und Simulationen sind strategische Knotenpunkte in Entwicklungsprozessen. Sie ermöglichen schnelleres Lernen und die bessere Entwicklung einer gemeinsamen Sprache (Integration). Die sinnliche Wahrnehmung durch die Verkörperung des Konzeptes und seiner Ideen in einem Modell ist z. B. ein wesentliches Moment im Industrial Design und für die Entscheidungen, die dieser Prozeß beinhaltet. Frogdesign etwa betrachtet seine Fähigkeit, Prototypen und Modelle zu bauen, als eine seiner Kernkompetenzen. Wird ein neuer digitaler Personal-Assistent entworfen, wird er als Modell gebaut, so daß mit den Kunden gemeinsam handgreiflich erfahren werden kann, was das neue Produkt und sein Design ausmachen wird.

Ähnliches gilt für den Dienstleistungsbereich. Ein renommiertes Weiterbildungsinstitut hatte eine neue Veranstaltungsform konzipiert. Bevor sie diese den Kunden zumuten wollten, machten sie ein »Prototyping«. Die neue Veranstaltungsform wurde mit den Institutsmitgliedern als Teilnehmern durchgespielt und getestet. Diese »Generalprobe« führte zu wichtigen Veränderungen des Konzepts, das in der Folge erfolgreich am Markt eingeführt wurde.

Zurück zum Pullover: Quer über die Funktionsbereiche hinweg wird anhand des Prototyps detailliertes Wissen aus und für Konstruktion und Fertigung, Marketing und Vertrieb des Produktes (oder der Dienstleistung) erzeugt. Aber auch jenseits der Unternehmensgrenzen können Kundenreaktionen und -erfahrungen eingeholt werden. Der Prototyp des neuen Pullovers wird beispielsweise bei einer Handvoll Schlüsselkunden, etwa Extremsportlern und großen Händlern, ausprobiert. »We stay close to our best and brightest customers and learn how their changing technical demands should fundamentally change the computers we produce«, sagt Ed McCrakken, Chef von Silicon Graphics. Das Wissen und die Erfahrungen der Kunden werden wesentlicher Bestandteil des neuerlichen Wissensentwicklungsprozesses, der durch die Erfahrungen mit dem Prototyp ausgelöst wurde. Die Produktentwicklung durchläuft insofern eine Spirale, die mehrmals vom impliziten Wissen zum Konzept und vom Konzept zum Prototypen läuft.

Diese Spirale gestalten und organisieren – also managen – zu können, bildet die Fähigkeit, den Prozeß der Wissensentwicklung zu steuern.

① implizites Wissen nutzen,

② mit explizitem Wissen kombinieren,

③ in ein Konzept bringen,

④ dieses auch außerhalb des Projektteams testen und rechtfertigen,

⑤ das dadurch angeregte Wissen wieder ins Projekt bringen,

⑥ verarbeiten und einen Prototypen - ein Modell, eine Simulation - bauen,

⑦ damit innerhalb wie außerhalb des Unternehmens Wissen einholen

⑧ und neuerlich verarbeiten

⑨

Abb.: Der Prozeß der Wissensentwicklung

Dieser Prozeß wird in seiner Spiralform mehrfach durchlaufen:

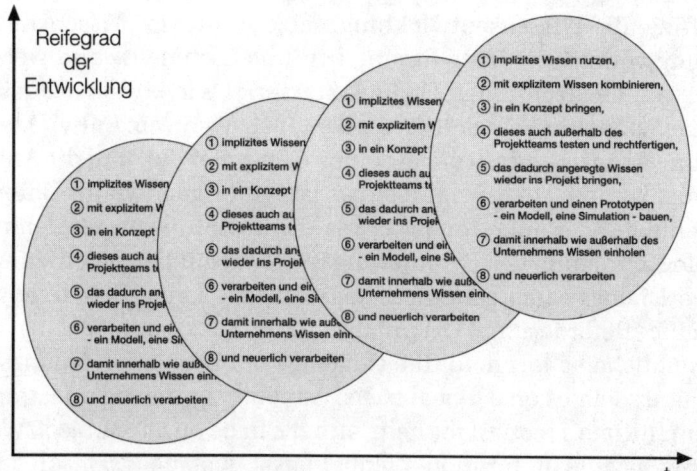

Mit unserem Wissensquadranten verknüpft, stellt sich der Prozeß wie folgt dar:

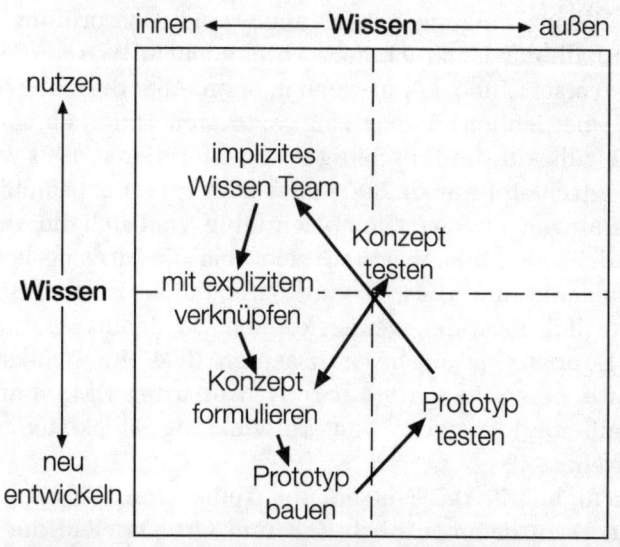

Abb.: Wissensentwicklung als interaktiver Prozeß

Primat Wissensentwicklung

Effiziente Wissensentwicklung setzt optimale Wissensnutzung voraus. Die Installierung von unternehmens- und weltweiten elektronischen Dialogsystemen – wie etwa bei Buckman Laboratories – zielt genau darauf ab. Wenn ein Entwickler eine Frage hat, gibt er sie in seinen Computer ein, und die Antwort kommt, sofern sie lieferbar ist, von irgendwo im Unternehmen. Wer auch immer etwas dazu weiß, kann reagieren. Die Koppelung des Beförderungssystems mit der Beteiligung am Dialogsystem garantiert Reaktionen – keine Beteiligung, keine Beförderung. Originalton Bob Buckman: »We have established a forum for the exchange of information amongst our associates on a global basis. Anybody in the organization can initiate a request for help, and it can be on any subject. We now have team form on a global basis, instaneously, solve a problem, and disband within the space of a few hours, without management knowing about it until it is all over. This unlimited sharing of knowledge is what is expanding the power of the individual in the organization.«

Zur Wissensnutzung gehört auch eine Überprüfung von außerhalb des Unternehmens vorhandenem Wissen. Das ist selbstverständlich, könnte man meinen. Aber die real existierende betriebliche Praxis zeigt, daß sich Unternehmen oft nicht frühzeitig und sorgfältig genug informieren. 1994 waren in Deutschland nur ca. 30 % aller zum Patent angemeldeten Erfindungen auch wirklich patentfähig, weil sich die Anmelder nicht die Mühe machten, sich über die Ausgangslage zu informieren; und dies, obwohl Patentdatenbanken 24 Stunden täglich abgerufen werden können. Die daraus resultierenden Doppelerfindungen verursachten 1994 einen volkswirtschaftlichen Schaden von ca. 24 Milliarden DM, vom Verschleiß an Kreativität und Entwicklungsfähigkeiten ganz abgesehen.

Aber nicht nur das Nutzen und Teilen von Wissen allein zählt. Dazu kommen noch Zeit und Ort. Das Rad der Wissenslogistik läuft, und es läuft immer schneller (und wir

Hamster laufen mit). Das Tempo, das in etlichen Branchen herrscht, ist ein Tempo der Wissensperformance. Wer hier die Nase vorn hat, gewinnt. Dabei zählt aber auch nicht die Zeit allein. Nur weil man schnell läuft, steuert man noch lange nicht in die richtige Richtung. Orientierungsläufer wissen ein Lied davon zu singen. Was dem Orientierungsläufer der Blick auf die Karte ist – und zwar dann, wenn er nicht so sehr außer Atem ist, daß er vor lauter Keuchen die Karte gar nicht mehr entziffern kann –, ist dem Unternehmen seine strategische Architektur.

Erst wenn man weiß, was man ereichen will, gewinnt Schnelligkeit ihren Sinn. Sonst geht es einem wie »dem Wilden auf seiner Maschin'« in dem alten österreichischen Kabarettlied, der zwar nicht weiß, wohin er will, »aber dafür ist er schneller dort«. Unternehmen mit sehr effizienter Entwicklung sind in der Lage, in kürzester Zeit ihre Entwicklungen zu machen, sie können mehr Entwicklungsprojekte durchführen und können flexibler auf Markttrends reagieren. Erst wenn sich Zeitverkürzung und Beschleunigung in der Entwicklung in dieser Weise auszahlen, dann macht sie Sinn. »We have short cycle times so that we can start our development cycles later. By doing so, we get the latest input from customers and use the latest technologies to give them what they want«, beschreibt Ed McCracken die diesbezüglichen Qualitäten seines Unternehmens.

Erst durch die Kürze der Entwicklungszeiten, zusammen mit der engen Vernetzung von neuer Technologie und den Kunden, kann man jene strategische Flexibilität gewinnen, die heute in den dynamischen Märkten erforderlich ist. Die organisatorische Voraussetzung dafür ist erstens die hohe externe Vernetzung des Unternehmens mit den Orten, an denen das entscheidende implizite und explizite Wissen für die nächsten Kundenlösungen vorhanden ist. Darum definiert Silicon Graphics seine »best and brightest«-Kunden als »lighthousecustomers«. Es sind die Leuchttürme, die den Weg weisen, und an sie sollte man sich halten, will man die Klippen des Wettbewerbs erfolgreich umschiffen. Die zweite organisatorische Voraussetzung ist die Entscheidungsfähigkeit des Managements, orientiert an der strategischen Architektur.

Zusammengefaßt stellt sich die Situation wie folgt dar: Primat ist die Wissensentwicklung. Die kontinuierliche Entwicklung erlaubt sowohl, innovativ zu sein als auch mit raschen Produktvermehrungen, schnellen Leistungsverbesserungen und intensiver Marktsegmentierung strategisch offensiv zu arbeiten. Damit zeigt sich die Veränderungsrichtung: Es geht darum, von einem stark abgegrenzten Unternehmen mit (im Verhältnis zur Konkurrenz) relativ langsamen Entwicklungszyklen...

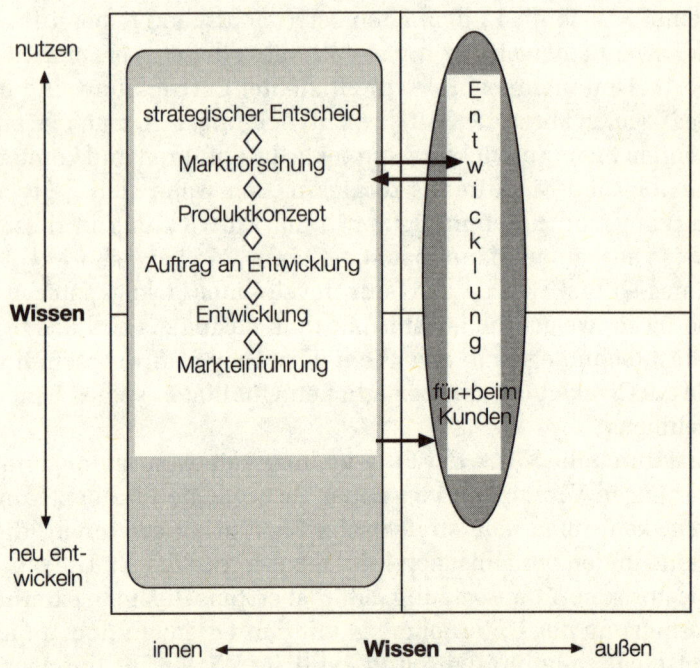

Abb.: Abgegrenztes Unternehmen – langsame Entwicklung

...zu einem offenen, vernetzten Unternehmen zu kommen, das infolge seiner kurzen Zyklen fähig ist, sich rasch und »just in time« und »just for him« auf Kundenprozesse einzustellen.

208

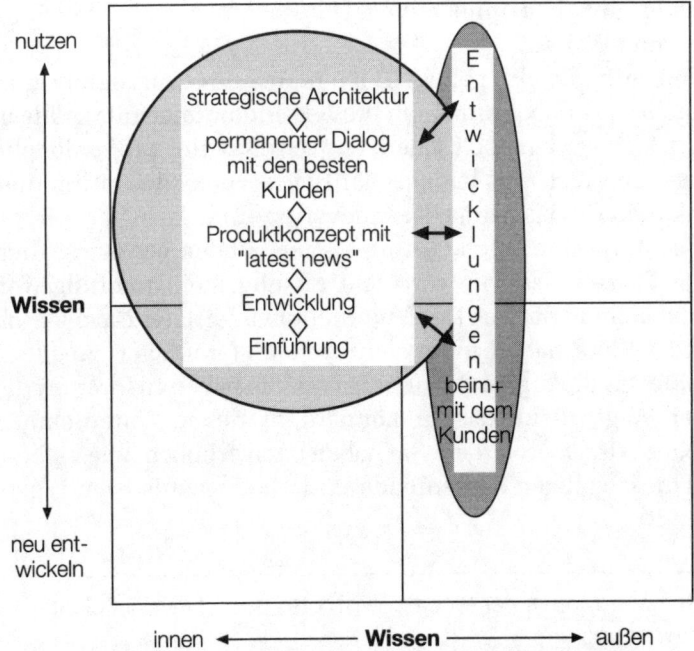

nutzen

strategische Architektur
◇
permanenter Dialog
mit den besten
Kunden
◇
Produktkonzept mit
"latest news"
◇
Entwicklung
◇
Einführung

Entwicklungen beim+ mit dem Kunden

Wissen

**neu ent-
wickeln**

innen ◄————— **Wissen** —————► außen

Abb.: Vernetztes Unternehmen – schnelle Entwicklung

Die höhere Entwicklungsgeschwindigkeit erlaubt also eine engere Kundenbindung, einen intensiven und permanenten Dialog und das flüssigere Spielen auf der Klaviatur der Wettbewerbsstrategien.

Welcher Weg führt zum Glück?

Der Primat der Wissensentwicklung macht dann besonders Sinn, wenn ein Unternehmen innovativ sein will. Der Halbleiterhersteller Intel hat sich zum Beispiel ganz auf sein Kerngeschäft, den Bau von Mikroprozessoren, konzentriert, das Entwicklungstempo drastisch verschärft, die Innovationsraten erhöht und seine Produktionskapazitäten so erweitert, daß Konkurrenten kaum mehr nachkommen können. Der

Erfolg gibt dem innovativen Unternehmen recht. Bei Intel gewinnt Wissen.

Innovation ist also gefragt. Dazu braucht es Unternehmen, in denen es von Experimenten brodelt und permanent vor Ideen gärt. Wir werden noch sehen, wie sehr Neugier, professionelle Abenteuerlust und leidenschaftliches Forschen notwendige Faktoren für das Klima der Innovation sind.

Wie häufig sind solche Unternehmen? Reden wir womöglich von Einzelfällen, die gar nicht als allgemein richtungsweisend gelten können? Der Unternehmensforscher Dave Ulrich und andere haben untersucht, wie Unternehmen zu Ideen kommen, die für sie Gewicht haben. Sie haben in ihrer Studie vier Wege identifizieren können, in denen Unternehmen neues Wissen erwerben. Sie haben auch erhoben, wie verbreitet die jeweiligen Wissenpfade sind. Die Ergebnisse sind spannend:

Primärer Modus der Ideengewinnung	Motto	Häufigkeit in %
Kontinuierlich verbessern	»improve it«	34 %
Wissen akquirieren	»buy it«	25 %
Experimentieren	»try it«	21 %
»Über den Zaun gucken«	»adapt it«	15 %

Unser experimentierfreudiges Unternehmen findet sich mit 21 % vertreten. Der häufigste Typus ist »kontinuierlich verbessern« mit 34 %, am geringsten ausgeprägt sind die Adaptionsfreudigen, die sich Ideen bei anderen suchen. Die Forscher haben auch analysiert, welche Konsequenzen der jeweilige Modus hat. Was haben sie für die »Experimentier«-Unternehmen, die uns hier besonders interessieren, herausgefunden? Die Untersuchung zeigt, daß für Unternehmen, die experimentierorientiert sind, folgende Merkmale gelten:

- Sie sind in ihren Märkten tendenziell die ersten mit neuen Produkten.
- Sie sind flexibel in der Organisierung.
- Das Management muß innovationswillig und bereit sein, neue Ideen auszuprobieren, bevor sie vollständig getestet sind.
- Dafür ist man manchmal zu schnell und überlegt sich zuwenig Alternativen.
- Sie haben die höchste Wettbewerbsfähigkeit.
- Sie sind am besten für Unternehmenswandel geeignet.
- Sie sind entsprechend in den Branchen, die einem rapiden Wandel unterworfen sind, die besten Unternehmen.
- Sie tendieren eher zu Differenzierungsstrategien als zu Kostenführerschaft.
- Sie sind mehr in Asien als in Nordamerika oder in Europa vertreten.
- Sie neigen dazu, ihre Wettbewerbsfähigkeit rapide zu verlieren, wenn sie mit bürokratischen Kulturen verbunden (z. B. fusioniert) werden.

Diese Ergebnisse sprechen für sich. Wenn man Führerschaft in wissensintensiven Branchen anstrebt, dann führt kein Weg an einer Wissensentwicklung vorbei, die sich des Experiments nicht nur im Labor, sondern auf allen Ebenen des Unternehmens bedient. Die Wissensentwicklung braucht das Experiment und das Experimentieren. Beobachten – Operieren – Testen, BOT: Das ist die Erfolgsschleife des Experimentierens.

Chip Chip Hurra – Kollaboration in einer Welt von »Mouse-Commandern«

Weltweite Vernetzung durch Computer, E-Mail und Groupware, die räumliche Ausweitung der Arbeitskontexte auf der einen und die beinahe bedingungslose Simultanität der Aktivitäten auf der anderen Seite, ist das die Vision? Direkte Sprache, bedrucktes Papier ganz abgelöst durch digitale Zeichen, eingegeben auf der Tastatur und gesteuert mit der Maus: »We are all becoming Mouse-Commanders«, wie ein Netzwerkenthusiast ausgerufen hat.

Die moderne Informationstechnologie liefert dazu heute schon die Mittel. Lockheed, Kodak oder auch Daimler Benz haben beispielsweise Entwicklungssysteme installiert, die Veränderungen, welche an einem Teil des Entwicklungsprojektes vorgenommen werden, sofort elektronisch für die anderen Entwickler verfügbar machen. Die Gründe für eine vorgenommene Veränderung können zusätzlich gespeichert werden, so daß im nachhinein nochmals nachvollzogen werden kann, warum eine Veränderung vorgenommen wurde und weshalb in dieser und keiner anderen Form. So können auch hochgradigst komplexe Projekte in simultaner Weise durchgeführt werden.

Eines der großen Probleme komplexer Entwicklungen ist ja die Interdependenz der verschiedenen Teile. Wenn die Designer bei der Karosse des neuen Automodells eine Veränderung vornehmen, hat das Konsequenzen z. B. für die mögliche Motorhöhe, die Motoraufhängung, das Fahrwerk, den Innenraum usw. Auch in der Softwareentwicklung ist man mit der hochgradigen Interdependenz von Programmteilen konfrontiert. Verändert die eine Gruppe die Speicherleistung, klappen bei der anderen die Datenzugänge nicht mehr. Die Beispiele sind Legion. Bei der Entwicklung von Windows NT wurde dieses Problem durch den Projektleiter David Cutler gelöst, indem er das erst rudimentär existierende Windows NT zur Basis, zum Arbeitsmittel der Entwickler erhob. Die Programmierer arbeiteten also mit ihrem zu entwickelnden Programm am Programm selbst. Die Nerven, die die Verwendung dieses natürlich noch gänzlich ineffektiven Instruments kostete, wurden aus Unternehmenssicht mehr als aufgewogen durch die Effizienz der Entwicklung, die sich mit der besseren und rascheren Möglichkeit ergibt, die Interdependenzen der Veränderungen zu testen.

Die für die Wissensentwicklung relevante Würze, die in den

Dialogsystemen und den Computernetzen liegt, besteht darin, daß diese nicht nur dem Informationsaustausch dienen, sondern erlauben, gemeinsame Arbeit zu praktizieren. »Doing real work simultanously«, das ist der Schlüssel zur ungeheuren Beschleunigung der Wissensentwicklung. Wichtig dabei ist, daß die Technologie selbst Spaß macht und somit die Bentzung attraktiv ist. Dann kommt die Energie rein, die bewegt. Gleichzeitig gibt es eine Dehnung der Grenzen der wissensproduzierenden Einheiten. Bob Buckmans Vision einer weltweiten (virtuellen) Kollaborative transportiert diesen Gedanken. Das bedeutet auch, daß sich die Kompetenzbildung des Unternehmens insgesamt verändert. Die Vernetzung der Köpfe findet nicht mehr nur über Konferenzen und Meetings statt. Wer fürchtet, daß die Cyber-Welten die persönlichen Begegnungen ersetzen werden, der sieht sich angesichts der Erfahrungen in den fortschrittlichen Unternehmen angenehm enttäuscht. Videoconferencing, E-Mail etc. sind Hilfsmittel und werden als solche eingesetzt. Sie beseitigen aber keineswegs die Notwendigkeit direkter, persönlicher Gespräche, die erst wirklich zur intensivsten Arbeit wie auch zum Aufbau des nötigen Vertrauens befähigen.

Die Konsequenzen

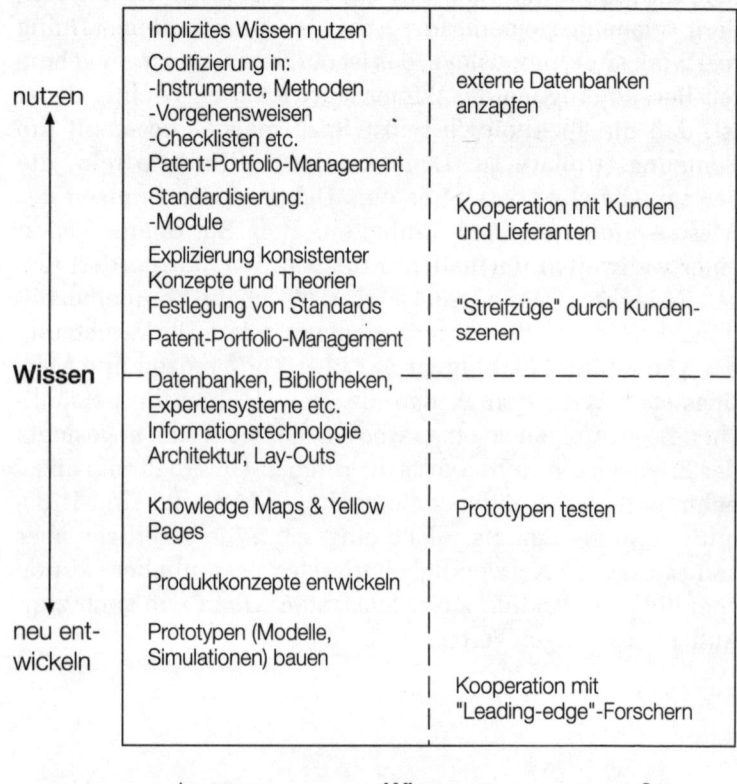

Abb.: Beispiele Wissensnutzung & -entwicklung in Leistungs- und
Entwicklungsprozessen

Welche Konsequenzen sind aus der Diskussion um Leistungs-
und Entwicklungsprozesse für die Organisierung des Wissens
abzuleiten?

Leistungsprozesse
Sie sind mit den Mitteln des herkömmlichen Managements
gut organisierbar, sofern dieses um die Prozeßperspektive
erweitert wird. So, wenn z. B. die Auftragsabwicklung als Pro-

zeß gesehen wird, der kundenbezogen gestaltet ist und vom Eingang der Bestellung bis zur Rechnungslegung eine zusammenhängende Logik aufweist. Hierzu gibt es reichhaltiges Material, Studien und Beratungskonzepte.

Die wissensbezogene Leitfrage bei Leistungsprozessen lautet, wie das vorhandene Wissen identifiziert und genutzt werden kann. Die Auswertung der Erfahrungen, die in den Leistungsprozessen sowohl intern als auch extern mit den Kunden, Lieferanten oder anderen gemacht werden, bedeuten einen Übergang zur Wissensentwicklung. Die folgende Baum-Grafik gibt in diesem Sinn einen Überblick:

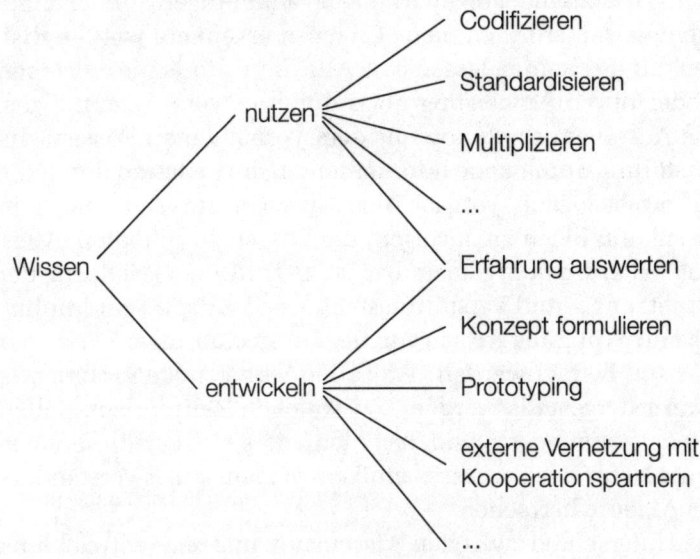

Abb.: »Baum des Wissens«

Entwicklungsprozesse

Mit dem Primat der Wissensentwicklung kommt den Entwicklungsprozessen besondere Bedeutung zu. Wir haben auch beschrieben, wie sich mit der Zunahme der komplexen und gering-standardisierbaren Kundenprobleme die Entwicklungsarbeit immer mehr in den Leistungsprozeß hinein verlagert. Leistung und Entwicklung rücken näher aneinander.

Was gibt es hier zu beachten? Drei Ebenen unterscheiden wir.

1. Formgebung der Emergenz

Wissensentwicklungen sind dynamische Prozesse, die ihre Bewegung aus dem Vorantreiben der Inhalte gewinnen. Das heißt, die kritischen Größen dieser Prozesse sind neben den Ressourcen die Elemente, die der Wissensentwicklung selbst Gestalt geben. Was bedeutet das? Wissensentwicklung ist ein emergenter Prozeß: Es entstehen neue Ideen, die wiederum neue Fragen aufwerfen, Bestehendes verwerfen oder bedrohen, zusätzliche Folgewirkungen ankündigen, unbekannte Sichtweisen eröffnen, neue Chancen erkennen, weitere Risiken durchscheinen lassen usw. Alle diese Momente entstehen weder durch Anweisung noch durch clevere Aktennotizen. Die Auseinandersetzung mit dem vorhandenen Wissen, die Verstörung durch neue Informationen, die Irritation durch die auftragsbezogene Vorgabe des Managements, all das gibt Anlaß, um Ideen zu bewegen, um Wissen zu schöpfen. Alles, was dabei fremdorganisierbar ist, betrifft die Gestaltung der Vernetzungs- und Verstörungsmanöver. Wer soll sein implizites und explizites Wissen von Beginn an einbringen? Wer oder was soll befragt werden? Wo sollen Vernetzungen intern wie extern hergestellt werden? Zu welchen Zeitpunkten sollen »Rechtfertigungen« und Tests laufen? etc. Über diese emergente Natur des Prozesses muß ein gemeinsames Verständnis der Akteure herrschen.

Der Unterschied zwischen Wissensnutzung und -entwicklung liegt damit in der Fokussierung dessen, was als steuernd verstanden und bewertet wird. Ist es bei den Leistungsprozessen der Kundennutzen, der als Fokus der Steuerung und Organisierung fungiert – z. B. die termingerechte Lieferung individualisiert gestalteter Büromöbel in zwei Wochen und nicht wie sonst üblich zwischen einer und acht Wochen, je nach dem, wie's gerade läuft –, so kommt bei den Entwicklungsprozessen die Natur des Wissens hinzu. Welche Anhaltspunkte gibt es für den Umgang mit dieser »Natur"?

Die Skizzierung der Wissensspirale anhand der oben unterschiedenen neun Schritte, vom impliziten Wissen bis zum Prototyp usw., hat Elemente identifiziert, die diesen Prozessen zugrundeliegen. Es sind Elemente, die Form geben, Meilensteine, die Organisierung erlauben.

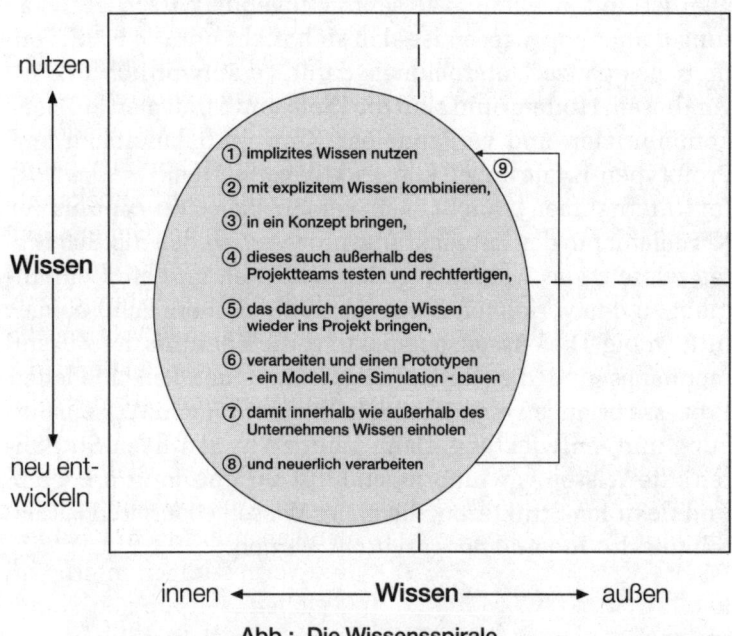

Abb.: Die Wissensspirale

2. Ressourcen- und Rahmendefinition
Dazu kommt natürlich die Definition der allgemeinen organisatorischen Rahmenbedingungen, z. B.: Wer soll in welcher Funktion dabei sein? Wieviel Zeit soll zur Verfügung stehen? Wieviel finanzielle Ressourcen sind notwendig? Wer soll leiten? Wem gegenüber ist das Projekt verantwortlich? Mit wem sind Entscheidungen abzustimmen? Wieviel Autonomie hat das Projekt? Wie soll die Zusammenarbeit innerhalb sowie außerhalb definiert werden?

3. Zielrahmen

Anläßlich der knappen Ausführungen zur F & E-Effizienz haben wir zwei wichtige Dimensionen beschrieben: Erstens, wie entscheidend die kontinuierliche, bereichs- und funktionsübergreifende Abstimmung zwischen Zielen und Strategien ist und zweitens, wie sehr gelingende Wissensentwicklung darauf angewiesen ist, daß sich nicht nur die F & E, sondern das ganze Unternehmen dafür verantwortlich erklärt. Vor diesem Hintergrund sind die Ziele und Strategien effizient kommunizier- und verhandelbar, Konzeptdiskussionen und Prototypen-Erfahrungen konstruktiv verwertbar.

Im Unternehmen braucht es ein gemeinsames Verständnis der Kernelemente der Entwicklungsprozesse, so daß die Beteiligten wissen, was welche Aktivität bedeutet, und ein Commitment zu den verfolgten Zielen abgeben können. Fehlt beides, hilft wenig. Die Wissensperspektive, die Kenntnis des Zusammenhangs und die Unterschiedlichkeit der verschiedenen Prozesse erlauben eine effiziente Integration von Wissensnutzung und -entwicklung. Dann kann zwischen fixen Strukturen, die Wissen gewinnbringend nutzen und multiplizieren, und flexiblen Strukturen, die neues Wissen generieren lassen, reibungslos hin und her geswitcht werden.

II) Unternehmensweite Kompetenzbildung

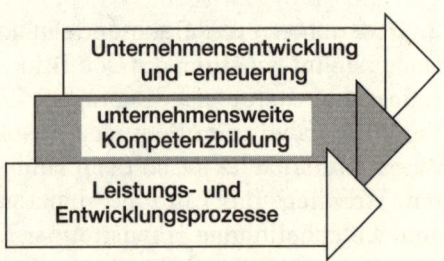

Wenn drei Berater des gleichen Unternehmens beim Kunden auftauchen und jeder einen anderen Arbeitsansatz pflegt, so weist dies auf ein Problem des Beratungsunternehmens hin: auf die schlecht funktionierenden Schnitt- oder Nahtstellen zwischen Entwicklungsprozessen und unternehmensweiter Kompetenz (-bildung). Entwicklungsprozesse tangieren, indem sie neues Wissen gewinnen, immer die Kompetenzbasis des Unternehmens. Die Verbindung funktioniert dann gut, wie oben bereits beschrieben, wenn es ein etabliertes Wissen um die Form und Eigenart der Prozesse, eine gemeinsame Sprache, verbindliche Ziele und funktionierende Abstimmungsgefäße gibt. Umgekehrt: Sie funktioniert dann schlecht, wenn die Diskussion etwa eines Produktkonzeptes die einzige Möglichkeit bietet, die eigenen, funktional orientierten Ideen im Unternehmensrahmen zu positionieren. Dann verkommen die Sitzungen, die der Abstimmung und Koordination einer Produktentwicklung und der Ausweitung der unternehmensweiten Kompetenz dienen sollten, zur Staffage von Einfluß- und Profilierungsübungen. Was produziert wird, ist reines Geschwätz, und die Meetings werden zur Meetingitis bzw. Meningitis, einer ansteckenden unternehmensweiten Gehirnhautentzündung.

Unternehmen installieren ein dichtes Netz von Konferenzen, Meetings, Koordinations- und Planungssitzungen, die einerseits zu einem permanenten Austausch an Wissen und andererseits zu einer parallelen Ausrichtung der Entwicklungsbestrebungen führen sollen. Was ist wichtig dabei? Besonders effizient sind jene Formen, die ihrererseits Wissensentwicklung betreiben. »The planning and budgeting process serves to exchange information systematically and takes on a learning aspect that is crucial to improving the company's innovative capability«, wie Stephen Gates feststellt. Dieser »learning aspect« scheidet das Geschwätz vom produktiven gemeinsamen Arbeiten. Das kann nur dann geschehen, wenn diejenigen, welche die Idee entwickeln, auch selbst in die Prozesse eingespannt sind. Und wenn die Meetings nicht zu einem kühlen Abhaken von Tagesordnungspunkten werden, sondern reale Informationen über die laufenden Entwicklungen aus den verschiedenen vertretenen Perspektiven austauschen und somit gemeinsames Wissen darüber erzeugen, was wie weitergehen soll, welche Prioritäten gesetzt werden und warum. Das setzt Raum und Klima für Diskussion voraus.

Eine weitere anspruchsvolle Voraussetzung für das Gelingen dieser Prozesse ist, daß die Spezialisten aus den verschiedenen Funktionen und Disziplinen fähig sind, die anderen anzuhören und zu verstehen. Spezialisten zeichnen sich ja gemeinhin dadurch aus, daß sie eine von den Ungläubigen abgegrenzte Welt mit eigener Sprache, eigenen Prioritäten und eigenen Glaubenssystemen bilden. Die Wälle dieser Welten niederzureißen und Brücken zu den anderen Welten zu schlagen ist notwendig, will man gemeinsame Entscheidungen treffen.

Spezialisten müssen darum zu Generalisten werden – auch wenn das der Seele des Experten ungemein widerstrebt. Trotzdem ist die Öffnung an dieser Stelle ein erfolgskritischer Faktor. Wer rüttelt also die Spezialisten hinter ihren Schreibtischen, Marktstatistiken und Computern auf? Wie kann man sie hervorholen und dem Rest dieser schönen Welt aussetzen? Beispielsweise, indem man sie in andere Bereiche versetzt und neue Eigensinnigkeiten erfahren läßt, indem man sie mit Kunden zusammensetzt und deren Problemkontexte kennenlernen läßt, indem man sie gemeinsame Projekte machen läßt und sie darin unterstützt, miteinander im Gespräch zu bleiben, und sich nicht in den Abgrenzungsmanövern – »Der versteht mich einfach nicht« oder »Die haben doch keine Ahnung, worum es geht« – verlieren läßt.

Die Herausforderung »Generalistentum« kann nur dann fruchten, wenn das Unternehmen neugieriges Verhalten unterstützt und nicht bestraft. Wenn einer, kaum äußert er seine Meinung zu einer Präsentation aus einem anderen Bereich, schon einen Rüffel erhält – »Halten Sie sich an Ihre Sachen« –, dann wird ihm mit der Zeit die Lust und das Interesse vergehen. Wie auch die Motivation, ist die Neugier leichter abzustellen als ins Leben zu rufen. Wir kommen weiter unten noch genauer darauf zu sprechen. Für das Management gilt jedenfalls: Neugier fördern. Wenn sich die Neugier als unternehmenskultureller Wert verankern kann, dann ist ein Quantensprung gemacht. Dazu gehört auch, daß Ideen gegenüber Machtpolitik Vorzug genießen. Das Unternehmen lebt von den Ideen und nicht von den Machtspielen.

Einer der Prüfsteine für die beschriebenen Verhaltensweisen ist die gelebte Offenheit nach außen. Das Aufbauen und Organisieren von Allianzen und Partnerschaften wurde bereits als wichtiges Element benannt. Im Umgang mit den externen Partnern signalisiert man gleichzeitig im Unternehmen, was man wirklich unter Offenheit, Transparenz, Neugier und Vertrauen versteht. Diese Netzwerke und z. B. virtuelle Laboratorien sind also nicht nur für die Kompetenzbildung im engeren Sinne wichtig, indem man Anschlüsse und Kollaborationen mit leading-edge-Partnern sucht und sich deren Wissen aussetzt und selbst prüfen läßt, sondern sie sind auch in ihrer symbolischen Bedeutung für diese kulturellen Werte bedeutsam.

Abschließend fassen wir wiederum in unserem Wissensquadranten wichtige Beispiele zusammen. Die wesentlichste Schlußfolgerung für das Management lautet: Gestalte die Prozesse des unternehmensweiten Wissensaustauschs und der Planung so, daß sie ihrerseits zur Wissensentwicklung werden:

- Ziele festlegen
- Raum und Klima für Diskussionen und Dialoge
- Neugier fördern
- Verarbeitungsmöglichkeiten bieten

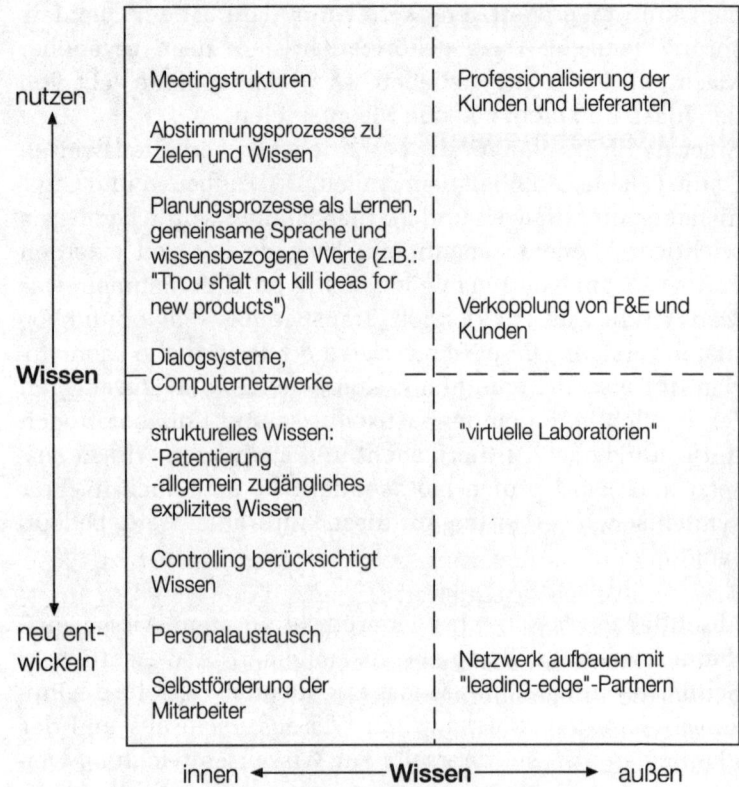

nutzen

Wissen

neu ent-
wickeln

Meetingstrukturen	Professionalisierung der Kunden und Lieferanten
Abstimmungsprozesse zu Zielen und Wissen	
Planungsprozesse als Lernen, gemeinsame Sprache und wissensbezogene Werte (z.B.: "Thou shalt not kill ideas for new products")	Verkopplung von F&E und Kunden
Dialogsysteme, Computernetzwerke	
strukturelles Wissen: -Patentierung -allgemein zugängliches explizites Wissen	"virtuelle Laboratorien"
Controlling berücksichtigt Wissen	
Personalaustausch	Netzwerk aufbauen mit "leading-edge"-Partnern
Selbstförderung der Mitarbeiter	

innen ←————Wissen————→ außen

**Abb.: Beispiele Wissensquadrant unternehmensweite
Kompetenzbildung**

Die Rollen der Arbeitsesel

III) Unternehmensentwicklung und -erneuerung

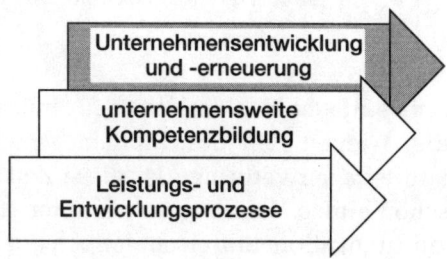

Der dritte unternehmerische Kernprozeß – Unternehmensentwicklung und -erneuerung – umfaßt alle jene Prozesse, die einer strategisch orientierten Dynamisierung des Unternehmens dienen. Dazu zählen neben der strategischen Architektur des Unternehmens insbesondere auch diejenigen Prozesse, welche die etablierten Vorgehensweisen und Geschäftsroutinen herausfordern, um das Unternehmen in Bewegung zu halten. Sie sind es, die die Unternehmensentwicklung am Laufen halten.

Offensichtlich sind diese Prozesse stark an das Topmanagement des Unternehmens gebunden. Wenn nicht das oberste Management fordert, wer tut es dann? Wir fügen gleich hinzu: Ein forderndes Management in unserem Sinne ist eines, das auch seinerseits von den Mitarbeitern gefordert wird und das auch zu hören kriegt. Wir greifen darum die Beiträge des Topmanagements im folgenden besonders heraus und ergänzen sie dann um die Rolle des Mittelmanagements und die der Wissensarbeiter. Anknüpfend an eine frühere Metapher behandeln wir die Aufgaben und Rollen der »Arbeitsesel des Wissens«.

Die Aufgaben des Topmanagements

> »We as managers are changing from being
> controllers of the flow of information,
> to facilitators and teachers of how to
> succeed in this fast changing world.«

Bob Buckman

Eine einfache Schlüsselfrage für innovative Unternehmen ist die, wieviel Zeit das Topmanagement tatsächlich mit Zukunftsfragen verbringt. Ist diese Zeit gering, und wir haben schon einige Nennungen von unter 10 % gehört, dann ist bis zur Innovationsführerschaft noch ein weiter Weg zurückzulegen. Es scheint so etwas wie eine fraktale Entsprechung zwischen den Aktivitäten des Topmanagements und der Wissensperformance des Unternehmens zu geben. So intensiv, wie sich »die da oben« mit Wissen befassen, und so wichtig es für sie ist, so wichtig – oder eben nicht – wird es in den unteren Ebenen genommen. Jedenfalls haben wir noch kein Unternehmen kennengelernt, wo dieser Zusammenhang umgekehrt gewesen wäre.

Will das Unternehmen innovieren, dann ist kontinuierliches Experimentieren angesagt. Unternehmensentwicklung verlangt angesichts der beschriebenen dynamischen Zeiten und wissensintensiven Märkte, daß das Topmanagement Unternehmen in Laboratorien wandelt – Laboratorien, in denen ständig gemeinsam Neues entwickelt und ausprobiert wird.

Die mentale Programmierung des Managements heißt dann: Testsuche statt -vermeidung. Wichtig dabei ist allerdings, daß es nicht um »Experimente mit weißen Mäusen« geht, sondern der »Experimentator« selbst Teil des Experiments ist, d. h. sich selbst Neues – Rollen, Techniken oder Prozesse – zumutet. Er ist selbst aktiver Teil des Experimentierens. Die gelebte Haltung lautet: mir nach! Statt einfach: vorwärts.

Mindestens vier Aufgaben stellen sich dabei:

a) Das Topmanagement ist Katalysator gemeinschaftlicher Lernprozesse

So wie Percy Barnevik seine Globalitätsvorstellung mit seinem »Büro im Flugzeug« symbolisiert oder Thomas Trüb seine »CASH-Philosophie« von Land zu Land trägt (s. u.), so sind diese Manager Fackelträger von Ideen und Missionen, die als Attraktoren im Unternehmen fungieren. Die oberste Riege kommuniziert nicht nur die Philosophie (der strategischen Architektur), sondern verkörpert selbst das Angestrebte und fungiert als Symbolträger. Ihre Hemdsärmeligkeit und Experimentierfreude, Intellektualität und Sprache, ihre Nähe oder Distanz zum Geschehen und zu den Kunden stehen symbolisch für das, wie das Unternehmen sein soll. Die Verkörperung hat Vorbildcharakter, und die Wirkung dieser Symbole ist katalysierend. Sie sind Auslöser von Entwicklungen, sie entfachen Diskussionen und werden als Gradmesser verwendet; sie sind Einlöser von Erwartungen seitens der Kunden, Mitarbeiter und anderer Partner, und sie sind Ablöser von veralteten Glaubenssystemen. Sie bilden in diesem Sinn eine »kritische Masse«. Nicht zuletzt die wichtige Frage nach dem Sinn, nach dem Wozu des Unternehmens wartet auf die Antworten des Managements.

Eine große Schweizer Versicherung, die ein weitreichendes neues Leistungskonzept entwickelte, hat einen Film gedreht, in dem ein Versicherungsangestellter gemäß dem neuen Konzept »einen Fall abwickelt«. In der Geschichte wird deutlich und für den Zuseher miterlebbar, welche Veränderungen, welche neuen Haltungen und Verhaltensweisen das neue Dienstleistungskonzept bedeuten wird und inwieweit es ein erneuertes Unternehmen voraussetzt. Es ist ein verbildlichter Prototyp. Die Unterschiede zur heutigen Realität sind derart frappant, daß bereits bei der ersten Vorführung in der Unternehmensleitung die Diskussionen entsprechend heftig waren. Sprach man zuvor noch einigermaßen kühl über das neue Programm – so wie man bislang immer mit wohltemperierter Energie über Innovationen gesprochen hatte (»alles halb so wild«) –, machte der Film, der in seiner visuellen Sprache viel emotionaler ist, erfahrbar, was Sache sein soll.

Die Diskussionen brachten eine Menge Ideen und Argumente pro wie kontra Innovation hervor. Damit konnte weitergearbeitet werden, und es war zugleich sicherer, daß dieses neue Konzept, wenn es verabschiedet werden sollte, keine Frage eines halben Commitments sein würde. Das Ziel ist es, diesen Film der gesamten Belegschaft – mehreren tausend Mitarbeitern – zu zeigen, um die angepeilte Richtung zu verdeutlichen, im wahrsten Sinne des Wortes vor Augen zu führen und Anlaß für die notwendigen Diskussionen zu schaffen.

b) Das Topmanagement ist Architekt kollektiver Wissensprozesse

Bob Buckman hat entschieden, daß Wissenstransfer wichtig ist, und kurzerhand ein Knowledge Transfer Department eingeführt, das für die Installierung des globalen Netzwerkes verantwortlich zeichnet.

Zur (sozialen) Architektur von Wissensprozessen zählen genauso die Kommunikations- und die Meetingstrukturen, die dem Wissensaustausch und der unternehmensweiten Kompetenzbildung dienen und die Wissensentwicklung zur Sache nicht nur der F & E, sondern des ganzen Unternehmens machen.

Die strategische Wissensarchitektur schließlich verbindet die Wissenentwicklungsaktivitäten mit der Geschäftsstrategie und legt die Grundausrichtung des Unternehmens fest. So hat etwa Hartmut Esslinger für frogdesign das Ziel für seine Dienstleistungen formuliert: »to push the envelope, although it costs extra postage«. Um dieses hochgesteckte Ziel zu erreichen, wurde ein neuer Designprozeß entwickelt, der die Fertigung miteinbezieht. Dazu kommt eigene – für Designfirmen ungewöhnliche – Engineeringkompentenz.

c) Sie stören die trügerische Ruhe

Nach Ed McCracken ist es ein Leichtes, ein dynamisches Unternehmen in ein vor Experimenten brodelndes Laboratorium zu verwandeln, »in a way, it's simple: by having the guts to place bold bets. We place bold bets on the strategic portions of our business and then subcontract everything else. We place bold bets on the people we hire and then give them the freedom, indeed push them, to make bold bets too. The result is a $ 1.1 billion company with only 3,800 people. The result is agility, low costs, and the ability to innovate.« Andere mögen das weniger einfach sehen – und schon ist eine Herausforderung gegeben.

Wenn Jürgen Schrempp zu einem für die Unternehmensentwicklung kritischen Zeitpunkt statt vom »integrierten Technologiekonzern« vom »Verkehrskonzern« Daimler Benz spricht oder Jack Welch General Electric »Grenzenlosigkeit« aufs Banner schreibt, dann sind Herausforderungen verschiedenster Art ans Unternehmen herangetragen.

Man kann sagen, daß solche Dynamisierungsinterventionen das Ziel verfolgen, eine trügerische Ruhe zu verhindern. Indem das Topmanagement über den Stand der Unternehmensentwicklung informiert, hohe Ziele setzt und ständig Neues verlangt, aber auch eine Perspektive, eine Vision und Tatkraft anbietet, sorgt es dafür, daß das Unternehmen auf Trab bleibt. Jeder, der mit längere Zeit stagnierenden Unternehmen zu tun gehabt hat, weiß, wie schwierig es ist, einen einmal »festsitzenden Karren« wieder flottzukriegen bzw. die einmal eingefahrenen Gleise zu verlassen.

Der Bergsteiger Reinhold Messner wurde einmal in einem Interview gefragt, wie er es eigentlich schaffe, sich in der großen Höhe und der im Himalaya herrschenden unerbittlichen Kälte warm zu halten. Die Antwort Messners: »Durch Bewegung.« Genau das gilt für Unternehmen, auch für sie wird das Klima immer kühler und die Luft immer dünner.

d) Die Intelligenz-Macher

Karriere als Denkbarriere
Die heutige Managergeneration beherrscht weite Teile ihres Handwerks ganz vorzüglich. Kritische Momente ergeben sich allerdings, wenn man die Risikofreude und die Innovativität

betrachtet. Originelle Figuren scheinen doch relativ selten zu sein, und die Untersuchungsergebnisse von Ute und Erwin K. Scheuch, die etwa der derzeitigen deutschen Führungselite, dem »Hochadel auf Zeit«, durchgängig hohe Konformitätswerte bescheinigen, vermögen nicht nur zu erfreuen. Woher soll die Neugier, woher die Obsession für unternehmerische Ideen und das Experimentieren kommen, wenn man sich im Aufstieg am Konformen, an der Sympathie der »obersten Heeresleitung« orientiert bzw. meint, sich hieran orientieren zu müssen? Peter Sloterdijk redet sogar von der Karriere als Denkbarriere. »Der typische Aufsteiger hört bewußt zu denken auf. Ich gefährde meine Laufbahn doch nicht, indem ich mir Probleme und Empfindlichkeiten züchte, die ich mir nicht leisten kann.« Oder anders gewendet, wenn einer einen linearen Karriereweg in einem Unternehmen genommen hat (88 % der deutschen Unternehmensleitergarde gelang ein geradliniger Aufstieg), eine auch sonst glatte, ja lückenlose Biographie aufweist, sein Erleben also immer ungebrochen verlief, jenseits existentieller Fragen – fehlt da nicht etwas? Aber welches Unternehmen stellt gerne Leute ein, die irgendwelche seltsamen Ecken in ihren Lebenswegen haben, gelten die doch als unzuverlässig. Und wer will schon Unzuverlässigkeit? Querköpfe haben es da nicht leicht. Dabei sind es die Angepaßten, die Konformen, die nicht mehr anpassungsfähig sind.

Figuren wie Andreas Rihs und Beda Diethelm von der PHONAK, Hartmut Esslinger von frogdesign, Roger Schawinski von TeleZürich sind selten, und doch sind oftmals sie es, die für neue Impulse und permanente Anpassungsfähigkeit sorgen. Was zeichnet diese Manager aus? Es sind Entrepreneure mit Zielen, Ideen und unternehmerischem Spürsinn, gekoppelt mit Risikobereitschaft und Entscheidungskraft. Neben ihren kommunikativen und intellektuellen Fähigkeiten besitzen sie Leidenschaft und Neugier. Im Gegensatz zu vielen Topmanagern, die sich mit der Erhaltung ihrer Organisationen beschäftigen, zweifeln sie das Existierende an und wollen ihre neuen Ideen umsetzen. Sie glauben an ihre Ideen und möchten diesen Glauben rechtfertigen. Sie sind neugierig, weil sie wissen wollen, wie die Dinge funktionieren. Und nichts vermittelt ein besseres Verständnis der Dinge, als wenn man versucht, sie zu verändern. Vor dieser Neugier schützen keine Statussymbole mehr. Die großen, einsamen Büros fallen weg, die Barrieren zu den Mitarbeitern und zur Außenwelt werden niedergerissen. Auch die Parkplätze schrumpfen.

Handeln und schnell lernen
Dazu kommt, daß sie Aktivisten sind. Sie zögern nicht lange, und sie entscheiden, ohne sich lange planerisch zu sichern, »sonst läuft der Markt davon«. Und dann machen sie. Diese Entscheidungen bringen Wissen zur Welt. Da weiß man vieles noch nicht, man agiert bereits und lernt schnell dabei. Sie tauchen in die Dinge ein, um sie diesseits der abstrakten Fakten und Daten zu verstehen. Roger Schawinski gründete das erste professionelle Lokalfernsehen der Schweiz. Noch bevor überhaupt feststand, daß die Behörden Sendekonzessionen für Privatfernsehen erteilen würden, richtete er die notwendige Infrastruktur ein, schuf die für die Schweiz neue Formel des Videojournalisten und bildete die Journalisten aus. Alles, um als erster parat zu sein. Die Konzession wurde tatsächlich erteilt. Am Anfang war die Qualität der Sendungen nicht »berauschend«, aber nach einem Jahr intensivstem »Learning by sending« macht ihm und seiner Crew keiner den Rang streitig. Seine »Wette« hat sich gelohnt.
Diese Aktionshaltung ist nicht mit blindem Vorwärtsstürmen zu verwechseln. Die Aktionen sind von strategischen Ideen getragen – auch wenn sie flexibel gehandhabt werden. Und: Diese Manager lernen »by doing«. Dazu braucht es aber Offenheit, die Bereitschaft, Fehler einzugestehen und sich zu verbessern. Es geht darum »auch den Irrtum zu umarmen«, denn dann »weiß man wenigstens, wie es nicht geht«. Das sind vermeintlich einfache Dinge. »Learning by doing« ist die Haltung, sie bedeutet gelebte BOT-Schleifen, Beobachten – Operieren – Testen als kontinuierlicher Prozeß. Erfolgreich vor allem dort, wo es darum geht, Märkte zu kreieren und zu

besetzen. Diese Manager sind – ganz ohne den alten, unangenehmen Macho-Beigeschmack – »Intelligenz-Macher«. Ihre Aktivitäten sind ein Vehikel für die Entstehung und Vermehrung von Intelligenz in ihrem Unternehmen.

Damit sie so agieren können, müssen sie etwas von ihrem Geschäft verstehen. Sie können nicht fern von den Kunden, Produkten und Dienstleistungen des Unternehmens sein, sie müssen mittendrin stehen. Dort entstehen die tragfähigen strategischen Ideen, und dort liegt auch die Grenze des Generalistentums. Das Managerkarussell, das sich vor allem bei größeren Unternehmen dreht und das manche Manager alle paar Jahre in eine neue Branche zu verfrachten hilft – bei höherem Salär natürlich –, ist da wenig hilfreich. Wie soll ein intensives Wissen von der Welt, in der sich das Unternehmen mit seinen Leistungen und Kunden bewegt, entstehen, wenn man alle zwei Jahre den Posten mitsamt der Branche wechselt?

Nathan Myhrvold, der Leiter von Microsofts Advanced Technology Group, formuliert das angesichts der großen Technologiewelle, auf der Unternehmen heute reiten, so: »You can put a guy who doesn't understand technology in charge of your company. He's going to be on that surfboard while a bunch of guys on the beach shout, ›Go to the left! Go to the right! Over to the side!‹ It's a bad way to manage a technology company in our view. One of the reasons we think we're going to be successful – and god knows, maybe we won't be – is that the who's on our surfboard, Bill, understands that wave of technology and grew up with it.«

Professionelle Abenteurer
Wichtig sind folglich jene Aktivitäten, die in einer Mischung aus Professionalität, Ideenreichtum und Risikofreude – also professionellem Abenteurertum – tatsächlich Neues hervorbringen. Ein Beispiel ist die schon früher kurz erwähnte Internationalisierung von CASH, einer schweizerischen Wirtschaftszeitung.

Thomas Trüb, heute Mitglied der Geschäftsleitung und Leiter

der International Business Division des Ringier-Verlags, ist der »Vater« dieses Blattes. CASH bedeutete ein neues Konzept, wie man Wirtschaftsnachrichten frisch und lebendig an den Leser bringen kann. Die Geburt der Zeitung brachte das erste Abenteuer. Thomas Trüb war der Mann, der mit seiner Begeisterungsfähigkeit das Projekt zum Laufen bringen konnte. Trüb »sieht überall Möglichkeiten. Er macht weiter, unabhängig von den Problemen.« Er ließ sich, nachdem die Ringier-Leitung vom CASH-Konzept überzeugt war, gemessen am üblichen Unternehmensgebaren sehr große Handlungsfreiheit einräumen und zog mit seiner Gruppe aus dem vornehmen und komfortablen Verlagshaus in ein altes, leerstehendes Fabrikareal um. Die improvisierten Räumlichkeiten entsprachen dem Pioniercharakter des Projektes und beschränkten die mögliche Einflußnahme des Stammhauses, das sich, wie alle etablierten Strukturen, Neuem gegenüber tendenziell mißtrauisch und besserwisserisch verhält, auf ein Minimum.

Trüb kreierte und übernahm eine ungewöhnliche Doppelrolle: Er war sowohl Redakteur als auch Geschäftsführer. Einige Barrieren, die sich üblicherweise aus dieser Differenz ergeben, fielen somit weg. Der Mehrfachfunktion Trübs entsprechend, gab es insgesamt eine Kultur des »alle machen, wenn nicht alles, so doch vieles«. Z. B. gab es nur eine geringe Trennung zwischen Redaktion und Produktion, man schrieb und produzierte Hand in Hand. Das neue journalistische Konzept wurde von verlegerischen Innovationen begleitet. Ein für die Schweiz neues Format und ein neuer Erscheinungszeitpunkt wurden gewählt, erstmals wurde Straßenverkauf eingesetzt usw. Auch eine neue Technologie wurde verwendet: CASH war die erste Zeitung, die im Desktopverfahren erstellt wurde – und der Erfolg der innovativen Wirtschaftszeitung stellte sich bald ein. CASH wurde ein Renner. Trüb führte CASH wie sein eigenes Unternehmen und hatte dazu die Unterstützung des Eigentümers.

Da erhielt Thomas Trüb, der seine Telefonate selbst entgegennimmt und sich nicht von einer Sekretärin »abfedern« läßt, überraschend den Anruf eines Chiropraktikers aus dem Kanton Glarus. Das zweite Abenteuer begann. Der Glarner erzählte Trüb, daß er auch in Tschechien tätig sei und dort mit einer Frau zusammenarbeite, die wiederum einen tschechischen Ökonomen oder Journalisten kenne, der gerne dort etwas Wirtschaftsjournalistisches aufziehen wolle. Bis dahin hatte niemand in Zürich daran gedacht, daß CASH ein international vertreibbares Produkt sein könnte. Neugierig flog Trüb umgehend nach Prag, und nach einer langen Nacht mit dem jungen tschechischen Ökonomen, der noch vor wenigen Jahren marxistische Wirtschaftslehre gelesen hatte, stand das Konzept für die erste Nummer eines tschechischen CASH. In Zürich wurde nach heißen Diskussionen grünes Licht und Carte Blanche für dieses Wagnis gegeben, und binnen eines Monats (!) war CASH am Markt. Die Ost-Internationalisierungsstrategie von Ringier war gestartet, vor dem Hintergrund anderer internationaler Aktivitäten des Verlagshauses. Der Erfolg war so groß, daß sich der Aufwand innerhalb eines Jahres amortisierte! Dann ging es Schlag auf Schlag. CASH wurde in Ungarn, in Bulgarien, in Rumänien, in Polen und schließlich noch in China und in Vietnam eingeführt. Das alles binnen weniger Jahre.

Hält man sich diese wahrlich nicht geringen Anforderungen an das oberste Management vor Augen, so wird verständlich, daß es sich hier um eine intensive und arbeitsreiche Aufgabe handelt. Die Arbeitsesel lassen grüßen. Aber das Topmanagement zieht nicht allein. Gott sei Dank gibt es immer noch das Mittelmanagement.

Was, bitte, macht die Mitte?

>»Wo die Sonne der Kultur niedrig steht,
>werfen Zwerge lange Schatten.«

>*Karl Kraus*

Das Mittelmanagement, was ist es in den letzten Jahren nicht beschimpft worden: als Lehmschicht, als Bremser vom Dienst und was der Komplimente mehr waren. Aber auch hier sind gewichtige Veränderungen zu notieren. So wie sich die Rollen und Personen des Topmanagements verändern oder bereits verändert haben, so wandeln sich auch die des mittleren Managements. Auch hier wirken die neuen Organisationsstrukturen, Prozesse und Rollenerwartungen und lassen wenig unberührt. Wenn wir in der Folge vom Mittelmanagement sprechen, dann beziehen wir uns auf diese neuen, wissensorientierten Verhältnisse und nicht auf die der alten Dinosaurier.

In den wissensorientierten Organisationen kommen dem Mittelmanagement vor allem zwei Funkionen zu:

a) Als »Wissenswerker«

sind sie verantwortlich für die Wissensnutzung und -generierung in den Leistungs- und Entwicklungsprozessen, hier vor allem als Team- und Projektleiter. Sie legen konkret Hand an, sie konvertieren implizites Wissen in explizites, sie synthetisieren und konfigurieren vorhandenes Wissen in neue Formen, wandeln personales in kollektives, gegebenenfalls in strukturelles Wissen. Sie informatisieren Abläufe, patentieren Ideen, dokumentieren Bilder etc. (s. Wissensquadrant).

Um das zu leisten, können sie nicht nur Projekte und Teams führen und koordinieren, sie haben ebenfalls die Fähigkeit, Kreativitätspotentiale bei den Mitarbeitern hervorzuholen und synergetisch miteinander zu verbinden. Das hört sich einfacher an, als es bekanntlich ist. Soziale Kompetenz wird es allgemein genannt, und darüber ist wahrlich schon genug gesagt, trainiert und entwickelt worden. An dieser Stelle nur soviel: »Wo die Sonne der Kultur niedrig steht, werfen Zwerge lange Schatten«. Dies gilt für manches Unternehmen. Es ist Aufgabe der Wissenswerker, eine Kultur der innovativen Prozesse und hohen Ziele zu pflegen, welche die Leistungen für ein Benchbreaking in den Leistungs- und Entwicklungsprozessen fördert, und sich nicht mit der Perfektion im Durchschnitt zufriedenzugeben. Intel hat beispielsweise eine Kultur etabliert, die »Stillstand zum Rückschritt« erklärt. Es geht um konkrete Leistung. Gute Absichten und gut gemeinte Worte sind, frei nach Karl Kraus, das Gegenteil von gut.

Und es geht noch weiter: Die Mittelmanager sind es, die die Kollaborativen im Unternehmen identifizieren und für die Leistungs- und Entwicklungsprozesse nutzen; sie werden zu den betrieblichen »Anthropologen«, die mit gezielter und äußerster Sorgfalt beobachten und »dumme« Fragen stellen, wer mit wem welche Lösungen entwickelt, welche Rituale jeweils Ideen befördern helfen, welche Regeln für den Transfer von Wissen jeweils gelten und vieles andere, was betriebliche »Stämme« produktiv hält. Sie sind es auch, die Knotenpunkte in verschiedenen Netzwerken bilden und am Leben erhalten.

Das bedeutet, daß sie diese emergenten, sich selbst steuernden Strukturen, die nicht formal abgebildet und sichtbar sind, mitsteuern und produktiv halten, indem sie förderliche Rahmenbedingungen gestalten. Eine anspruchsvolle Aufgabe und für das Management von Wissen sehr wichtig. Denn auf diese Weise erfahren sie zum Beispiel, wer wo welches Know-how hat; sie können diese bislang unsichtbaren Landschaften in »knowlegde maps« kartographieren, etwa in Form von Yellow Pages, wie HoffRoche es dokumentiert hat. Somit holen sie vorhandenes Wissen aus der Versenkung, machen es allgemein sichtbar und die Zugänge zum jeweiligen Wissen bzw. Wissensträger schneller verfügbar. Schnelleres Nutzen, Multiplizieren und Weiterentwickeln wird leichter möglich.

b) Als »Schleusenöffner«

vermitteln sie die strategischen Direktiven des Topmanagements nach unten und konfrontieren die Unternehmensspitze mit den Erfahrungen an der Basis. Das bedeutet, daß sie die Strukturen normaler Engstirnigkeiten handhaben, damit z. B. fixe Ideen wie etwa von Größe à la Mercedes-S-Klasse nicht zuschlagen. Anders ausgedrückt: Sie müssen Schleusen zu Einsichten bedienen, sei es von »oben« nach »unten«, von »innen« nach »außen« oder umgekehrt, die es gestatten, anders als der berühmte Frosch zu agieren. Ähnliches gilt für die Überwindung funktionaler und horizontaler Borniertheiten. Diese Rolle ist zentral: für die operativen Leistungs- und Wissensentwicklungsprozesse und für die unternehmensweite Kompetenzbildung.

Die Wissensarbeiter

Wenn man sich längere Zeit mit Management und Beratung beschäftigt, gewinnt man fast den Eindruck, daß erfolgreiches Management an sich bereits genug wäre. Natürlich ist es eine Banalität zu bemerken, daß da noch andere sind, die arbeiten und auf die sich die Führungsarbeit wesentlich bezieht. Weniger trivial ist es zu analysieren, welche Implikationen sich für die Mitarbeiter der Wissensunternehmen ergeben und wie diese Mitarbeiter ihrerseits zur Führung des Unternehmens beitragen. Führung wird in vielerlei Hinsicht wahrgenommen, und dies nicht nur in den Aktivitäten der als »Manager« Etikettierten. Nicht zuletzt die Entwicklungen und Erfahrungen der »Front-Liner« sind es, die jenes Material generieren, aus dem die Ideen für die weitere Zukunft des Unternehmens kommen. So wie die Herausforderungen seitens des Managements die Routinen der Mitarbeiter stören, so stöbern die Erfahrungen der Mitarbeiter die Routinen des Managements auf. Die Mitarbeiter werden geführt, aber führen auch ihre Vorgesetzten – z. B. mit den Informationen und dem Wissen, das sie weitergeben oder für sich behalten. Darum bekommen auch jene Unternehmen, in denen ein abgehobenes Management sich verschließt gegenüber den Ideen, Fragen, aber auch der Verzweiflung der darunterliegenden Ebenen, zunehmend Schwierigkeiten.

Was ist parallel zu den Veränderungen in den Managementrollen bei den Nicht-Führungskräften zu beobachten? Deutlich formuliert: Die Mitarbeiter der Wissensunternehmen sind jeder für sich Experten. Sie wissen, daß sie etwas wissen und keine Unkundigen sind, die der Anleitung bedürften. Und: Sie wollen etwas beitragen mit ihrem Wissen.

Diese Beschreibung ist für all jene schwer verständlich, die aus traditionellen Unternehmen kommen, wo das hierarische Kommando- und Kontroll-Prinzip und das »Strukturdenken« noch ausgeprägt existieren. In diesen Organisationen ist der Ruf nach Selbständigkeit weniger vernehmbar, vielmehr sind dort echter Mangel an Risikofreude und der Bereitschaft, Verantwortung zu übernehmen, zu beobachten. Was auf den ersten Blick wie ein Defizit an Zivilcourage aussieht, entpuppt sich bei genauer Betrachtung als rationale Anpassungsleistung. Wenn Risiko und Einfallsreichtum nicht belohnt werden, wie soll eine unternehmerische Haltung überleben? Mühsame Empowerment-Bestrebungen sind dann die Folge. Aber welchen Sinn machen diese, wenn es auf den oberen Ebenen ebenso vorsichtig, absichernd zugeht?

Verschiedene Software-Unternehmen sind damit bekannt geworden, daß sie ihren Mitarbeitern ganz neue Freiheiten zugestanden. Das Büro konnte man sich so gestalten, wie man wollte, die Arbeitszeit über weite Strecken ebenso, die Kleidung wurde leger, und die Sportmöglichkeiten am »Campus« des Unternehmens vermehrten sich. Auch die Umgangsformen wandelten sich. Berühmt sind die Geschichten, wie mancher CEO eines ehrwürdigen großen Unternehmens schaudernd zusammenzuckte, wenn er beim Telefonat mit der Software-Company freundschaftlich-kollegial mit »High, Johnny« statt mit »Mister President« angeredet wurde.

Neben diesen Erscheinungen ist auffällig, daß der moderne Wissensarbeiter andere Ansprüche an seinen »Job« stellt als der gemeine »Angestellte« 15 Jahre zuvor. Was sind das für Ansprüche?

a) Autonomie

Menschen, die ihre Arbeit selbständig machen, weil einzig sie und die anderen aus ihrem Team diese Arbeit machen können und sonst niemand, sind nicht willens, sich von unwissender Stelle »reinreden« zu lassen. Sie beanspruchen jene Autonomie, die sich aus der Art ihrer Aufgabenbewältigung auch ergibt. Indem die Aufgabenbewältigung weniger standardisierbar und mehr an die Kreativität und die Kompetenz der Gruppen, Kollaborativen bzw. der Teams gebunden ist, benötigt sie neue Performancemessungen. Die »Anzahl erledigter Akte« ist sicherlich nicht der geeignete Maßstab, um einen Marketingspezialisten, der sich eines neuen Marktes annimmt, zu beurteilen, ebensowenig wie den Forscher, der nächste Entwicklungen in der Molekularbiologie vorantreibt.

b) Spannende Arbeit in einem Unternehmen mit Zukunft

Ein weiterer Anspruch richtet sich an den Arbeitsinhalt selbst. Motivation ergibt sich wesentlich aus der Attraktivität der Arbeit. Was spannend und sinnvoll ist, eine aufregende Arbeit in einem Unternehmen mit Zukunft, das zieht an, das fordert das Können, da will man etwas dazu beitragen und sein Wissen weiterentwickeln. Der Kontext der Arbeit spielt eine immer größere Rolle dabei. Der Sinn und der generelle Zweck, zu dem ein Unternehmen sich formiert, das macht einen Unterschied für die Mitarbeiter. Wenn die PHONAK sagen kann, »wir sorgen für eine höhere Lebensqualität«, dann macht das Sinn; wenn sich Hewlett Packard seinem HP-Way verpflichtet, dann weiß der Mitarbeiter, welche Werte hier gelten sollen, und kann sich daran orientieren. Die »New Economy«-Bewegung in den USA beinhaltet Unternehmen, die sich dadurch auszeichnen, daß sie ihren Mitarbeitern mit gesellschaftlichen Sinngebungen – z. B. Bodyshop und ein Bekenntnis zur Ökologie – Werte bieten, die für Attraktion und

Richtung sorgen. Wissensunternehmen werden immer mehr mit diesen Fragen der Richtungs- und Sinngebung konfrontiert werden.

c) Die persönliche »Beschäftigbarkeit« erhöhen
Die Verflüssigungen, Differenzierungen und die Beschleunigungen der Unternehmen führen auch dazu, daß die betrieblichen Verhältnisse instabiler werden. Karrierewege und Laufbahnen verflüchtigen sich, bevor noch das »Mitarbeiterpotential« seine nächsten Karriereschritte setzen konnte. Das führt zu einem weiteren Anspruch der Wissensarbeiter: Sie wollen und müssen ihre »Beschäftigbarkeit« erhalten bzw. erhöhen. Dabei können sie weniger denn je auf eine geradlinige Professionalität bauen, sondern müssen, der Flexibilität der Unternehmen entsprechend, ihr eigenes Kompetenz-Portfolio managen. Der Soziologe Peter Groß spricht hier vom Ende der »monogamen Arbeit« und dem Aufkommen der »Portfolio-Arbeit«. Was kann ich gut? Wie kann ich mein Portfolio erweitern? Welche Kompetenzen werden zukünftig gefragt sein? Dazu kommt die Bereitschaft, sich leichter auf wechselnde Beschäftigungsverhältnisse und Anstellungsbedingungen einzulassen. Die virtuellen Büros werden neue Flexibilitäten ermöglichen – aber auch verlangen. Anwesenheiten sind ins Computernetzwerk transferiert, Meetings finden elektronisch statt, der Schreibtisch im Büro weicht der Tischplatte zu Hause.

Wie soll man da führen?

Wie kann angesichts solcher Mitarbeiter Führung überhaupt möglich – und erfolgreich – sein? Folgende Faktoren sind wichtig:

a) Integrierte Führung im Alltag
Das Management agiert nicht abgehoben vom alltäglichen Geschäft, sondern ist darin integriert. »Reine« Führung,

abstrahiert vom realen Geschäft des Unternehmens, findet sich selten, denn sie bekommt rasch Legitimationsprobleme. Welcher F&E-Manager findet bei seinen Leuten Akzeptanz, wenn er nicht zeigen kann, daß er selbst versteht, wovon die Rede ist? Führung und Fachwissen werden also kombiniert. Das macht es gerade für das mittlere Management nicht einfach zu unterscheiden, wo sie sich einmischen sollen und wo nicht. Der Balanceakt zwischen zuviel und zuwenig Führung verlangt intensive Kenntnis und sensibles Wahrnehmen der laufenden Prozesse.

b) Führung fordert und – muß sich selbst immer wieder bewähren

Experten gegenüber zählt – wenn man vom wenig konstruktiven Pochen auf Macht und Position absieht – die Qualität der Initiative, die Aktion, die Wert bringt. Führung steht damit unter der Anforderung, die »Nase vorn« zu haben. Das wird anerkannt, das motiviert selbst. Dazu ist Führung stark auf qualitative Information aus den Projekten und Prozessen, aber auch von außen angewiesen. Hier setzt wiederum das Spiel von Dabeisein und »Sich Raushalten« ein. Führung bringt also neue Ideen ins Spiel, Ideen, die die Mitarbeiter fordern und sie zur Höherleistung anstacheln. Immer wieder einen Stachel zu setzen, ist nicht einfach, da er im Normalfall nicht unmittelbar goutiert wird – um es positiv auszudrücken. Auch verlangt es hohe Kompetenz, das richtige Maß an Heraus-Forderung zu finden. Manche Manager fordern immer mehr, ohne auch nur die verzweifelten Bemühungen, dem Folge zu leisten, anzuerkennen. Solche Formen laufen sich rasch tot. Führung, die keine relevanten Ideen hervorbringt, wird rasch auf Mißachtung stoßen. Da setzt dann wechselseitiges Mißtrauen ein, die Mitarbeiter ignorieren den Manager, der sagt daraufhin, denen kann man nicht trauen, und verschärft die Kontrollmechanismen, und schon läuft der Teufelskreis der Mißtrauensorganisation. Insofern muß sich Führung also ihrerseits bewähren, und zwar durch ihre konkreten Beiträge zu Wissensentwicklung und -nutzung.

c) Führung entscheidet

Entscheidungen zu treffen gehört zu den vornehmsten Aufgaben der Führung. Dabei geht es weniger darum, wer die Entscheidungen trifft, sondern darum, wie das Unternehmen rasch zu Entscheidungen gelangt und welches Commitment mit diesen Entscheidungen verbunden ist. Man stelle sich vor: Alle entscheiden, und keiner hält sich daran – das kann nicht die Richtung sein, ebensowenig wie: Einer entscheidet, und keiner hält sich daran. Entscheidungen benötigen nicht nur das Löwenherz des Managers, sondern eine Kultur, die explizites Wissen um das Wie der Entscheidungen bereithält. Am bekanntesten ist diesbezüglich sicherlich die ABB geworden, die sich in der Person ihres Präsidenten Percy Barnevik schnellen Entscheidungen, unter Einräumung möglicher Fehler – »das dürfen aber nicht zu viele sein« – verpflichtet hat.

Der Hinweis auf die Kultur macht auf eine weitere wichtige Dimension an Führungsinterventionen aufmerksam. Neben den unmittelbar und direkt auf die Wissensarbeiter bezogenen sind eine Reihe indirekter Interventionen wichtig, die kontextsteuernd wirken.

d) Eine ausgeprägte, einzigartige und klar umrissene Kultur entwickeln

Die Kultur bildet den Rahmen für die Arbeit der Experten. Sie etabliert den Kontext, in dem in unverwechselbarer Weise hier in dieser Firma und nicht bei der Konkurrenz gearbeitet wird. Die Kultur ist in wissensintensiven Unternehmen auch darum so wichtig, weil sie den Spielraum der Autonomie, des Vertrauens und die Werte definiert, welche die Kommunikation, den Wissensaustausch und die Innovativität prägen. Denn diese bilden den Kontext, in dem sich die Qualität der eigenen Arbeit entwickeln kann. Wissensarbeiter arbeiten dort, wo sie ihre Kompetenzen in besonderer Weise einsetzen können. Sie brauchen einen Rahmen, in dem sie ihre Qualitäten entwickeln und ausspielen können. Pointiert formuliert: Viel mehr an Führung braucht es gar nicht. Wie es Ed McCracken beschreibt: »As long as the teams have bright ideas and are really excited about them, our top managers stay out of the way.«

Einer der zentralen Werte einer wissensorientierten Kultur ist Vertrauen. Wissensentwicklung ist nicht-triviale Arbeit, sie sträubt sich gegen das Gefängnis enger Kontrollmechanismen, die dem autonomen und kreativen Charakter gar nicht gerecht werden können. Die Notwendigkeit rascher und direkter Interaktion, das Angewiesensein auf informelle Netzwerke, das Arbeiten in Kollaborativen erfordert Vertrauensvorschüsse. Niemand teilt sein Wissen, wenn er nicht darauf vertrauen kann, daß es erstens nicht mißbraucht wird und er zweitens auch etwas zurückbekommt. Vertrauenskredite müssen aber nicht blind gegeben werden. Leuten, die man nicht kennt, die man noch nie in ihrem Verhalten (jenseits ihrer Reden) hat beobachten können und die sich nicht denselben Zielen verpflichtet fühlen, sollte man auch nicht vertrauen. Welchen Anhaltspunkt hätte man dann auch dafür? Das heißt aber nur, daß man mit Unbekannten vor- und umsichtiger verfährt, z. B. engere Zielrahmen und Tests vereinbart.

Indem Vertrauen auf Sich-Kennen angewiesen ist, ergibt sich eine gewissermaßen natürliche Beschränkung. Wie viele Menschen kann man schon einigermaßen in ihrem Arbeitsverhalten kennen, 50 Personen wohl maximal. Größere Einheiten tendieren darum automatisch zu stärkeren Kontrollformen. Vertrauen braucht Grenzen. Nicht nur in der Quantität, sondern auch in der Qualität. Der Rahmen und die Ziele müssen definiert sein, in denen man sich bewegt, dann kann man auf die Kontrolle durch Ergebnisse vertrauen. Ein zweites wichtiges Element dabei ist Lernen. Wenn die Wege, wie man zu den Ergebnissen kommt, transparent und diskutierbar sind, dann kann sich Vertrauen entwickeln. Die Transparenz macht dann Sinn, wenn sie für Lernprozesse genutzt wird. Ob jemand etwas so oder so gemacht hat, ist einzig interessant hinsichtlich dessen, was dabei herausgekommen ist und welche Schlüsse man für die weiteren Arbeiten daraus ziehen kann.

Es ist ein altes Mißverständnis, daß Vertrauen bedeute, jedes

Verhalten zu tolerieren. Das ist ganz sicherlich nicht so. Wenn Vertrauen mißbraucht wird, dann muß es Konsequenzen geben. Mißbrauch in diesem Sinn ist ein Kündigungsgrund ersten Ranges. An diesen Punkten hart zu sein, wird längerfristig immer honoriert werden.

e) »Auf eine Linie bringen«

Wissensarbeiter reagieren sensibel auf den Kontext, in dem sie ihre Arbeit tun; das drückt sich auch darin aus, daß sie den Sinn ihrer Beiträge im Rahmen der Prozesse des Unternehmens verstehen möchten. Nichts ist frustrierender, als wenn man sich mit Leib und Seele in ein Projekt wirft, um dann feststellen zu müssen, daß das Management sich inzwischen und aus unerfindlichen Gründen »anders« entschieden hat, das Projekt gestoppt wird und in der Schublade der ungeborenen Kinder verschwindet. Von daher ist es wichtig, eine Linie in die verschiedenen Aktivitäten, Projekte und strategischen Absichten zu bringen, die diesen Verschleiß minimieren hilft.

f) Die Mitarbeiter sich selbst fördern lassen

Mitarbeiterförderung gilt allgemein als zentrale Aufgabe der Führung und ist in der betrieblichen Praxis meist personenbezogen. In wissensorientierten Unternehmen jedoch müssen Mitarbeiter nicht gefördert werden.

- Sie können sich selbst fördern! Sie brauchen keine pfannenfertigen Programme von Ausbildungsabteilungen, sondern Maßschneiderungen.
- Es ist wichtig, daß sich nicht nur einzelne, sondern auch Gruppen mit dem in ihnen liegenden Wissen weiterentwikkeln.
- Was einzelne und Gruppen allerdings brauchen, ist ein Rahmen, den man mit ihnen definiert, d.h. Ziele und Ressourcen im Sinne von Opportunitäten, Zeit und Geld. Dabei ist auf die bereits oben genannte Autonomie und die Selbstmanagement- und Selbstorganisationskraft der Mitarbeiter und Gruppen zu bauen.

So taten sich z. B. einige innovative Handelsfirmen aus Deutschland, Österreich und der Schweiz zusammen, um gemeinsam Führungskräfte zu entwickeln.

Die Firmen entschieden, jedem Teilnehmer eine Geldsumme und eine Anzahl Tage innerhalb eines Zeitraums von ca. 1,5 Jahren zur Verfügung zu stellen. Die aus den Firmen zusammengekommene Gruppe hatte selbst zu definieren und zu entscheiden, welche Inhalte an welchen Orten mit welchen Formen sie behandeln wollte, um die selbstgesteckten Ziele zu erreichen. Ihnen wurde auch kein Moderator für die anstehenden Gruppenfindungs- und Entscheidungsprozesse »verpaßt«. Wenn sie das Bedürfnis hatten, wählten sie diesen selbst und bezahlten ihn aus dem Budget. Das Experiment ist bestens gelungen.

Für eine gelingende Selbstförderung können folgende Aspekte hilfreich sein:

- die Formulierung von Zielen der Selbstentwicklung und die Definition von Performance-Kriterien;
- den Mitarbeitern die Chance bieten, neues attraktives Wissen zu entdecken und ihre Neugierde zu entfachen;
- den Wechsel in anspruchsvolle Aufgaben – z. B. Projektleitung – ermöglichen und dafür Unterstützung anbieten;
- neue Impulse durch Rochaden sowohl für die Mitarbeiter als auch für die Kompetenzbildung des Unternehmens durch das Cross-Leveling des Wissens befördern; hilfreich ist es manchmal auch, »Bereichsfremde« für die Lösung von Problemen einzusetzen. Auch hier entsteht Wissen für beide Seiten;
- überbetriebliche Entwicklungsgruppen (nicht nur Erfahrungsgruppen, in denen »nur« Informationen ausgetauscht werden), sondern quasi »virtuelle Laboratorien«, in denen neue Ideen unabhängig von den jeweiligen organisatorischen Grenzen ausgekocht werden;
- Gemeinschaftsprojekte mit anderen Firmen ins Leben rufen;
- »Sabbaticals« (2-6 Monate) dienen dazu, sich mit anderen

Gebieten zu beschäftigen, um zu neuen Ideen zu kommen und die alten Gleise verlassen zu können. Manchmal resultieren aus der Beschäftigung mit Poesie konstruktivere Impulse als aus dem täglichen Kampf: Einzelne kalifornische Computerunternehmen sind schon dazu übergangen, ihren Mitarbeitern alle paar Jahre mehrwöchige Sabbaticals zu verordnen, weil sie sonst das Auspowern ihrer Leute fürchten;

Fortbildungen in Bereichen jenseits des Zauns der eigenen Disziplin und Branche erweitern den Horizont, halten die Neugier wach und geben neuartige Impulse.

Von der Neugier und anderen Leidenschaften

»Liebe ist besser als Pflicht.«

Albert Einstein

»Das Wissen ist ein Verhalten, eine Leidenschaft. Im Grunde ein unerlaubtes Verhalten; denn wie die Trunksucht, die Geschlechtssucht und die Gewaltsucht, so bildet auch der Zwang, etwas wissen zu müssen, einen Charakter aus, der nicht im Gleichgewicht ist. Es ist gar nicht richtig, daß der Forscher der Wahrheit nachstellt, sie stellt ihm nach. Er erleidet sie«, heißt es bei Robert Musil. Wissen will man. Und das Wissen definiert die nächsten Fragen, es treibt einen voran, es ist beinahe zwanghaft, wie es nach neuen Rechtfertigungen sucht, statt dessen auf Widerlegungen stößt, neuerlich einen Anlauf nimmt, wieder Fragen stellt, beobachtet, hypothetisiert, experimentiert und wieder beobachtet. Die BOT-Schleife wird durchlaufen, wieder und wieder. Es ist wie eine Sucht, die immer wieder neuen Stoff braucht; ein unerlaubtes Verhalten.

Sie werden uns vielleicht rechtgeben, daß diese Beschreibung neugierigen Forschens nicht die Realität aller existierenden Unternehmen trifft. Auch unserer Erfahrung nach ist es so, daß Neugierde in vielen Unternehmensverhältnissen eher verhindert denn gefördert, geschweige denn gelebt wird. Wie bei der Motivation, die sich leichter zerstören als aufbauen läßt, kann man auch die Neugierde leichter abstellen als wieder in Bewegung setzen. Denken wir an unsere Kinder. Wie neugierig sind sie, und wie intensiv sind sie dabei, die Welt zu entdecken und zu erforschen. Wo kommt diese Neugier hin, wenn die Kinder groß werden? Es ist doch nicht so, daß Jugendliche irgendwann sagen: »Soviel wollte ich gar nicht wissen«, und aufhören Fragen zu stellen. Wie kommt es, daß die Fragen dennoch verloren gehen?

»Sei nicht so neugierig« – wie oft bekommen das Kinder zu hören? Die kleinen Fragegeister hören den Satz meist dann, wenn sie etwas wissen wollen, worauf die Eltern keine Antworten haben, und das als peinlich oder störend empfunden wird, oder wenn sie keine geben wollen, weil Tabus angesprochen oder Schamgrenzen berührt werden. Neugier gilt als frech, unsittlich und vielfach als schlechtes Benehmen. Da könnte ja Jeder kommen! Der lebendige Wissensdurst, die Gier nach Neuem werden wenig belohnt. Auch die mit Neuem einhergehende Begeisterungsfähigkeit, die Freude, ja geradezu Besessenheit wird erfolgreich gestutzt. Dabei ist das eine lebenswichtige, für die ständige Erneuerung notwendige Triebkraft. Sie verleiht mehr Energie für engagierte Stimmen in heftigen Diskussionen und hitzigen Debatten im Ringen um die Sache. Gute Ideen werden selten durch Schweigen geboren. Statt dessen braucht es »Drive«, Enthusiasmus, den »Eifer des Gefechts«, funkelnde Augen, kurz: Leidenschaft für die Sache.

So wie es gesellschaftliche kulturelle Barrieren für die Neugierde gibt, bestehen auch unternehmensspezifische kulturelle Barrieren. Nichts ist lähmender für die Neugierde, als auf Tabus zu stoßen. Tabus zu durchleuchten, das interessiert ja nur den »Fremden«, den Anthropologen. Für die »Stammesangehörigen« sind Tabus der Fingerzeig, eben keine Fragen mehr zu stellen. Da fällt einem nichts mehr ein, was wissenswert wäre. Man akzeptiert die Grenze automatisch. Wo vorher noch Wissensdurst war, erscheint jetzt ein blinder Fleck. Wir haben geschrieben, daß in unserer westlichen, neuzeitlichen Kultur die Grenze zwischen Wissen und Nicht-Wissen immer wieder geschützt worden ist. Geheimes Wissen, das nur besonders Ausgewählten – Priestern, Logenbrüdern etc. –

zugänglich sein durfte, markierte die Grenze. Die Curiositas, zum Laster erklärt, wurde eingeschränkt, begrenzt, kanalisiert.

Heute muß die Curiositas wieder zur Tugend erhoben werden. Nur das neugierige Unternehmen hat die Chance, Innovationsführerschaft zu erreichen. Nur Unternehmen mit Menschen, die sich der Forschungssucht hingeben und leidenschaftlich bestrebt sind, neues Wissen voranzutreiben und zu nutzen, und die respektlos genug sind, sich über bestehende konventionelle Grenzen und Gräben hinwegzusetzen, nur die werden in den dynamischen und wissensintensiven Märkten von Bedeutung sein. Denn der Druck und das herrschende Tempo lassen den Amateurforscher, der – wie in dem berühmten Biedermeier-Bild Spitzwegs – verträumt mit seinem Netz dem Schmetterling hinterherstolpert, alt aussehen. Hier hält nur derjenige mit, der sich mit aller Leidenschaft, die seine Arbeit beseelen kann, und mit aller Kraft ins Zaumzeug schmeißt. Einstein hat seine Erkenntnisse auch nicht beim Fliegenfischen erlitten, wenngleich er wußte, daß kreatives Forschen mehr ist, als diszipliniert und von der Stechuhr angehalten am Schreibtisch zu hocken.

Viele große Entdeckungen der Wissenschaft sind weniger Produkt rationaler Synthese bisheriger Erkenntnisse als gänzlich irrationale »Erträumungen«. Neues Wissen – also das Hinausgehen über das Prozessieren des Bisherigen – verwendet Material und Inspiration aus allen Dimensionen geistiger und emotionaler Prozesse. Albert Einsteins Einsicht in die Konstanz der Lichtgeschwindigkeit beispielsweise war keineswegs nur das Ergebnis rationalen Nachdenkens, sondern eine Idee, die auch aus ganz anderen Tiefen geschöpft hat. Auch Werner Heisenberg und Niels Bohr haben sich ihrer Ideen über das Atommodell sicher gefühlt, obwohl diese zum damaligen Zeitpunkt gar nicht zu beweisen waren. Woher stammt diese Sicherheit, die neuem Wissen die Bahn bereitet?

Das alltagskulturelle Bild der Wissenssuche läßt rasch den abgehobenen Denker – den, der ganz Kopf ist – auf den Bildschirmen der Gesellschaft erscheinen. Der Forscher ist nicht

der, der sich in den Randbezirken der Städte, in den Wäldern und den jugendlichen Subkulturen herumtreibt, sondern der, der im weißen Kittel im Labor – antiseptisch, objektiv, neutral – eine chemische Reaktion begutachtet. Der disziplinierte Denker kommt also vor dem »mentalen Nomaden«, wie sich der F&E-Leiter eines Audio-Tech-Unternehmens selbst bezeichnete? Diese Vorstellung vom »reinen Geist« – »ich denke, also bin ich« – verführt dazu, körperliche, sinnliche und emotionale Wahrnehmungen, Sensationen und Erfahrungen außer acht zu lassen. Gleichzeitig sind originäre Erfahrungen, also solche, die nicht second-hand berichtet oder bereits geistig-wissenschaftlich gefiltert sind, jene, die am kraftvollsten Anstöße für neue Ideen und Konzepte liefern. Der oben erwähnte F&E-Leiter geht regelmäßig auf Streifzüge. Wohin? Er verbringt ca 25 % seiner Zeit in gesellschaftlichen Randgruppen wie in Hamburg-St.-Georg (Drogenstrich), Berlin-Oranienburg (Hausbesetzer), auf Textilmessen in Londoner Werften, in Jugendgruppen, mit Künstlern etc. »Alle Produktideen sind dort, am Rande, beim Herumtreiben im Felde, entstanden.« Denn »auf dem Golfplatz oder netten Eröffnungsapéros lerne ich nichts! Aber am Rande, da geht die Post ab!«
Darüber hinaus befragt er das I Ging, macht Rebirthing, Reichsche Körpertherapie, OE-Ausbildung und fragt sich zum Beispiel: Was hat Greenpeace mit seiner Audio-Tech-Firma gemeinsam? Eine nicht gerade alltägliche Frage für einen F & E-Leiter. Wohlgemerkt: einen erfolgreichen F & E-Leiter.

Was ist das für eine andere Welt, in der sich gute Teile des Managementgeschehens dieser Wirtschaft abspielen? Man arbeitet im klimatisierten Büro mit dem Rücken zum Fenster, steigt ins Taxi, fährt zum Flughafen, geht ins klimatisierte Hotel in einer fremden Stadt – und womöglich noch Kultur –, sieht nichts davon, sondern sitzt in klimatisierten Räumen seinen Gesprächspartnern gegenüber, die leichte Variationen in den Krawattenfarben gegenüber »daheim« aufweisen, steigt wieder ins Flugzeug usw. Man ist ständig unterwegs und kommt nirgends an, besser gesagt: Man ist ständig unterwegs und kommt gar nicht weg. Die originärste Erfahrung ist der Erwerb eines neuen Parfums und von etwas Schokolade für »die Lieben zu Hause«. Man lebt in einer abgeschlossenen Welt, die auf die Vermeidung unmittelbarer, fremdartiger Erfahrungen baut. So kann man unterwegs sein – aber was bekommt man mit?

»Manche Manager tragen das Zeichen des Todes auf der Stirn«, meint Hartmut Esslinger von frogdesign. Von denen sind keine lebendigen Impulse zu erwarten, denn sie können nicht mehr wie Kinder vor Überraschung und Freude staunen und sich über etwas begeistern. So sehr Wissen Instrument für geschäftliche Zwecke ist, so sehr ist seine Entwicklung auf jene Wärme angewiesen, die aus der Reibung des forschenden Sehnens und Suchens entsteht. Und dazu ist es notwendig, auch einmal die heimatlichen Büroräume und die – wenn auch farbtherapeutisch aufgefrischten – Seminarräume der Hotels in der Nähe der Städte zu verlassen und sich »auszusetzen«. Auch wenn es dazu Überwindung braucht. So wie sich die Prinzessin überwinden mußte, den Frosch zu küssen.

Die Abenteuerlust, sich »aussetzen« und Neugier müssen im Rahmen des Alltagsgeschäfts gestillt werden und nicht in Erlebnisseminaren. Dazu müssen sie allerdings erwünscht und anerkannt werden. (Hinter-) Fragen müssen auf allen Ebenen nicht nur erlaubt, sondern auch beantwortet werden. An vermeintlichen Gitterstäben muß gerüttelt werden können, und zwar im Alltagsgeschäft und nicht nur im Seminar. Das bildet den Nährboden, auf dem wächst, wonach sich alle Unternehmen sehnen: das Neue. Innovationen gedeihen nur, wo Neugierige, wo von Ideen Besessene und Begeisterte arbeiten. Übrigens: Begeisterung wirkt wie eine ansteckende Krankheit.

Führungskräfte können zu diesem Zweck neugierige Fragen über Neuerungen, über Ideen und irritierende Abweichungen stellen. Werden diese Fragen kontinuierlich fokussiert, so kann langsam, unspektakulär, ohne große Deklarationen, eine breitere Aufmerksamkeit für die Kreation von Neuem entstehen. Die Neugier wird salonfähig, wird professionalisiert, und Wissensentwicklung wird zum potenten Antrieb des Unternehmens.

Toolbox IX

Neugier-Fragen, die ständig auf die Traktandenliste des Managements gehören:

Was sind die neuesten Ideen im Unternehmen? Was außerhalb?
Welche »Randbereiche« betreffen uns und suchen wir ab?
Welche neuen Ideen haben wir im Unternehmen umgesetzt? Welche nicht?
Welche »verrückten« Ideen schlummern?
Welche Leute sind brillant, und wie werden sie unterstützt?
Was an Neuem wird wie zugänglich gemacht im Unternehmen? Wie dokumentiert/vermarktet?

Neugier-Fragen, die man sich immer wieder stellen kann:

Was hat Sie in den letzten drei Wochen wirklich elektrisiert, so daß Sie sofort mehr darüber wissen wollten?
Wie würden Ihre Kinder einen Tag mit Ihnen im Büro empfinden? Was würden sie sagen, wenn sie bei Ihren Meetings mit dabei wären? Was, wenn sie die letzte Wochenendklausur miterlebt hätten?
Was waren Ihre letzten originellsten Pannen und Fehler?
Wann haben Sie zum letzten Mal mit Ihren Kollegen und Mitarbeitern (mit sich selbst) einen Tag lang (zwei Stunden lang) etwas ganz anderes gemacht?
Mit wem streiten Sie am liebsten über Ihre Lieblingsideen?
Wo, wann und in welchen Situationen fällt Ihnen am meisten ein? Am Schreibtisch, im Meeting, beim Wandern, beim Angeln, auf der Toilette, im Traum...?
Was erzeugt bei Ihnen am schnellsten Langeweile?
Wie viele Querköpfe kennen Sie? Was mögen Sie an denen?
Wie viele Querköpfe kennen Sie im Unternehmen?

Wie wird bei Ihnen eine neue Idee am schnellsten abgewürgt? –
Was könnten Sie das nächste Mal darauf erwidern?

Was würde Ihre Kollegen wirklich überraschen?

Wenn Sie morgen ins Büro gehen: Stellen Sie sich vor, Sie sind
ein Anthropologe, der einen fremden – mehr oder weniger wilden – Stamm untersucht, und gehen Sie mit den Augen dieses
fremden Forschers durch Ihr Unternehmen, Ihren Tag. Was fällt
Ihnen auf?

Wenn Sie Ihr Büro so gestalten müßten, daß es Sie zu Kreativi-
tät/Innovation animiert, was müßten Sie verändern? Wenn Sie
Ihr Büro in ein Labor, in eine Hexenküche für neue Ideen verwandeln sollten . . .?

Was haben Sie bisher Großartiges gemacht?

Auf dem Weg zum Prinzentum –
Was können Sie tun?

Wissen ohne Aktion
ist bloße Information.

Will man mit Knowledge Flow Management beginnen, sieht man sich einer ersten Herausforderung gegenüber: Wo anfangen? Und wie? Mit was und mit wem? Es gibt viele Anlässe oder Zielsetzungen, die sich für einen Beginn anbieten; Beispiele dafür sind:

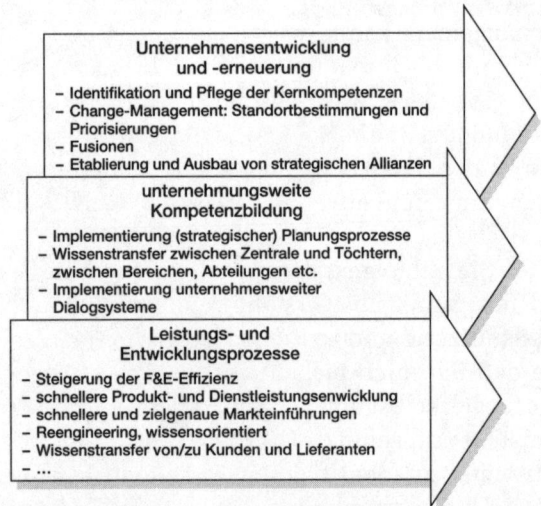

**Unternehmensentwicklung
und -erneuerung**
- Identifikation und Pflege der Kernkompetenzen
- Change-Management: Standortbestimmungen und
  Priorisierungen
- Fusionen
- Etablierung und Ausbau von strategischen Allianzen

**unternehmungsweite
Kompetenzbildung**
- Implementierung (strategischer) Planungsprozesse
- Wissenstransfer zwischen Zentrale und Töchtern,
  zwischen Bereichen, Abteilungen etc.
- Implementierung unternehmensweiter
  Dialogsysteme

**Leistungs- und
Entwicklungsprozesse**
- Steigerung der F&E-Effizienz
- schnellere Produkt- und Dienstleistungsenwicklung
- schnellere und zielgenaue Markteinführungen
- Reengineering, wissensorientiert
- Wissenstransfer von/zu Kunden und Lieferanten
- ...

Abb.: Mögliche Anlässe für Knowledge Flow Management
in den drei Hauptprozessen des Unternehmens

Womit auch immer Sie beginnen, es sind zwei Ausgangspunkte zu bedenken. Wissensmanagement ist keine Sache schneller Schlüsse und weniger Personen; auch wenn bei geeignetem Anlaß und Projektwahl kurzfristig erreichbare Erfolge gut möglich sind.

1) Wissen braucht Zeit und Einsatz

Das Wissen des Unternehmens und das Management dieses Wissens geht alle an – nicht nur die F&E, nicht nur den Vorstandsvorsitzenden, sondern das ganze Unternehmen – und hat langfristigen Charakter. Daher sollte sich das Management die langfristigen Ziele vor Augen führen, die entsprechenden Zeithorizonte erwägen (um sich nicht unnötig zu frustrieren) und dementsprechend entscheiden und handeln. Die mit Wissensmanagement öfter einhergehenden Kulturveränderungen etwa brauchen erheblich Zeit und lassen sich trotz aller Hochleistungs-Projektteams nicht in den beliebten sechsmonatigen Projektzyklen durchsetzen.

2) Aber: Sie können schon morgen beginnen

Wissensmanagement kann, wie vieles andere auch, mit kleinerem Zuschnitt beginnen und sich von Erfolg zu Erfolg ausdehnen. Es gibt vieles, was Sie spätestens ab nächstem Montag tun könnten; z. B. die Neugierfragen von Toolbox IX (Seite 250) anwenden. Dazu braucht es keine Zauberei, sondern a) den eigenen Entscheid etwas zu tun und b) eine Portion Neugier.

Oder starten Sie mit folgenden Fragen: Welche meiner alltäglichen und mir ganz selbstverständlichen Aktivitäten führen zur Wissensnutzung und -entwicklung? Wie tragen sie dazu bei, ohne daß ich mich bislang darum genauer gekümmert habe? Was tue ich selbst und was tun andere konkret dazu, daß Wissen entsteht und genutzt wird?

Diese Aktivitäten zu identifizieren und zu reflektieren ist aufschlußreich. Und zwar vor allem dann, wenn Sie es nicht nur allein im stillen Kämmerlein machen, sondern im Kreise Ihrer Kollegen oder Mitarbeiter. Solche Aktivitäten können sein:

z. B. auf individueller Ebene: die Entwicklung und Verwendung von »privaten/persönlichen« Wissensspeichern in Form handschriftlicher Spicks, Unterlagen oder Datenbanken; auf kollektiver Ebene können es informelle Begegnungen etwa in der beschriebenen Form der Kollaborativen sein oder auch eine ausgeprägte Autotelefonkultur, die den Wissensfluß mehrerer Hierarchieebenen regelt usw. Es ist wichtig, darauf zu achten, was konkret passiert im Unterschied zu dem, was allgemein oder formal behauptet, erzählt oder beschrieben wird. Diese Unterschiede sind informativ und liefern oftmals ausgezeichnete konkrete Ansatzpunkte für Wissensmanagement. Denn, bei allem Reengineering, es sind nicht die Prozesse, die die Arbeit machen, sondern die Menschen.

Nutzen Sie konsequent implizites Wissen.
Damit können Sie schnell konstruktiv werden. Die Verwendung von Metaphern, Analogien, Geschichten und Symbolen aktiviert Anteilnahme, Assoziationen, Ideenfluß und Identifikationen.
Die Initiierung echter Dialoge mit offenem Ausgang für alle Beteiligten (vs. Debatten mit Gewinnern und Verlierern) hilft implizites Wissen zum Ausdruck zu bringen. Der Sprache und den Argumentationslinien zugrunde liegende, unausgesprochene Annahmen können thematisiert und weiterentwickelt werden. So entsteht Wissen.
Auch der Einsatz von (körperlicher) Bewegung kann weiterhelfen. Unterstützen und fördern Sie Diskussionen und Gespräche, indem Sie Unterschiede (Meinungen, Positionen, Sichtweisen etc.) im Raum darstellen und gruppieren und damit sichtbar und verhandelbar machen. Dies expliziert Wissen und erweitert die gemeinsame Wissensbasis der Beteiligten. (Know-how über Methoden zur Nutzung impliziten Wissens findet sich meist bei internen Personal- oder Organisationsentwicklern.)
Wissensmanagement bewegt sich auf der Ebene unternehmensweiter Konzepte ebenso wie auf der der kleinsten Aktivitäten innerhalb als auch außerhalb des Unternehmens. Diese

Ebenen zur richtigen Zeit miteinander zu verknüpfen, ist letztlich bei Veränderungen ausschlaggebend und bringt sie zum Laufen.

Ein Vorschlag für ein Vorgehen

Angenommen Sie wollten Knowledge Flow Management in größerem Stil in Ihrem Unternehmen einführen, wie können Sie vorgehen, wenn Sie nicht Mitglied der obersten Führungsebene sind? Im Folgenden beschreiben wir sieben Schritte, die sich in der Praxis bewährt haben.

1. Faszinieren und überzeugen Sie ein Mitglied des obersten Managements, daß Knowledge Flow Management für Ihr Unternehmen wichtig ist und warum das so ist. Überlegen Sie, wie Ihr Unternehmen aussehen würde, wenn das vorhandene Wissen tatsächlich »bewirtschaftet« werden würde? Wenn die Innovationsquote steigen würde? Welche Folgen hätte das auf Produkte, Dienstleistungen und Prozesse, Kosten, Umsätze und Gewinne, Mitarbeiter, Kunden oder Kapitalgeber ... ?
Wer eignet sich am ehesten als Ziel Ihrer Überzeugungsarbeit? Klarerweise jemand, der
   – Einfluß hat – und auch nehmen will –,
   – orientiert ist an Langzeitperspektiven,
   – allgemein respektiert ist,
   – integrierende und kommunikative Kompetenzen ausweist,
   – ein sichtbares und glaubwürdiges aktives Engagement zeigen kann
   – und sich Neugier leisten will.

Hierarchieprobleme werden oft als Vorwand gebracht, wenn es um die Initiierung neuer Ideen geht, »ich wollte ja schon, aber die da oben ...«. »Die da oben« sind sehr nützlich – wenn diese despektierlich scheinende Bemerkung gestattet ist. Das Ziel ist die Utilisierung der Hierarchie, sie in ihrer Funktion für das Unternehmen wahrzunehmen und nicht die Bekämpfung der unternehmensinternen »politics«.

2. Definieren und wählen Sie einen Bereich (eine Einheit/ Division/Abteilung) oder einen kritischen Prozeß im Unternehmen und ernennen Sie ihn zum »Experiment«. »Experiment« macht klar, daß es darum geht, etwas Neues auszuprobieren und zu lernen (nicht zu verwechseln mit »Pilot«, wo es in der Regel lediglich um eine Anpassung vorgegebener Konzepte geht).
   Welcher Bereich eignet sich am besten dafür?
   – Ein übersichtlicher und für die Zukunft als wichtig erachteter Bereich (z. B. einer, der einen hohen Hebeleffekt auf den Unternehmenserfolg hat) und der darum in Zukunft als »Attraktor« für andere Bereiche dienen kann. (Es empfiehlt sich nicht, den schwächsten Bereich auszuwählen – im Gegenteil)
   – Ein Bereich, der geführt wird von einem innovationsfreudigen Management, welches gerne vorausgeht und die sich ergebenden, legitimen Profilierungsmöglichkeiten nutzen möchte und/oder andere Interessen gut damit verbinden kann (aber Vorsicht vor möglichen kontraproduktiven individuellen Machtbedürfnissen).

3. Begeistern Sie den Bereich für das Thema. Initiieren Sie Dialoge, in denen u. a. folgende Fragen bearbeitet werden:
   – Was sind die Hauptaufgaben, Produkte, Dienstleistungen und andere Outputs dieses Bereichs und seiner Prozesse heute und in Zukunft?
   – Was sind die derzeitigen Kernkompetenzen?
   – Wer sind die internen bzw. externen Kunden:
   Was sind ihre Hauptanliegen?
   Was erwarten sie?
   Was fragen sie heute/morgen?
   – Welche sind die dazu wichtigsten Wissensgebiete und Fähigkeiten (intern/extern)? Welche Verbindung besteht zwischen diesem Wissen und dem Geschäft?

- Welche zukünftigen Entwicklungen und Brüche sind von Bedeutung?
- Was kann man – aufbauend auf Kernkompetenzen, vorhandenes Wissen und Zukunfts»aussichten« – tun?
- Welche Erfolge würden am meisten Spaß machen und Energie mobilisieren?

Das Ziel dieses Schrittes ist das Erzeugen einer gemeinsamen Lösungssicht und ein gemeinsam geteiltes Verständnis für die Wissensperspektive. – Zeigen Sie dabei Ihre Intoleranz gegenüber Ignoranz.

4. Mapping der wissensbezogenen Aktivitäten mit dem Wissensquadranten.

Es geht um alltägliche Aktivitäten, die oftmals nicht auf den ersten Blick ersichtlich sind:
- Welche Aktivitäten (bzgl. Wissensnutzung und -entwicklung) passieren wo (intern wie extern)? Wer ist involviert? Was geschieht nicht?
- Was sind die Wirkungen und Resultate? Wie sind sie? Zufriedenstellend?
- Wie ist die Verknüpfung zwischen den Aktivitäten? Wie sehr finden sich »Inseln«? Wie stark sind Anschlüsse vorhanden?
- Wie ist es um die Anschlußfähigkeit bestellt?
- Wo entwickelt wer neues Wissen? Wann? (In der Freizeit? »Zwischen« Projekten?) Wie? Mit wem? (intern/extern)
- Was für ein Wissen wird entwickelt? Handelt es sich eher um Optimierungen bestehenden Wissens, oder wagt man sich an gänzlich Neues?
- Welche zeitraubenden Tätigkeiten entwickeln kein neues Wissen? Sind diese Tätigkeiten routinisierbar/standardisierbar/informatisierbar?
- Wenn Sie an die drei Hauptprozesse des Unternehmens denken – Unternehmensentwicklung und -erneuerung, unternehmensweite Kompetenzbildung und Leistungs- und Entwicklungsprozesse: Was passiert konkret bzgl.

dieser Prozesse in Ihrem Bereich? Was sind die Beiträge Ihres Bereiches aus der Wissensperspektive?

5. Visualisieren Sie die Ergebnisse des Wissensquadranten, diskutieren und vertiefen Sie sie weiter und entscheiden Sie dann über das weitere Vorgehen.
Machen Sie sich »ein Bild« und diskutieren Sie es mit anderen. Dies ist ein ausgezeichnetes Vehikel, um implizites Wissen und Wissenspotentiale sichtbar zu machen und konkrete Ansatzpunkte für das weitere Vorgehen zu gewinnen.
Entscheiden Sie auf dieser Basis, was Priorität haben soll und welche Ziele erreicht werden sollen.

6. Mentales Prototyping und Probehandeln: »Simulieren vor Kalkulieren«.
Definieren Sie gewünschte zukünftige Resultate konkret und beobachtbar (und nicht nur allgemeine Begriffe wie »höhere Kreativität« oder »innovativer sein«); beschreiben Sie die gewünschten Zusammenhänge, Verhalten, Prozesse, Resultate in Bezug auf Zeit, Raum, Quantität und Qualität, so sinnlich und gefühlshaft wie möglich, damit das angestrebte Ziel emotional verankert wird. Das bildet erst die Basis für Investitionsberechnungen.
Werden Sie aktiv, starten Sie Projekte (Ziel, Personal, Organisation).

7. Kreieren Sie Rahmenbedingungen für die wissensorientierten Aktivitäten und deren Verknüpfungen.
   – Achten Sie darauf, daß die nötigen Ressourcen (Zeit, Geld und Raum) zur Verfügung stehen.
   – Achten Sie auf ein ausreichendes Verständnis im Bereich/Unternehmen, wozu diese Rahmenbedingungen notwendig sind.
   – Bauen Sie anspornende/auszeichnende/anerkennende Systeme, die zielgerechtes Verhalten belohnen. Dabei geht es nicht nur um die Auszeichnung von Erfolgen,

sondern auch von »intelligenten Flops«; denn lehrreiche Irrtümer helfen enorm weiter. Erfolg und Irrtum, beides braucht es für eine Laboratoriumskultur.
- Institutionaliseren Sie die Evaluation von Projekten.
- Kreieren Sie zielgerechte Büroräumlichkeiten und Lay Outs, z. B. mit Treffpunkten, Arbeits- und Entspannungsmöglichkeiten, mit einer Experimentierfreudigkeit unterstützenden physischen Umgebung (Möbel, Farben, Kultur – aber keine Statussymbole etc.)
- Stellen Sie die geeignete Infrastruktur (z. B. Zugang zu Datenbanken, Netzwerken, Laptops, Handys etc.) zur Verfügung.
- Beachten Sie, daß eventuell »New Deals« mit den Beteiligten gestaltet werden müssen. Was heißt es zukünftig, in dieser und für diese Firma zu arbeiten? Muß z. B. die vermeintlich unaufkündbare Mitgliedschaft zur »Unternehmensfamilie« durch Loyalität zur Aufgabe ersetzt werden? Sind neue »Verträge« einzugehen? Etwa solche, die sich an der Sicherung und Erhöhung der langfristigen Beschäftigbarkeit, d. h. an besseren Perspektiven am Arbeitsmarkt und nicht mehr nur an der Beschäftigung des einzelnen ausrichten und dementsprechend veränderte Anforderungen an Aufgaben und berufliche Weiterentwicklung beinhalten.
- ...

Generell gilt:
Beginnen Sie zuerst mit Aktivitäten, die der Bereich als »relevant, aber einfach« betrachtet! Lernen Sie diese zu 80% anzuwenden. Integrieren und verankern Sie sie in das Tagesgeschäft. Evaluieren Sie, werten Sie aus, anerkennen und feiern Sie, dann machen Sie sich an die nächsten.
Wiederholen Sie dies ad infinitum, um den Prozeß zu verankern.
Zeigen Sie Ihre Zähigkeit. Zeigen Sie Ihre Leidenschaft. Zeigen Sie Ihre Neugier.

Anhang

Literatur

David B. Audretsch: The Innovation, Unemployment and Competitiveness Challenge in Germany. Discussion Paper FS IV 95 – 6, Wissenschaftszentrum Berlin 1995

Auf nach Westen. SAP ist nicht zu stoppen. In: manager magazin 11/95

Frank Boos/Axel Exner/Barbara Heitger: Soziale Netzwerke sind anders. In: Barbara Heitger/Frank Boos (Hrsg.): Organisation als Erfolgsfaktor. Wien 1994

Bob H. Buckman: Speech about Knowledge Transfer, PIMA June, 1994

N. Cook/D. Scott/John Seely Brown: Bridging Epistemologies: the generative dance between organizational knowledge and organizational knowing. Draft version, Xerox PARC 1995

Peter Drucker: Post-Capitalist Society. New York 1992

Axel Exner: Das Unsteuerbare steuern. Ein Gespräch mit Barbara Heitger. In: Ch. Schmitz/P.W. Gester/B. Heitger (Hrsg.): Managerie. 1. Jahrbuch für systemisches Denken und Handeln im Management. Heidelberg 1992

Stephen Gates: The Changing Global Role of the Research and Development Function. A Research Report by The Conference Board Europe. New York 1995

Sumatra Ghoshal/Christopher A. Bartlett: Changing the Role of Top. Management: Beyond structure to processes. In: Harvard Business Review, January-February 1995, S. 86–96

Michael Gibbson et. al.: The new production of knowledge. London 1994

Gary Hamel/C.K. Prahalad: Competing for the future. Boston 1994

263

Lutz Hoffmann: Bootlegging-Innovationen – Geniestreich oder Schurkenstück? In: gdi-impuls 4/1994

Suresh Kotha: Mass Customization: Implementing the Emerging Paradigm for Competitive Advantage. Strategic Management Journal, Summer Special Issue, July 1995, Vol. 16, S. 21–42

Claude Lévi-Strauss: Das wilde Denken. Frankfurt 1981

Irina Malioukova, Georg Strasser: Bericht einer Interviewanalyse: Brauchen Unternehmen Revolutionen? Hochschule St. Gallen, Institut für Betriebswirtschaft. Arbeitspapier Nr. 8, St. Gallen 1994

Humberto R. Maturana/Francisco J. Varela: Der Baum der Erkenntnis. Bern 1987

Ed McCracken im Gespräch mit Teven E. Prokesch: Mastering chaos at the high-tech frontier. In: Harvard Business Review, November/ Dezember 1993, S. 134–144

Henry Mintzberg: Zwischen Fakt und Fiktion – der schwierige Beruf Manager. In: HARVARDmanager 4/1990, S. 86–102

Myhrvold Nathan im Gespräch mit Stewart Brand. In: WIRED, September 1995

Ikujiro Nonaka: Wie japanische Konzerne Wissen erzeugen. In: HARVARDmanager 2/1992. S. 95–103

Ikujiro Nonaka/Hirotaka Takeuchi: The Knowledge Creating Company. New York, Oxford 1995

Michael Oppitz: Schamanen, Hexen, Ethnographen. In: Hans Peter Duerr (Hrsg.): Der Wissenschaftler und das Irrationale. Band 1. Beiträge aus Ethnologie und Anthropologie. Frankfurt a. M. 1981, S. 37–59

Klemens Polatschek: Der Bluff des Jahrhunderts, in: Die Zeit, 11.8.95

David de Pury: Forschungs- und Innovationskultur: Kern jeder erfolgreichen Unternehmensstrategie. Referat, gehalten am 4. Zürcher Wirtschaftsforum vom 28.3.1995, ETH Zürich. In: io Management Zeitschrift 64 (1995) Nr. 6

James Brian Quinn: Intelligent Enterprise. In: The Free Press, New York 1992

Ron Sanchez: Strategic Flexibility in Product Competition. In: Strategic Management Journal, Volume 16, Special Issue, Summer 1995, S. 135–160

Ute und Erwin K. Scheuch: Hochadel auf Zeit. In: manager magazin 3/1995

Peter Sloterdijk: Interview. In: manager magazin 10/1995

Dave Ulrich/Mary Ann von Glinow/Todd Jick: High-Impact Learning: Building and Diffusing Learning Capability. In: Organizational Dynamics 4/1993

Roy Vagelos im Gespräch mit Nancy A. Nichols: Medicine, Management and Mergers. In: Harvard Business Review, November/Dezember 1994, S. 104–114

Karl E. Weick: Der Prozeß des Organisierens. Frankfurt 1985

Helmut Willke: Systemtheorie III: Steuerungstheorie. Stuttgart, Jena 1995

Namenregister

Sachwortregister

Firmenregister